高职土建类专业的课程思政体系构建与路径研究

胡兴福　刘继强 等◎著

中国建筑工业出版社

图书在版编目（CIP）数据

高职土建类专业的课程思政体系构建与路径研究 /
胡兴福，刘继强等著. — 北京：中国建筑工业出版社，
2020.12（2021.5重印）
　ISBN 978-7-112-25591-7

　Ⅰ.①高… Ⅱ.①胡… ②刘… Ⅲ.①高等职业教育
－思想政治教育－研究－中国 Ⅳ.①G711

　中国版本图书馆CIP数据核字（2020）第227425号

责任编辑：朱首明
书籍设计：锋尚设计
责任校对：焦　乐

高职土建类专业的课程思政体系构建与路径研究
胡兴福　刘继强 等　著
*
中国建筑工业出版社出版、发行（北京海淀三里河路9号）
各地新华书店、建筑书店经销
北京锋尚制版有限公司制版
北京建筑工业印刷厂印刷
*
开本：787毫米×960毫米　1/16　印张：16½　字数：299千字
2020年12月第一版　2021年5月第二次印刷
定价：56.00元
ISBN 978-7-112-25591-7
（36649）

内容提要

本书在对高职院校土建类专业发展状况、课程思政的学理基础和政策分析、土建类专业课程的思政元素等进行深入研究基础上，比较系统地构建了高职土建类专业的课程思政体系及实施路径，并提供了不同类型课程的实践案例。

本书共分6章，大体框架如下：第1章主要介绍高职土建类专业课程思政的背景现状等。第2章主要介绍课程思政的学理基础及政策文件要求等。第3章主要是专业课程中蕴含的思政元素的分析和挖掘。第4章主要探讨高职土建类专业的课程思政体系的构建。第5章阐述高职土建类专业的课程思政实施路径。第6章介绍了高职土建类专业课程思政的实践案例。

本书力求构建高职院校土建类专业的课程思政教育体系，充分发挥专业课程育人的主体作用，着力探索课程思政建设的理论体系与实践路径，为高职院校实现全员育人、全程育人、全方位育人提供理论探讨与实践探索。

本书作为高校教师尤其是高职土建类专业教师教学参考，也可供高校课程思政教学与研究使用。

前言

本书是四川建筑职业技术学院胡兴福教授主持的四川省哲学社会科学重点研究基地、四川省教育厅人文社会科学重点研究基地——四川高等职业教育研究中心2018年立项科学研究课题重点项目"高职土建类专业课程思政体系构建与路径研究"（项目编号：GZY18A03）的主要研究成果，也是四川建筑职业技术学院2019年教改立项课题"高职土建类专业的课程思政体系建设研究"（课题编号：2019JY10，负责人：胡兴福）、"基于学理分析的课程思政建构策略研究"（课题编号：2019JY31，负责人：刘继强）的研究成果。

我国高等教育肩负着培养德智体美劳全面发展的社会主义事业建设者和接班人的重要任务。高校立身之本在于立德树人。做好高校思想政治工作，要用好课堂教学这个主渠道，要使各类课程与思想政治理论课同向同行，形成协同效应。要加强课堂教学的建设管理，充分挖掘和运用各学科蕴含的思想政治教育资源，要坚持全员全过程全方位育人原则，把思想价值引领贯穿教育教学全过程和各环节，切实做好课程思政建设工作。本书在对高职院校土建类专业发展状况、课程思政的学理基础、土建类专业课程的思政元素进行分析的基础上，比较系统地探讨了高职土建类专业的课程思政构建体系及实施路径，并提供了不同类型课程的实践案例。

本书由四川建筑职业技术学院胡兴福、刘继强、何智明、黎仕明、张建新、李珂、范晓楠、李雪梅、刘丽合著。具体分工为：第1章由李珂、胡兴福著，第2章由刘继强著，第3章由黎仕明、范晓楠、李雪梅著，第4章由何智明著，第5章由张建新著，第6章由何智明、张建新、刘丽著。全书由刘继强统稿，胡兴福最后修改定稿。

本书在撰写和出版的过程中得到四川高等职业教育研究中心和四川建筑职业技术学院的资助支持，得到四川省教育厅、四川高等职业教育研究中心和四川建筑职业技术学院各位领导及同仁的指导和帮助，得到中国建筑出版传媒有限公司朱首明编辑的精心审校，特别感谢。本书第6章的实践案例编写得到四川建筑职业技术学院倪虹、马婷、张瑛、杨燕、谢晓倩、王巧云、严露、朱婵、马玲等老师的大力支持，在此表示衷心感谢。

本书在撰写的过程中，参考了较多学者的研究成果，对本书中提到或没提到的文献作者表示诚挚的感谢！

由于作者水平有限，书中难免有不妥之处，敬请广大专家和读者提出宝贵的意见。

目录

4　高职土建类专业的课程思政的体系构建／103

5　高职土建类专业的课程思政实施路径／171

6　实践案例／185

1

土建类专业的
课程思政的
背景现状

1.1 高职土建类专业的发展状况

1.1.1 土建类专业的内涵

土建类专业即土木建筑类专业，是工学门类中土木类和建筑类专业的总称，是一门为人类生活、生产、防护等活动建造各类设施与场所的工程学科，涵盖了地上、地下、陆地、水上、各范畴内的房屋、道路、铁路、港口、防护等诸工程范围内的设施与场所内的建筑物、构筑物、工程物的建设，也包括了工程建造过程中的勘测、设计、施工、养护、管理等各项技术活动。土木建筑工程与国民经济中的各行各业密切相关，没有土木建筑工程为其修建活动的空间和场所，就谈不上各行各业的存在与发展。

"土建类专业"的名称实际上是源于本科的专业分类。在我国，本科专业分类以学科分类为主要依据，而高职的专业分类则以产业、行业分类为主要依据，兼顾学科分类。高职专业目录分为专业大类、专业类和专业三级，原则上专业大类对应产业，专业类对应行业，专业对应职业岗位群或技术领域。因此，关于土建类专业的范围，本科和高职专科有所不同。高职土建类专业，较为确切的名称应该是建设类专业。其范围，除土木类（不包含道路、铁路等）、建筑类专业外，还包含了管理学门类的工程管理、房地产开发与管理、工程造价、物业管理等专业。

专业目录是国家对高等教育、职业教育进行宏观管理的一项基础指导性文件，是指导学校设置、调整专业，制定培养方案，组织教育教学，安排招生，组织毕业生就业，以及行政管理部门进行教育统计和人才预测等工作的主要依据，也是社会用人部门选用高等学校、职业院校毕业生的重要参考。专业目录的管理机构是国家教育行政主管部门——教育部。迄今为止，教育部曾两次颁布我国高职专科专业目录。第一次是2004年颁布的《普通高等学校高职高专教育指导性专业目录（试行）》（以下简称《04版专业目录》）；第二次是2015年颁布的《普通高等学校高等职业教育（专科）专业目录（2015）》（以下简称《15版专业目录》）。在《04版专业目录》中，高职土建类专业分为建筑设计类、城镇规划与管理类、土建施工类、建筑设备类、工程管理类、市政工程类、房地产类7个专业类27个专业，见表1-1；而在《15版专业目录》中，高职土建类专业仍然分为7个专业类，但大类名称和专业类名称略有变化，并且专业增至32个，见表1-2。2020年教育部启动了新的一轮高职专科专业目录修订，将于2021年颁布实施。

普通高等学校高职高专教育土建大类专业目录（2004年）　　　　表1-1

高职高专代码	名称	本科专业代码	名称
560000	土建大类	080000	工学/管理学
560100	建筑设计类	080700	土建类
560101	建筑设计技术	080701	建筑学
560102	建筑装饰工程技术	080701	建筑学
560103	中国古建筑工程技术	080701	建筑学
560104	室内设计技术	080708	景观建筑设计
560105	环境艺术设计	080708	景观建筑设计
560106	园林工程技术	080708	景观建筑设计
560200	城镇规划与管理类	080700	土建类
560201	城镇规划	080702	城市规划
560202	城市管理与监察	080702	城市规划
560203	城镇建设	080702	城市规划
560300	土建施工类	080700	土建类
560301	建筑工程技术	080703	土木工程
560302	地下工程与隧道工程技术	080703	土木工程
560303	基础工程技术	080703	土木工程
560400	建筑设备类	080700	土建类
560401	建筑设备工程技术	080704	建筑环境与设备工程
560402	供热通风与空调工程技术	080704	建筑环境与设备工程
560403	建筑电气工程技术	080704	建筑环境与设备工程
560404	楼宇智能化工程技术	080704	建筑环境与设备工程
560405	工业设备安装工程技术	080704	建筑环境与设备工程
560500	工程管理类	110100	管理科学与工程类

续表

高职高专代码	名称	本科专业代码	名称
560501	建筑工程管理	110104	工程管理
560502	工程造价	110105	工程造价
560503	建筑经济管理	110104	工程管理
560504	工程监理	110104	工程管理
560600	**市政工程类**	**080700**	**土建类**
560601	市政工程技术	080704	建筑环境与设备工程
560602	城市燃气工程技术	080704	建筑环境与设备工程
560603	给排水工程技术	080705	给排水工程
560604	水工业技术	080704	建筑环境与设备工程
560605	消防工程技术	080704	建筑环境与设备工程
560700	**房地产类**	**110200**	**工商管理类**
560701	房地产经营与估价	110201	工商管理
560702	物业管理	110212	物业管理
560703	物业设施管理	110201	工商管理

普通高等学校高等职业教育（专科）土木建筑大类专业目录（2015） 表1-2

专业类	专业代码	专业名称	专业方向举例	主要对应职业类别	衔接中职专业举例	接续本科专业举例
54 土木建筑大类						
5401 建筑设计类	540101	建筑设计		建筑工程技术人员		建筑学城乡规划风景园林
5401 建筑设计类	540102	建筑装饰工程技术		建筑工程技术人员建筑装饰人员	建筑装饰民族民居装饰	建筑学环境设计风景园林土木工程
5401 建筑设计类	540103	古建筑工程技术		建筑工程技术人员古建筑修建人员	古建筑修缮与仿建	建筑学风景园林土木工程
5401 建筑设计类	540104	建筑室内设计		建筑工程技术人员专业化设计服务人员		建筑学环境设计风景园林

续表

专业类	专业代码	专业名称	专业方向举例	主要对应职业类别	衔接中职专业举例	接续本科专业举例
5401 建筑设计类	540105	风景园林设计		建筑工程技术人员		风景园林环境设计城乡规划建筑学
5401 建筑设计类	540106	园林工程技术		建筑工程技术人员林业工程技术人员绿化与园艺服务人员	园林技术园林绿化	风景园林城乡规划建筑学土木工程
5401 建筑设计类	540107	建筑动画与模型制作		建筑工程技术人员	建筑表现	建筑学风景园林数字媒体技术
5402 城乡规划与管理类	540201	城乡规划	城乡规划设计城乡规划管理	建筑工程技术人员		城乡规划建筑学风景园林
5402 城乡规划与管理类	540202	村镇建设与管理		建筑工程技术人员	城镇建设	城乡规划土木工程建筑学风景园林工程管理
5402 城乡规划与管理类	540203	城市信息化管理		管理（工业）工程技术人员		城市管理信息管理与信息系统信息工程
5403 土建施工类	540301	建筑工程技术	施工信息化装配化施工工程质量与安全	建筑工程技术人员房屋建筑施工人员土木工程建筑施工人员	建筑工程施工	土木工程工程管理
5403 土建施工类	540302	地下与隧道工程技术	基础工程施工盾构施工隧道施工	建筑工程技术人员土木工程建筑施工人员	建筑工程施工岩土工程勘察与施工	土木工程城市地下空间工程工程管理
5403 土建施工类	540303	土木工程检测技术		建筑工程技术人员土木工程建筑施工人员	土建工程检测工程材料检测技术	土木工程工程管理
5403 土建施工类	540304	建筑钢结构工程技术		建筑工程技术人员	建筑工程施工	土木工程工程管理

续表

专业类	专业代码	专业名称	专业方向举例	主要对应职业类别	衔接中职专业举例	接续本科专业举例
5404 建筑设备类	540401	建筑设备工程技术	建筑水电技术	建筑工程技术人员 建筑安装施工人员	建筑设备安装 供热通风与空调施工运行 给排水工程施工与运行	建筑环境与能源应用工程 建筑电气与智能化 给排水科学与工程 工程管理
5404 建筑设备类	540402	供热通风与空调工程技术		建筑工程技术人员 建筑安装施工人员	供热通风与空调施工运行	建筑环境与能源应用工程 给排水科学与工程 工程管理
5404 建筑设备类	540403	建筑电气工程技术		建筑工程技术人员 建筑安装施工人员	建筑设备安装 电气技术应用	建筑电气与智能化 工程管理
5404 建筑设备类	540404	建筑智能化工程技术		建筑工程技术人员 建筑安装施工人员	楼宇智能化设备安装与运行	建筑电气与智能化 工程管理 信息工程
5404 建筑设备类	540405	工业设备安装工程技术		机械工程技术人员 建筑安装施工人员	机电设备安装与维修	机械工程 工程管理
5404 建筑设备类	540406	消防工程技术		安全工程技术人员		消防工程 给排水科学与工程 工程管理
5405 建设工程管理类	540501	建设工程管理	建筑工程管理 市政工程管理 公路工程管理 铁路工程管理 水利工程管理 电力工程管理	管理（工业）工程技术人员 建筑工程技术人员		工程管理 工程造价 土木工程

续表

专业类	专业代码	专业名称	专业方向举例	主要对应职业类别	衔接中职专业举例	接续本科专业举例
5405 建设工程管理类	540502	工程造价	建筑工程造价 市政工程造价 安装工程造价 园林工程造价 公路工程造价 铁路工程造价 水利工程造价 电力工程造价 通信工程造价	管理（工业）工程技术人员 建筑工程技术人员	工程造价	工程造价 工程管理 土木工程 房地产开发与管理
5405 建设工程管理类	540503	建筑经济管理	建筑材料供应与管理 建设会计与投资审计	管理（工业）工程技术人员 会计专业人员 审计专业人员		工程管理 会计学 审计学 工程造价 房地产开发与管理
5405 建设工程管理类	540504	建设项目信息化管理		管理（工业）工程技术人员 建筑工程技术人员		工程管理 土木工程
5405 建设工程管理类	540505	建设工程监理	建筑工程监理 市政工程监理 安装工程监理 园林工程监理 公路工程监理 铁路工程监理 水利工程监理 电力工程监理	管理（工业）工程技术人员		工程管理 工程造价 土木工程
5406 市政工程类	540601	市政工程技术		建筑工程技术人员	市政工程施工	土木工程 工程管理 给排水科学与工程
5406 市政工程类	540602	城市燃气工程技术		建筑工程技术人员 燃气供应服务人员	城市燃气输配与应用	建筑环境与能源应用工程 工程管理
5406 市政工程类	540603	给排水工程技术		建筑工程技术人员	给排水工程施工与运行	给排水科学与工程 土木工程 工程管理
5406 市政工程类	540604	环境卫生工程技术		环境保护工程技术人员	环境治理技术	环境工程 环境科学与工程

续表

专业类	专业代码	专业名称	专业方向举例	主要对应职业类别	衔接中职专业举例	接续本科专业举例
5407 房地产类	540701	房地产经营与管理	房地产经纪 房地产估价	房地产中介服务人员	房地产营销与管理	房地产开发与管理 工程管理 工程造价 物业管理
5407 房地产类	540702	房地产检测与估价		安全工程技术人员 房地产中介服务人员		房地产开发与管理 资产评估 工程管理 物业管理
5407 房地产类	540703	物业管理	物业设施管理	物业管理服务人员 商务专业人员	物业管理	物业管理 工程管理 工程造价 房地产开发与管理

1.1.2　高职土建类专业的发展历史

我国高职土建类专业的发展历史并不长,一般认为开始于20世纪80年代。大体可以分为三个阶段。

第一阶段,20世纪80年代土建类高职的出现至2004年《04版专业目录》颁布前,为高职土建类专业摸索发展阶段。20世纪80年代至90年代末,高职土建类专业教育以成人高校为主。进入21世纪,是我国高职院校的初创时期,也是高职院校数量的井喷时期,我国多数高职院校都在这个时期成立,高职土建类专业也得到了快速发展。这一时期,土建类专业的主要特点是:(1)没有规范统一的专业名称。由于没有统一的专业目录,专业名称可谓五花八门,有的沿用专科、中专甚至本科专业名称,有的则自起名字,如建筑工程技术专业,也有称建筑工程专业、房屋建筑工程专业、工业与民用建筑专业、建筑施工专业等;(2)没有统一的专业教学标准。有的院校借用专科人才培养方案,有的在中专基础上扩充(称为中专的发泡馒头),有的则在本科教学计划的基础上压缩(称为本科的压缩饼干);(3)规模小。2002年,全国土建类专业的专业点(即各院校土建类专业数之和)仅有831个,在校生134773人。

第二阶段,2004年《04版专业目录》颁布至2015年《15版专业目录》颁布前,为高职土建类专业规模扩张阶段。这一阶段，土建类专业的主要特点是：（1）有了规范统一的专业名称。由于《04版专业目录》的颁布，全国统一了专业名称。（2）有了全国指导性专业教学文件。由高等学校土建学科教学指导委员会高等职业教育专业委员会、全国高职高专教育土建类专业教学指导委员会❶组织编制的指导性教学文件，包括教育标准、人才培养方案、课程教学大纲等，从2004年开始陆续颁布实施。（3）办学规模迅速扩张。2014年，高职土建类专业在校生达到历史峰值，全国开办高职土建类专业的院校有1238所，专业点4446个，在校生1200394人，在校生较2002年增加了790.68%。（4）就业形势很好，毕业生供不应求。

第三阶段，2015年《15版专业目录》颁布至今，为高职土建类专业内涵发展阶段。这一阶段，一是有了新的专业目录。一些与行业发展相适应的新兴专业，如建筑动画与模型制作、城市信息化管理、村镇建设与管理、建筑钢结构工程技术、土木工程检测技术、建设项目信息化管理、房地产检测与估价等专业列入专业目录。二是有了国家专业教学标准。2015年开始，按教育部统一要求，全国住房和城乡建设职业教育教学指导委员会组织编制了高职土建类专业教学标准，并由教育部作为国家专业教学标准颁布实施。三是办学规模开始萎缩。到2018年，全国开办高职土建类专业的院校数1165所，专业点4568个，在校生仅为851074人，在校生较2014年的峰值1200394人减少了29.10%。四是就业形势明显降温。随着行业的萎缩，毕业生供不应求的形势已经降温，用人单位在注重毕业生学业成绩的同时，对毕业生综合素质有了较高要求。

1.1.3 高职土建类专业的办学规模

从横向看，土建类专业一直是办学规模较大的一个专业大类，但所占比重呈逐年减少趋势。以2017年、2018年为例。据《全国教育事业发展统计公报》，2017年、2018年全国高职高专院校在校生人数分别为11049549人、11337005人，19个专业大类

❶ 高等学校土建学科教学指导委员会高等职业教育专业委员会（2002年11月—2004年8月）、高职高专教育土建类专业教学指导委员会（2004年8月—2015年9月）均为全国性专家咨询机构，由当时的建设部组建并管理，其职责是负责全国土建类高职教育的研究、指导、咨询、服务，后来演变为全国住房和城乡建设职业教育教学指导委员会。

平均在校生规模分别为581555人、596684人，而同年度土建类专业在校生人数分别为900876人、851074人，分别为平均在校生规模的1.55倍和1.43倍，远高于各大类专业的平均在校生规模。2017年，土建类专业在校生人数占全国高职高专在校生人数的8.15%，2018年减少为7.51%。

从纵向看，2002年至2018年土建类专业办学规模见表1-3。可见，从2002年至2014年，高职土建类专业经历了一个快速发展的过程。到2014年在校生达到历史峰值，全国开办高职土建类专业的院校数1238所，专业点4446个，在校生1200394人，在校生较2002年增加了790.68%。之后，呈持续下降趋势，2018年到达谷底，2019年有所回升。2018年，全国开办高职土建类专业的院校数1165所，较2014年减少5.90%；专业点4568个，较2014年增加2.74%；在校生851074人，较2014年减少29.10%。这表明，随着近年来住房城乡建设领域各行业的发展速度放缓，特别是对土木建筑类高职毕业生吸纳能力最大的建筑业的发展速度快速下滑，对建设类高职教育的负面影响的累积效应已经明显显现出来：企业对毕业生的需求迅速减少，学生报考意愿下降，学校招生也采取审慎态度，因此出现了开办院校减少、专业点平均在校生规模减少、在校生总规模减少的现象。

2002—2018年土建类专业办学规模❶

表1-3

年度	专业点		招生		在校生	
	数量（个）	较上年增长率（%）	数量（人）	较上年增长率（%）	数量（人）	较上年增长率（%）
2002	831		56717		134773	
2003	902	8.5	75499	33.1	171751	27.4
2004	1375	52.4	116896	54.8	280805	63.5
2005	2718	97.7	160491	37.3	396478	41.2
2006	3000	10.4	187210	16.6	483112	21.9
2007	3174	5.8	203846	8.9	567207	17.4
2008	3249	2.4	238683	17.1	650072	14.6
2009	3339	5.2	262640	10.0	736095	13.2

---

❶ 数据来源：教育部。

年度	专业点		招生		在校生	
	数量（个）	较上年增长率（%）	数量（人）	较上年增长率（%）	数量（人）	较上年增长率（%）
2010	3425	2.6	306537	16.7	827986	12.5
2011	3643	9.1	361891	18.1	944863	14.1
2012	3875	6.4	359275	−7.2	1037814	9.8
2013	4208	8.6	396316	10.3	1132858	9.2
2014	4446	5.7	411078	3.7	1200394	6.0
2015	4648	4.5	340934	−17.1	1181981	−1.6
2016	4495	−3.3	268687	−21.2	1010323	−14.5
2017	4565	1.6	266671	−0.7	900876	−10.8
2018	4568	0.1	272797	2.3	851074	−5.5
2019	4514	−1.2	408143	49.6	964660	13.3

1.1.4 土建类高职学生的特点

1.1.4.1 生源呈多元化，质量参差不齐

一方面，随着招生制度的改革，高职生源呈现多元化，包括普招、单招、五年制、三校生等，特别是2019年"百万扩招"，进一步加剧了高职生源的多样化。另一方面，随着高校的不断扩招，各地区录取批次的进一步细化，高职院校的录取大都被排在最后批次中，考生分数普遍偏低，有的省市甚至出现了"招生难"现象。总体而言，高职生源质量呈现下降的趋势。在学习方面，这些学生文化基础较差，自主学习能力较差。在生活方面，自理能力和社会适应能力比较欠缺，学生气、孩子气较重。在经济方面，家庭条件比较悬殊，来自贫困家庭的学生较多，这部分学生往往压力较大，有一定自卑心理，但追求上进，渴望出人头地；少数家庭条件优越的学生，其中一些生活比较懒散。

1.1.4.2 思想多样化，总体不成熟

总体讲，同其他高职学生一样，土建类高职学生大多数关心国内外的经济、政治形势，对教育、医疗以及住房等关乎切身利益的改革给予较高的期望，追求社会的公

平公正；具有较强的民族自尊心和自信心，关心当今中国的国际形象与国家间关系的发展态势。但思想不太成熟、价值取向多元化。目前我国正处于深化改革的关键阶段，伴随着全球化的发展、市场经济体制的不断完善，社会呈现出经济主体多元化、生活方式自主化、就业渠道多样化的趋势，不同文化价值观念的碰撞、冲突与矛盾在加剧。这些变化也在一定程度上影响着高职学生的思想认识，部分学生价值取向呈现出功利化、实用化的趋势，行为习惯比较散漫，自律能力较差。

1.1.4.3 心理复杂，自卑感较重

高职院校由于起步晚，与普通高校相比，其社会认可度较低，从而导致高职学生的自卑心理相对较强。究其原因，主要有两个方面。一方面，进入高职学习的学生，从心理状态上可以分为两类：一类是平时学习成绩比较好，由于高考失利而进入高职学习的，这些学生往往觉得自己"很倒霉"，对于所遭受的挫折缺乏正确的认识，因而自卑；还有一类是在学习上不怎么用功，在中学阶段被按应试教育的标准归为"差生"的行列，进入高职院校也是不得已的选择，这类学生会觉得自己不是学习这块料。另一方面，学生的自卑心理部分源自社会对高职教育的偏见。近年来职业教育虽然发展迅速，但由于传统观念的影响，以及高职录取分数线较低的事实，社会上对高职教育仍然存在一些偏见。认为高职院校比普通高校低一个档次，进而认为高职学生的综合素质也比普通高校大学生差。这种社会偏见，也使他们产生自卑心理，认为自己在同龄学生中属于比较差的一类，进而对自身实力和未来前途产生怀疑。

1.1.4.4 情感丰富，但敏感脆弱

高职学生正处于青年期，情感丰富而强烈，但由于社会经历比较简单，没有经历过什么风浪，因而心理普遍比较脆弱，容易产生逆反心理、厌学心理和浮躁心理。被迫进入高职院校的不满除了会造成自卑心理外，也经常以逆反行为的形式表现，他们以为这样可以获得学校和社会更多的关注。部分学生对学校和老师持一种不屑一顾的态度，抱着混日子的心态来学习。另外，高职学生面临着就业和深造的种种局限，更容易对未来产生迷茫。部分学生对高职教育缺乏全面认识，不能结合专业特点和自身优势进行合理定位，特别是不愿到基层、到艰苦的地方就业，因而希望通过升本考试取得更高的学历，但过程的艰辛又容易使他们产生焦虑、浮躁的心理。

1.2 用人单位对高职土建类专业人才需求调查

为充分了解用人单位对高职土建类专业人才的需求，我们进行了用人单位调查。调查采用问卷调查方式（见附录1）。调查主要以网络问卷为主，共发放问卷232份，收回有效问卷212份，回收问卷有效率为91.40%。

本次被调查的用人单位性质涉及较广，包括国有企业、股份制企业、集体企业和其他所有制企业，分别占收回有效问卷的58.50%、23.10%、10.80%和7.60%，如图1-1所示。

在问题"贵单位认为毕业生所从事的工作与所学专业的结合程度应该如何？"调查结果表明：有89.60%的单位选择了"结合很好"，7.55%的单位选择了"基本结合"，仅有2.85%的单位选择了"无所谓"，这说明用人单位对毕业生所学专业比较看重，更希望能找到与从事工作专业相匹配的毕业生。对问题"贵单位招聘时会对学校社会声誉看重吗？"调查结果表明：有6.60%的单位选择"完全不看重"，9.90%的单位选择"比较不看重"，20.80%的单位选择"一般"，35.40%的单位选择"比较看重"，27.30%的单位选择"非常看重"，这说明用人单位在选择毕业生的时候学校的社会声誉是他们考虑的因素之一，他们认为社会声誉好的学校不管是师资力量还是硬件软件设施都相对较好，培养出来的学生综合能力较强，但也有用人单位认为不论是名气大的学校还是名气小的学校，都能培养出能力优秀的毕业生，毕业生的个人能力素质更

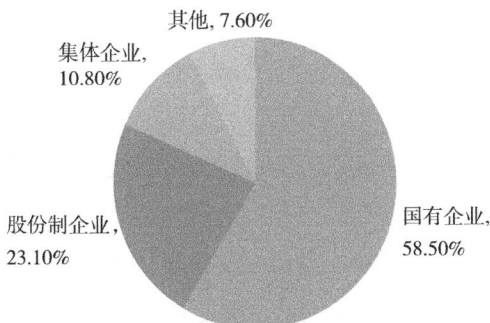

图1-1 被调查用人单位性质分布情况图

重要。对问题"贵单位对我校毕业生较为满意的素质能力有哪些（选五项）"调查结果如图1-2所示，表明用人单位对我校毕业生较为满意的素质能力有：专业技能、团队协作能力、沟通协调能力以及思想品德和职业道德，也说明我校在今后的教育教学中创新思维、临场应变能力、实践经验以及承受压力及克服困难的能力上还有待加强。

对问题"贵单位最关注毕业生的素质是什么？（选五项）"调查结果表明，用人单位对毕业生最关注的素质排名前三的是：职业道德和劳动态度、个人道德和修养、团队合作能力。由此可见，对用人单位来说，相比毕业生的专业知识能力而言，他们更看重毕业生的职业素养，这对我们将思想政治教育融入专业课教学中有积极的实际意义，具体调查结果如图1-3所示。

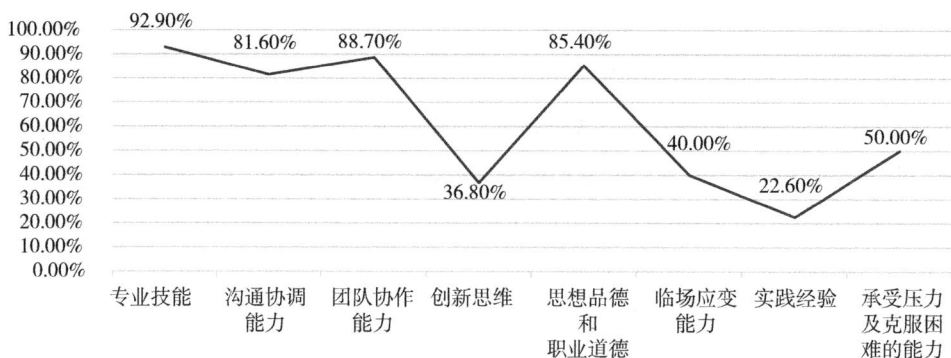

图1-2　用人单位对我校毕业生较为满意的素质能力

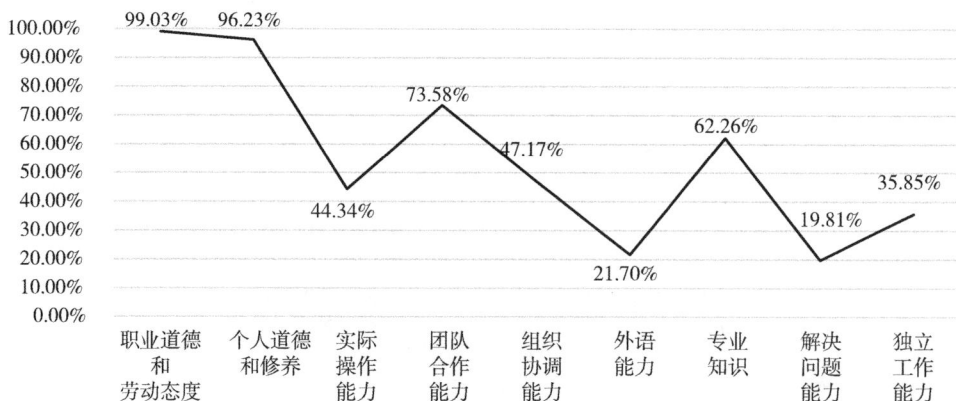

图1-3　用人单位最关注毕业生的素质

在问题"您认为我校在人才培养环节仍需加强的方面(选五项)"调查结果中,排名前五的是强化教学实习及社会实践、拓宽知识面、加强职业道德和劳动态度培养、加强应用能力培养、加强竞争意识和创新能力培养。说明用人单位不仅希望毕业生有较强的专业素质,职业道德和劳动态度、创新能力也是大部分用人单位看重的方面,具体调查结果如图1-4所示。

在问题"贵单位挑选毕业生主要看什么?(选五项)"中,调查结果表明,用人单位在挑选毕业生时最看重的依然是毕业生的思想品德,其次才是心理素质、专业知识和学习成绩,再次证明用人单位对毕业生思想素养的看重,具体调查结果如图1-5所示。

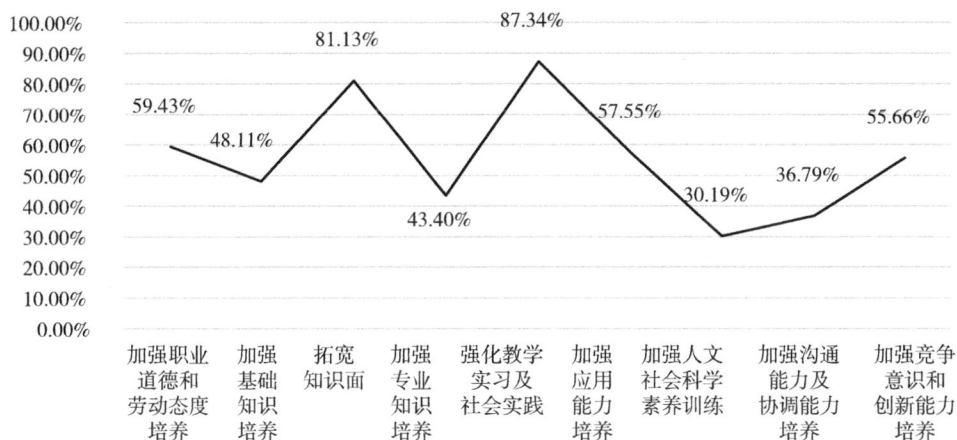

图1-4 用人单位认为我校在人才培养环节仍需加强的方面

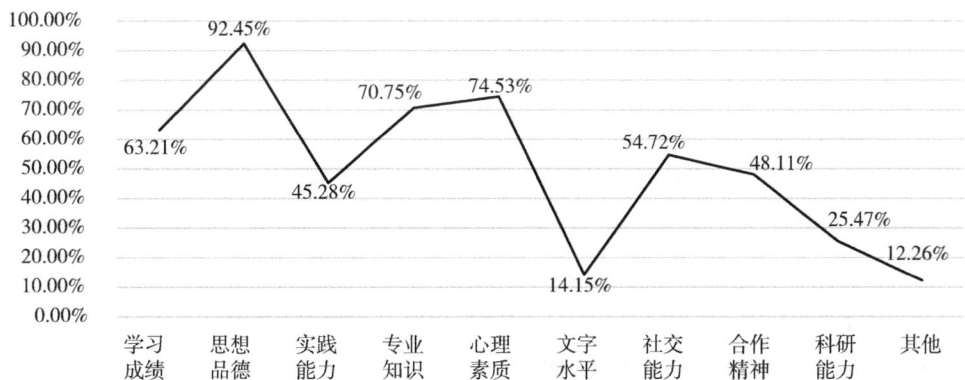

图1-5 用人单位挑选毕业生主要看什么

在问题"如果毕业生在贵单位取得了一定的成绩，您认为起主要作用的因素有哪些？（选五项）"中，排在前五的依次是职业道德、敬业精神、业务能力、合作精神、沟通协调能力。说明毕业生要想在工作中取得一定的成绩，光有专业知识是不够的，还必须要具备良好的思想品德，才能在工作中增光添彩。

最后在问题"您认为当前毕业生就业中的主要问题是什么？"中，大部分的用人单位认为现在的毕业生在就业过程中主要面临的问题是就业定位不合理，缺乏企业要求的职业能力、工作经验与竞争力，传统教育模式的弊端，忽视学生的综合能力，也提醒了高校在今后的教育教学中，不仅仅要提升学生的专业能力，也要提升学生的综合素质，这样才能给社会输送更多的优秀人才。

1.3 土建类专业实施课程思政的意义

1.3.1 土建类专业学生的思想政治教育关乎建筑行业的明天

住房城乡建设领域主要包括建筑业、房地产业、市政公用事业、勘察设计咨询业以及村镇建设等行业。近年来，住建领域的工作越来越多地受到社会公众广泛关注，在推动我国经济社会发展、改善民生方面发挥越来越重要作用，如建筑业、房地产已成为国民经济支柱产业，"一带一路"离不开工程建设；房地产冷热直接关系GDP的增速，关系个人、家庭财产的保值增值。同时，建筑行业进入了转型升级的关键期，如建筑业正在推进发展方式转变，从粗放型向精细化发展转变，大力发展建筑产业化、绿色建筑、智能建筑等。

建筑行业的发展对从业人员的思想政治素质提出了新的、更高的要求。例如，《建筑业从业人员职业道德规范》对工程技术人员、管理人员、施工作业人员都提出了明确的职业道德要求，同时规定了建筑业从业人员的八不准，即：不准偷工减料、影响质量，不准违章作业、忽视安全，不准野蛮施工、噪声扰民，不准乱堆乱扔、影响质量，不准遗撒渣土、污染环境，不准乱写乱画、损坏环境，不准粗言秽语、打架斗殴，不准违反交规、妨碍秩序。又如，《建筑与市政工程施工现场专业人员职业标准》JGJ/T 250—2011规定，建筑与市政工程施工现场专业人员应具备下列职业素养：具有社会责任感和良好的职业操守，诚实守信，严谨务实，爱岗敬业，团结协作；遵守相关法律法规、标准和管理规定；具有节约资源、保护环境的意识；具有终身学习理念，不断学习新知识、新技能。

土建类专业的人才培养目标定位是住房和城乡建设领域生产、建设、服务、管理一线的技术和管理人才，今天的土建类专业学生就是明天的建筑行业从业人员。因此，加强土建类专业学生的思想政治教育关乎建筑行业的明天。

1.3.2 土建类专业学生的思想政治教育需要融入知识、技能培养过程

土建类专业学生是建筑行业的后备军，其未来的就业岗位是一线技术和管理岗位，如施工员、质量员、安全员、材料员、资料员、测量员等。行业特点决定了土建类专业学生思想品德的特殊要求，而这些内容很难通过思政课来实施，需要融入知识、技能培养过程。例如：

行业特点要求从业者具有吃苦耐劳、爱岗敬业精神。建筑行业总体是较为艰苦的。建筑生产的特点是产品固定，人员流动，且多为露天作业、高空作业，施工环境和作业条件较差。也就是说，土建类专业毕业生的就业环境大多不是窗明几净的写字楼，这就要求必须加强学生吃苦耐劳、爱岗敬业精神的教育。

行业特点要求从业者具有强烈的质量、安全意识。建筑产品涉及人民生命财产安全，并且往往投资较大，甚至是"超级工程"。同时，建筑业属于事故多发行业，施工安全被视为行业发展的生命线。这就要求必须加强学生"质量第一、安全至上"思想的教育。

行业特点要求从业者具有节能、环保意识。建筑生产和建筑产品能耗巨大，且直接影响环境。建筑业是人类对自然资源消耗最多的产业之一，人类从自然界获得的物质原料50%以上用来建造各种建筑。同时，我国许多资源的人均拥有量居于世界平均

水平以下，而我国单位建筑面积能耗是发达国家2~3倍以上，因此节能环保已成为我国的一项基本国策。这就要求必须加强学生的节能、环保意识教育。

1.3.3 课程育人是新形势下高校思想政治教育的重要途径

中共中央、国务院印发的《关于加强和改进新形势下高校思想政治工作的意见》中指出，"坚持全员全过程全方位育人。把思想价值引领贯穿教育教学全过程和各环节，形成教书育人、科研育人、实践育人、管理育人、服务育人、文化育人、组织育人长效机制。"在高等学校人才培养中，课程、科研、实践、文化、网络、心理、管理、服务、资助、组织等与学生成长成才密切相关工作都有其特有的育人功能和育人要素，构成了育人的完整系统，其中课程育人居于首要地位。每一门课程都蕴含着思想政治教育元素，承载着思想政治教育功能。韩愈在《师说》中提到"师者，所以传道授业解惑也"。这里所提到的传道，不仅是道理，更应该是道德，因此，教师在传授学生知识的同时，也应该帮助学生树立正确的道德观念。目前，提到思想政治教育，一般会让人联想到各个高校的思政部以及思政课教师，却很少与从事专业课教学的教师联想到一起。但是，忽略专业课教师在思想政治教育中的作用，往往会影响高校思想政治教育效果。有一位从事学生思想政治教育工作的教师曾经哀叹："我们努力了三年才树立了学生高尚的价值观，专业课教师用一句话就毁掉了。"这说明，如果专业课教师对自己在学生思想政治教育中扮演的角色不清楚、不明白，就会对学生思想政治教育工作起反作用。高职教育以培养在各行各业生产、建设、管理和服务基层工作的技术技能人才为目标，要求学生除了掌握必要的专业技术外，还需要具备良好的职业精神和职业道德，因此要利用好大学的专业课程，将思想政治教育从思政课教师中扩展到专业课教师中，将思想政治教育融入专业课教学中将更有利于提高高职院校学生的职业素养及思想品德。育人是每一个课堂的责任，任何一门课程都要守好一段渠、种好责任田。

1.3.4 专业课教师有着显著的思想政治教育优势

1.3.4.1 专业教学融入思想政治教育能事半功倍

目前，高职专科思想政治理论课程包括毛泽东思想与中国特色社会主义理论体系概论、思想道德修养与法律基础、形势与政策。这些课程中，直接讲述土建类专业的内容极少，但有很多知识都可以与建筑行业相关。在思政课教师的教学过程中，教师着重对思想政治知识的讲解，有时学生会觉得枯燥无味。而专业课教师所具有的专业知识往往令学生信服，在专业课程中穿插的思想政治教育观点更容易为学生所接受，潜移默化地影响学生。例如，思想道德修养与法律基础课程中有关如何树立正确的人生观、价值观，学习道德理论，注重道德实践，继承和弘扬中华民族优良道德传统的内容，对土建类专业毕业生今后的工作和生活有极大意义。如果专业课教师在讲专业课程的时候能将这些内容融入进去，不仅能丰富专业课程教学素材，还能使学生在学习专业课程的时候受到思想品德的浸润，达到润物无声的效果。又如土建类专业一般都要开设工程建设法规方面的课程，使学生学习掌握招标投标法、合同法等工程建设法规。如果专业课教师在讲授工程建设法规课程时，能结合思想道德修养与法律基础课程讲述法治精神、遵法守法的知识，那会使学生更能领会法律精神，理解法律体系，做一个遵纪守法的好公民。

1.3.4.2 专业课教师能使思政教育工作更具丰富性和感染力

专业课教师在传授专业知识的同时，他们的思想观念、价值取向、性格气质、个人魅力等都对学生有潜移默化的影响。传统的思政课程，大多采用的是讲授法，可是在讲授过程中学生有可能没有很好地参与进来从而导致学生出现接受知识较慢、上课开小差等现象。而专业课教师能结合工程案例，将思想政治知识融入工程案例当中进行讲解，学生在学习思想政治知识的同时能结合工程实际，从而达到更好的效果。例如，专业课教师能带领学生到实训基地、实习单位进行实地调查和研究，从而获得新知识或巩固已学知识，也能在调查研究的过程中，培养学生分析问题、解决问题、自主学习、团结协作等能力；专业课教师也能在学生进行课内外练习、实验、实训、实习、社会实践的时候给学生鼓励和指导，使学生巩固、丰富和完善所学专业知识，并且培养学生解决实际问题的能力和多方面的实践能力，使思想政治教育工作更具丰富性和感染力。

1.3.4.3 专业课教师具有育人的时空优势

专业课教师和学生接触机会多，具有时间和空间优势。

一方面，学校不可能每个学期都开设专门的思想政治理论课程，这就意味着在大学时期，学生与专业课教师接触的时间远远大于与思想政治教育教师接触的时间。以建筑工程技术专业为例，该专业的专业基础课程和专业课程的学时约占总学时的73%，也就是说在三年的学习生活中学生有约73%的时间是在专业课教师的指导之下度过的，如果我们忽视了这73%的时间来谈德育教育，显而易见是很难把工作做好的。

另一方面，专业实践课程是专业教学的重点，更是专业课教师贯穿德育教学思想的好课堂。重实践是职业教育的特点。以建筑工程技术专业为例，其实践课程包括实验、实训、实习、毕业设计等，学时占总学时数的50%左右。专业课教师除了完成理论教学工作外，还要承担实践指导等工作，他们可以在不同地点和学生进行更深入全面的沟通，能更有针对性地引导学生树立正确的人生观、世界观和价值观。学生在参加实验、实训、实习等实践课程的时候，个人的思想品德等方面有什么问题，最容易暴露出来被专业课教师发现。如果专业课教师既注重学生的专业课程学习又注重学生的思想教育，经常针对他们反映出来的问题进行教育和引导，是很容易把思想教育工作做到点子上，收到显著效果的。当学生认可专业课教师的时候就喜欢跟他们交往，当遇到生活、学习、工作上的困惑和烦恼时愿意寻求专业课教师的帮助。

1.3.4.4　专业课教师能发挥其榜样示范作用

榜样的力量是无穷的，学生一旦信任、尊敬、崇拜某个教师，便会自觉主动地学习和效仿他。教师如果待人接物总是彬彬有礼、不卑不亢、团结同事、顾全大局，也定能培养学生尊敬师长、关心同学、热爱集体的良好品质。教师如果治学严谨、学而不厌、诲人不倦，也定能培养学生具有端正的学习态度、掌握正确的学习方法。教师如果自觉拥护党和国家的路线、方针、政策，积极参加学校组织的各项政治学习，自觉接受学校管理、教学、科研等相关工作任务，也定能培养学生积极参加理论学习、积极参加文体活动、积极参加社会实践、积极参与班级事务的热情。教师如果自觉遵守国家的法律、法规及学校的各项规章制度，工作热情投入、全力以赴、忠于职守、言行一致，也定能培养学生具有爱岗敬业、诚实守信、服务群众、奉献社会的职业道德。

由于学生大部分时间都会和专业课教师接触，所以专业课教师的一举一动，对学生都会产生润物无声的教育作用。热情开朗、宽容大度、知识渊博、谈吐不凡的专业课教师对学生的影响是一种最直接、最生动的教育力量，它不仅影响学生在校的学习生活，而且将影响他们今后的发展，甚至是他们的一生。所以，专业课教师要时时严格要求自己，处处给学生做表率，要求学生做到的，自己首先要做到，要求学生不做的，自己首先要坚决不做。教师只有以身作则，为人师表，才能对学生的思想做出正确的引导，将思想政治教育工作落到细微处。

1.4 高职院校土建类专业思想政治教育的现状

1.4.1 高职院校思想政治教育的现状❶❷❸

目前高校思想政治课承担着对大学生进行系统的思想政治理论教育的任务，是大学生学习思想政治知识的主渠道，经过教育管理部门及思政课教师多年的努力，思政课的实效性越加显著，对学生的人生成长影响也越来越大。但是从当前情况看，思政课仍然存在着一些问题，如：旷课现象较严重，课堂上睡觉、玩手机、开小差的学生较多等。怎样才能使思政课更具针对性，更受学生喜爱，是困扰思政课教师的难题。

高职院校的学生具有较复杂的生源结构，他们主要来自于中职学校和普通高中，他们往往文化基础较薄弱，学习底子较差，在进入高等职业院校后又开始学习新的专

---

❶ 罗晓春. 高职思政课与专业人才培养对接的改革思路 [J]. 陕西教育（高教），2013，（7）：143-144，147.

❷ 王猜猜. 关于高职学生思想政治教育的探究 [J]. 都市家教，2016，（12）：180.

❸ 何衡. 高职院校从"思政课程"走向"课程思政"的困境及突破 [J]. 教育科学论坛，2017，（30）：27-30.

业知识，这导致出现了知识衔接的断层，这两方面都使得他们逐渐失去对学习的兴趣。学生面对多方面的发展需要，容易忽略自身的思想政治学习，给思想政治教育工作的开展造成了一些不便。学生获得信息的渠道多，老师难以把握学生获取到的信息，学生思想多元化，复杂化，容易产生一些不成熟的意识。另外当今社会，市场经济不断发展，商品经济和网络信息不断冲击着他们的思维，部分学生受到了享乐主义、拜金主义和个人主义的影响，导致有的学生缺乏集体主义观念，难以做到知行合一。

但是综合来看，高职院校的学生思想政治教育现状还是比较乐观的，大部分学生都有着较为坚定的社会主义信念以及为社会主义现代化建设添砖加瓦的决心，热爱祖国和人民，拥护党的政策路线，愿意为国家的发展努力贡献出自己的力量。处于青年期的学生思维活跃，容易接受新的知识和思想，另外高职院校的学生出于激烈的人才竞争和就业压力，他们拥有很强的求知和成才的欲望。因此一定要在改进中加强思政课建设，不断增强教学的亲和力和针对性，满足大学生成长成才的需要。在专业课教学中融入思想政治教育的内容，充分挖掘专业课中的思想政治教育要素，发挥专业课的育人功能，对大学生的思想政治教育有积极的意义。

1.4.2 土建类专业实施课程思政的问卷调查

1.4.2.1 问题的提出

高等职业教育作为高等教育发展中的一个重要类型，肩负着培养面向生产、建设、服务和管理一线需要的技术技能人才的使命。随着我国技术技能人才要求的不断提高，高等职业院校越来越重视学生的职业道德教育和法制教育，重视培养学生的诚信品质、敬业精神和责任意识。在课程思政、"专业课程与思政课程协同"教育理念及背景下，如何在专业课程教学中实现把社会主义核心价值体系融入高等职业教育人才培养的全过程，培养出一批又一批高素质的技术技能人才的目标，高等职业教育既面临着极好的机遇，也面临着严峻的挑战。本调研力图以四川建筑职业技术学院土木工程系为调查范围，通过对专业课教师以及学生的问卷调查和访谈，了解专业课程教学中实施思想政治教育的现状，从而为探索适合高职院校有效实施课程思政的策略提供一定的依据和视角。

1.4.2.2 调查对象与方法

四川建筑职业技术学院土木工程系开设有建筑工程技术、建设工程监理、建筑钢结构工程技术、地质工程勘察、水利工程、水利工程施工技术6个专科专业，设有力学、结构、施工、监理、制图、岩土、质安、水利8个教研室和力学实验室、土木工程实训室。

本调研主要对在校的大一、大二学生各专业进行问卷调查，采用分层抽样调查的方式，共计发出学生问卷 300份，收回287份，收回率约为96%，其中有效问卷271份，有效率为94%，其中男生238份（占样本总数88%），女生33份（占样本总数12%）；大二学生224份（占样本总数83%），大一学生47份（占样本总数17%），学生问卷见附录3。

在本调研中，主要对专业课教师进行问卷调查及个别访谈，共计发出问卷80份，收回71份，收回率为90%，其中有效问卷67份，有效率为93%，教师问卷见附录2。被调查专业课教师基本情况见表1-4。

被调查专业课教师基本情况 表1-4

项目	性别		任教专业课程年限				任兼职辅导员年限				
	男	女	1～3年	4～6年	7～10年	10年以上	无	1～3年	4～6年	7～10年	10年以上
人数	27	40	16	16	12	23	39	17	5	4	2
占比（%）	40.30	59.70	23.88	23.88	17.91	34.33	58.21	25.37	7.46	5.97	2.99

1.4.2.3 思政育人贯穿专业课程教学实施现状的问卷分析

该部分主要采用问卷对专业课教师思政育人的认同、教师思政育人实施情况两方面进行教师问卷调查，并通过设置相应的问题，对学生进行问卷调查，根据数据统计分析、师生对同一问题的认知情况对比，了解思政育人贯穿专业课程教学实施现状，探索适合高职院校有效实施专业课程思政的策略。

（1）专业课教师对课程思政的认知

教师是课程实施最重要的资源，专业课教师的教龄、任教年级、是否兼职辅导员或班主任等情况都是专业课教师对课程思政的认知影响因素。从表1-4可以看出，在被调查的老师中，从教龄来看，专业课教师教龄在7～10年和10年以上分别占20%、52%，反映出土木工程系经验丰富的专职教师较多，但专职教师未兼职辅导员的比例较大，占总人数的58%。从调查中了解到，土木工程系教师专业课教师任教课程课时较多、部分教师常任教两个年级，因此在教学任务较重的情况下，兼职辅导员的情况不普遍。

在专业课教师对课程思政的认知方面，问卷中设置了5题，其中专业课教师在回答"您对当代大学生的思想观念了解情况"时，回答"比较了解"和"了解一点"的比例分别为51%和49%；在回答"您认为专业课教师在教学中进行思政育人工作是否有必要时"，回答"非常必要"和"必要"的比例分别为42%和51%；在回答"您认为专业课程教学与思政育人的联系是否紧密"时，回答"非常紧密"和"一般"的比例分别为42%和45%。可以看出，在被调查的专业课教师中仅约1/2的教师比较了解当代大学生的思想政治情况，对课程思政的意义和作用也有较清晰的认识，但超出1/2的教师对课程思政的必要性以及专业课程与思政育人的联系紧密性认识不足。

对于影响学生接受思想政治教育的因素，专业课教师普遍认为"学生个人认知"和"教师教学水平"是影响学生接受思想政治教育中最重要的两项因素，如图1-6所示。这说明专业课教师普遍能认识到教师不仅承担教学任务，还承担着育人的重要职责，且教师们普遍赞同提高教师教学水平与课程思政育人有着紧密的关系。因此，要实现专业课教师在教学教育工作中将思想政治教育进一步有机融合，不仅需要提高专

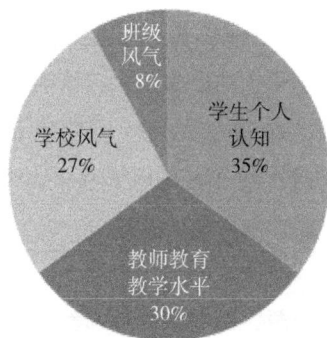

图1-6　影响学生接受思想政治教育的因素

业课教师对课程思政理念的认同与贯彻，还需要专业课教师在实践中不断地提高教育教学水平，不断开发思政育人资源。

（2）专业课教师思政育人情况实施以及学生反馈情况

在专业课教师思政育人实施情况方面，教师和学生问卷中均设置了5题。从图1-7可以看出，在专业课程与思想政治教育联系紧密的三个方面中，被调查专业课教师和学生的认识达到统一，他们均认为专业课程中的拓展知识与思想政治教育联系最为紧密。由此可见，在课程思政背景下，深入挖掘专业课程中的拓展知识，进一步优化整合课程资源，有利于专业课程教学中实施思政育人工作。

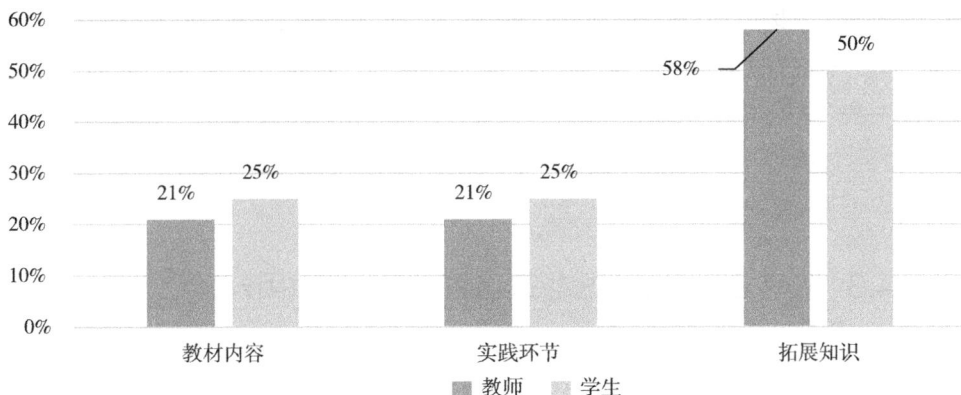

图1-7 专业课程与思想政治教育联系紧密性

另外，从表1-5可以看出，专业课教师在教学中开发育人功能主要采用的方法中，工程案例、知识拓展比例以及讨论交流较高，分别为34%、24%、25%，调查结果显示，专业课教师采用的育人方法与学生期望一致，反映出学生最希望通过在课堂教学过程中掌握知识的同时，接受教师的思想教育。极少教师和学生愿意通过个别谈话的方式进行或接受思想政治教育。该问题与"您对学生的思想政治教育主要是在课堂教学上（教师和学生分别占45%、43%）"的调查结果一致。从这部分分析情况来看，学生对思想政治教育的需求对专业课教师提升专业学技能、提高教学水平，提出了更高的要求。

专业课教师开发思政育人功能主要方法   表1-5

主要采用方法	工程案例		知识拓展		讨论交流		个别谈话	
	人数	比例（%）	人数	比例（%）	人数	比例（%）	人数	比例（%）
教师	23	34	16	24	26	25	2	3
学生（期望）	101	37	95	35	67	25	8	3

1.4.2.4　调查结论

通过文献梳理、问卷结果统计分析，对土木工程系专业课教师实施思政育人的认知，实施现状以及学生反馈等情况进行调查研究，发现该系老师对课程思政有一定的认知，但"思政育人在高职教学中的效果"认同中，仅9%的教师觉得"非常显著"，选择"一般"的专业课教师占57%。部分老师在个人访谈中表示由于专业课程任务重、课时紧等原因，在实际教学过程中他们更注重知识传授和能力培养。

1.4.3　在专业课中融入思想政治教育不足的原因分析[1][2][3]

目前国际国内形势深刻变化，大学生思想政治教育既面临有利条件，也面临严峻挑战。国际敌对势力与我争夺"下一代"的斗争更加尖锐复杂，大学生面临着大量西方文化思潮和价值观念的冲击，某些腐朽没落的生活方式对大学生的影响不可低估。随着对外开放不断扩大、社会主义市场经济的深入发展，我国社会经济成分、组织形式、就业方式、利益关系和分配方式日益多样化，人们思想活动的独立性、选择性、多变性和差异性日益增强。这有利于大学生树立自强意识、创新意识、成才意识、创业意识，同时也带来一些不容忽视的负面影响。一些大学生不同程度地存在政治信仰迷茫、理想信念模糊、价值取向扭曲、诚信意识淡薄、社会责任感缺乏、艰苦奋斗精

❶ 李珂，胡兴福. 思政教育融入高职土建类专业课中的研究与分析［J］. 青年时代，2019，（11）：227-229，231.

❷ 裴孝钟. 高职"工程测量"课程思政的探索与实践［J］. 中小企业管理与科技，2018（19）：117-118，121.

❸ 王俊静. 高校专业课教学中渗透思想政治教育的研究［D］. 湖南大学，2011.

神淡化、团结协作观念较差、心理素质欠佳等问题。

面对新形势、新情况，大学生思想政治教育工作还不够适应，存在不少薄弱环节。一些地方、部门和学校的领导对大学生思想政治教育工作重视不够，办法不多；全社会关心支持大学生思想政治教育的合力尚未形成；学校思想政治理论课实效性不强，哲学社会科学一些学科教材建设滞后，思想政治教育与大学生思想实际结合不紧，少数学校没有把大学生的思想政治教育摆在首位、贯穿于教育教学的全过程；学生管理工作与形势发展要求不相适应，思想政治教育工作队伍建设亟待加强，少数教师不能做到教书育人、为人师表。加强和改进大学生思想政治教育已成为一项极为紧迫的重要任务。

通过这些问题分析发现，仅通过思想政治理论课程对大学生进行思想政治教育还远远不够，必须将思想政治教育融入专业课教育中，通过思政课程和专业课程相结合的方式对大学生进行思想政治教育。可是经调查研究发现，目前在高校将思想政治教育融入专业课教育方面仍然存在以下问题。

1.4.3.1 专业课教师对思想政治教育主体意识淡薄

在高职院校的教育教学工作中，重智育轻德育的现象比较严重。专业课教师对思想政治知识的学习往往来自于大学时期，在后期的教学工作中很少进行专业系统的学习，因此专业课教师在进行教学时主要注重对专业知识的讲解，而对学生进行思想政治教育不够。有的专业课教师认为完成教学任务后，育人的任务也就完成了；有的专业课教师认为专业课程教学只要传授专业知识，思想政治工作是学校领导、党务工作者、辅导员或班主任的事，忽略了自身的思想政治教育主体认识。在学业考核中，也常常忽略对学生素质的引导和考核。专业课教师主体意识的这种弱化，限制了其共同承担思想政治教育的功能。美国教育家杜威提出：学生在"正规课程"的学习中，学到的只是学习的一部分，除了正规课程之外还伴随着一种"附带学习"，即理想、态度和道德习惯等情意方面的学习。所以对专业课教师进行思想政治教育培训是刻不容缓的事情。

1.4.3.2 专业课教师缺乏有效的思想政治教育手段

思想政治教育的目标就是要坚持全面发展，促进人的自由全面发展。高校思想政治教育的最终目的是通过对学生的教育，完成由内化到外化的转变，提高学生的综合素质，促进学生的全面发展。思想政治教育活动有鲜明的价值导向功能，面对广泛的道德文化，到底应该把哪一种道德文化传递给学生，又通过什么方式传递给学生，专业课教师常常会措手不及。正确地发挥思想政治教育的价值导向功能，专业课教师应该加强对社会主义核心价值观的学习，并具备有效的思想政治教育手段，这不仅有利于化解学生遇到的道德困惑，还有利于学生形成正确的道德观，树立正确的人生观、世界观、价值观。但是在教学实践中受传统观念的影响，教育者对其角色内涵理解过于单一，再加上对思想政治教育目标和内容没有准确完整的把握，未能在专业课教学中渗透思想政治教育也是可能的。

专业课教学中，知识的传授多是以简单灌输的形式来实现的，专业课教师缺少与学生有效的思想交流，对学生的思想实际、情感品格等缺少了解，思想政治教育多是简单的批评教育，解决不了学生遇到的道德冲突问题。由于专业课教学与思想政治教育工作有着很大的区别，专业课教师在实施思想政治教育时缺乏科学的规划和实际可行的操作路径，导致专业课教学的育人效果不佳，甚至产生一些负面的影响。这些都难以促使专业课程教学与思想政治教育的融会贯通，制约了思想政治教育实效的提高。

1.4.3.3　大学生对专业课程的期许主要是专业知识

目前大学生在进行专业课学习时，主要的期望是对专业知识的学习，比如土建类专业的学生，大多数毕业之后都是进入建筑行业，他们认为只要掌握专业知识就能够在其行业站住脚，而现在的高校教育普遍存在一种智育化、功利化的教育倾向，大学教育的目的在于就业率而非大学生的自我提高、自我完善，同时，大学生对于自身的定位又强化了教育的智育化、功利化倾向。所以，对于专业课程，学生们的主要诉求即专业知识和技能。

1.4.3.4　高校评价体系无法起到引领作用，学校对专业课教师育人不够重视

我国现代大学教师的考评体系更多的是以文章、项目为导向，教师能否评职称，能否提高待遇，可以说文章、项目起到了决定性作用，而教学效果如何却很少被纳入

其中，连教学目标都很难完成，更何况是进行思想政治教育了。所以，在专业课程的教研中，更加突出的是专业课程的体系、思想、方法和应用方面的研究，即专业体系、课程体系和课堂体系的研究；专业课程的思想内涵研究；专业技术手段选择和施用理念研究；运用知识解决实际问题，将知识转化为经济或社会效益的研究，很少涉及进行思想政治教育的内容。

专业课程的教学可以分为专业理论教学和专业实践教学，其具体形式也是多样的，可以通过课堂教学、校园科技活动、实验教学、毕业实习等形式来完成。专业课教师以其扎实的专业基础、授课艺术、科研水平、人格魅力等方面达到感染学生的目的。专业课教师博闻多识，他们对人文科学和社会科学都有自己的理解，充分体现了他们对科学的尊重，对知识的尊重；对教学的认真态度，对学生疑难问题的解答，也体现了他们治学的严谨；专业课教师的仪表语言，体现了他们个人的智慧、风度、人格魅力。基于对专业的认同感，学生更容易与有科研能力和专业知识渊博的专业课教师沟通，更愿意听从专业课教师的教导，但是专业课教师的这些优势并没有得到重视，也没有被真正的运用起来。这是因为高校中的部分领导对专业课教师进行思想政治教育的紧迫性和重要性没有给予必要的重视，只是在理论层面有所提及，但在真正的教学过程中并没有实践性的进展，这直接导致学校对专业课教师进行思想政治教育的管理跟不上。

1.4.3.5 学校大环境欠缺

思想政治教育只有在好的环境中才能取得好的效果，思想政治教育的环境是思想政治教育得以进行的必备条件。它具有变动性，其原因一是自然界自发力量的作用，二是人类实践不断发展，三是人类不断地完善育人的环境。它还具有二重性，表现为优美环境和恶劣环境。我们在促进思想政治教育发展的过程中，应该充分发挥人的主观能动性，把握思想政治教育环境的发展规律，用发展的眼光来发现和创造优美的环境，促进思想政治教育的健康发展。目前，育人环境方面仍然存在一些问题：

（1）教师科研任务相对较重，育人时间和精力较弱。由于近些年来的扩招，师生比例出现严重的失调。专业课教师课时任务重，有的专业课教师每周有高达30课时的教学任务，其直接后果就是教师连轴转，疲于应付。另外，专业课教师基本上都担负着沉重的科研任务，由于其关系到职务的晋升，所以科研往往成为专业课教师工作的重中之重，大部分时间都会用来搞科研，根本顾不及育人。

（2）高校在育人环境建设方面投入不足。高校重视教师学术的博大与精深，轻视师德对学生的影响，重市场化的功利对大学生的影响，轻学校对学生人格的培养，在精神环境建设方面投入明显不足。精神环境对人的影响主要是社会意识形态与社会文化环境方面，它对人的思想品德的形成具有直接的影响和潜移默化的作用，但往往容易被人忽视。因此，高校除了做好硬环境的建设外，更需要从根本上提升教师的素质和修养，加大对思想政治教育文化素质软环境的建设。

（3）对学生的管理不够严格。有的高校对学生的管理过于松懈，学生的违纪行为（迟到、早退、抄袭、作弊等）得不到及时制止，学生就会放松对自己的要求，这种纵容给专业课教师的育人工作带来了重重困难，任课教师也只能听之任之。

（4）社会大环境的影响。社会环境包括"人化自然"和人自己建立的社会关系环境，专业课教师和学生都处于这个社会环境中。经济发展的情况、政治局面的稳定、思想文化的推陈出新，对老师和学生都有着重要的影响。经济发展催生出许多的新生事物，例如网络的发展，它在给我们的学习和生活带来便利的同时也有着不可忽视的负面影响；两极分化情况下，人们对公平的极端追逐，也容易产生一些突发事件和群体性事件。这些问题向专业课教师的育人工作提出了挑战。

1.5 土建类专业的课程思政研究与实践现状

课程思政的实践探索起源于上海市教委在基础教育领域推行的"学科德育"❶。2004年开始，上海根据自身实际，分阶段对思想政治教育进行了一系列改革，形成了

❶ 万力. 高校"课程思政"研究与实践的四维综述 [J]. 西昌学院学报（社会科学版），2019，（4）：49-53.

一种全新的教育模式——课程思政❶。目前学术界和上海等地有一些关于课程思政的理论研究和实践探索，但已有成果基本上还属于经验总结的范畴和课程思政研究的起步阶段，离实施课程思政真正的理论创新尚有不小的距离。

就土建类专业而言，课程思政的研究与实践都十分有限。以"课程思政"和"土建类专业"或"土建大类专业"或"土建专业"为关键词，在中文文献数据库CNKI进行模糊搜索，搜索到中文文献6篇，其中2篇为本课题资助论文。通过对这些文献的梳理分析发现，目前土建类专业的课程思政研究与实践都处于起步阶段，尚存在诸多不足，主要表现在：

第一，局限于某一具体课程的操作个案。现有研究成果大多是针对某一具体课程的操作个案，且基本上都属于经验总结的范畴，既缺乏课程思政理论与方法的系统研究，也缺乏针对某一专业的系统研究，更没有人对某一个特定的专业大类实施课程思政进行专门研究。

第二，对课程思政元素的挖掘缺乏系统性。在纵向上缺乏深度，呈现随意化、表面化。在横向上缺乏联系，呈现孤立化、碎片化，无法以整个专业或相关专业群形成专业课课程思政内容的有机整体。

第三，系统的、深入的研究成果尚显不足。一方面，理论研究成果显得庞杂碎化，未能展现高职土建类专业课程思政这一"育人体系"应当具有的系统性和科学性特征，特别是在高职院校应该如何推进课程思政的机制创新、专业课程推进课程思政的触点与融合点、专业课见识在推进课程思政过程中的动力机制与能力困境等方面还需系统而深入的研究。另一方面，对课程思政实践过程中相关核心问题的深层揭示不够，例如，在操作上如何保证课程思政与各类课程在育人本质上的高度契合，课程思政的评价体系及评价操作方法，课程思政的课堂实施方法与技巧等。❷

❶ 林泉伶."课程思政"：新时代高校思想政治教育新途径研究［D］. 南京邮电大学，2019.
❷ 万力. 高校"课程思政"研究与实践的四维综述［J］. 西昌学院学报（社会科学版），2019，（4）.

2

课程思政的
学理基础

我国高校肩负着培养德智体美劳全面发展的社会主义合格建设者和可靠接班人的任务，高等教育的核心在于人才培养，根基在于立德树人。应坚持把立德树人作为教育教学中心环节，把思想政治工作贯穿高等教育的全过程，要将思想价值引领贯穿教育教学全过程和各环节，发挥高等教育各门课程对学生的价值引领作用，实现全程育人、全方位育人。

2.1 课程思政的内涵及特点

2.1.1 课程思政的内涵

关于课程思政的概念，目前学界还没有一致的观点。有专家提出，课程思政的基本要求是"高校的所有课程都要发挥思想政治教育作用"[1]。也有专家指出，课程思政的实质是"一种课程观，不是增开一门课，也不是增设一项活动，而是将高校思想政治教育融入课程教学和改革的各环节、各方面，实现立德树人润物无声。"[2]

课程思政是在"三全育人"背景下提出的以立德树人为目标的一种教育理念和基本要求。高校立身之本在于立德树人。培养德智体美全面发展的合格人才，做好高校思想政治工作，各类课程与思想政治理论课同向同行、协同育人是关键。我国高等教育肩负着培养德智体美全面发展的社会主义事业建设者和接班人的重大任务，必须坚持正确政治方向。做好高校思想政治工作，要用好课堂教学这个主渠道，思想政治理论课要坚持在改进中加强，提升思想政治教育亲和力和针对性，满足学生成长发展需求和期待，其他各门课都要守好一段渠、种好责任田，要使各类课程与思想政治理论

---

[1] 邱伟光. 课程思政的价值意蕴与生成路径 [J]. 思想理论教育，2017，(7).

[2] 高德毅，宗爱东. 课程思政：有效发挥课堂育人主渠道作用的必然选择 [J]. 思想理论教育导刊，2017，(1).

课同向同行，形成协同效应。中共中央、国务院发文指出，要加强课堂教学的建设管理，充分挖掘和运用各学科蕴含的思想政治教育资源；要坚持全员全过程全方位育人原则，把思想价值引领贯穿教育教学全过程和各环节。❶

综上所述，课程思政，简而言之，其实质是一种课程观，是一种综合的教育理念，是指在落实"全员育人、全程育人和全方面育人"要求背景下，各类课程都要深入挖掘课程中蕴含的思想政治教育资源，注重"立德树人"。因此，课程思政，主要是指通过深入挖掘各类课程中蕴含的思想政治教育资源，注重思想价值引领，达成立德树人目标的一种教育理念和课程建设模式。所有课程都要突出思想价值引领，在"智育"的同时强化"德育"，凸显各门课程的"育人价值"，体现各门课程与思想政治理论课同向同行，形成协同育人效应，以达成立德树人目标。

因此，课程思政不是一门或一类特定的课程，而是一种教育教学理念。其基本含义是：大学所有课程都具有传授知识培养能力与思想政治教育双重功能，承载着培养大学生世界观、人生观、价值观的作用。课程思政也是一种思维方式，教师在教学过程中要有意、有机、有效地对学生进行思想政治教育；体现在教学的顶层设计上要把人的思想政治素质培养作为课程教学的目标放在首位，并与专业发展教育相结合。课程思政不是要改变专业课程的本来属性，更不是要把专业课改造成思政课模式或者将所有课程都当作思政课程，而是充分发挥课程的德育功能，运用德育的学科思维，提炼专业课程中蕴含的文化基因和价值范式，将其转化为社会主义核心价值观具体化、生动化的有效教学载体，在"润物细无声"的知识学习中融入理想信念层面的精神指引。

2.1.2　课程思政的特点

在基本认识课程思政的内涵，初步了解课程思政价值意蕴的基础上，相较于以往以思想政治理论课为主的思想政治教育课程体系，课程思政教育理念和课程建设模式具有以下特点：

---

❶ 中共中央　国务院印发《关于加强和改进新形势下高校思想政治工作的意见》[N]. 人民日报，2017-2-28.

一是整体性。课程思政是一种整体性的课程观，有助于突破思想政治教育集中于思想政治理论课的瓶颈，缓解思想政治教育"孤岛化"的现实困境。课程思政以育人为核心目标，贯通不同学科和课程的功能，使各学科课程都能真正参与高校育人工作，体现育人价值。在这一导向下，各类学科课程与思想政治理论课之间形成协同合作的整体，相互滋养，相互支撑，形成育人合力，共同作用和服务于立德树人这一根本任务。

二是丰富性。课程思政有助于高校思想政治教育内涵和外延的丰富与拓展。课程思政将不同学科课程进行功能整合，使其融入思想政治教育的总体格局，这就极大地拓展了思想政治教育的内涵体系，使高校思想政治教育不再局限于思想政治理论课，而是拓展至所有课程，思想政治教育的内涵由此得以丰富，其教育吸引力和感染力也必将得以提升。

三是发展性。课程思政有助于高校思想政治教育的现代化发展，推进思想政治教育的现代转型。课程思政导向下，各个学科、各类课程的育人功能依托其学科领域知识与实践方法的积蕴，将价值引领融于相应的知识传授，实现知识传授与价值引领的双重功能。不同学科知识、理论和方法的引入，将在更深、更广层次上推进思想政治教育突破传统教育理念局限，逐步摆脱单向灌输等传统教育方式的路径依赖，不断增进内容的知识性、学理性以及方法的多样性，从而形成更为科学、系统的思想政治教育体系，实现思想政治教育的现代化发展。

四是关联性。对课程思政的认知，还要处理好课程思政与思政课程的相互关系。简而言之，课程思政是一种课程观和课程设置理念，思政课程主要指现行的思想政治理论课，是一门或一类具体的思想政治理论教育课程。事实上，课程思政要在激发其他学科课程育人功能、促进育人合力的同时，不断强化和提升教育功效。从课程之间的相互关系来看，课程思政也并不是要将所有课程都改造成为思想政治理论课，其所主张建立的课程体系，乃是各门课程既相互独立又相互统一的整体。在这一体系中，各门课程以育人为核心目标，建立起具有本学科特点的价值教育内容和方法体系，发挥其应有的功能和作用。思想政治理论课作为高校思想政治教育的主渠道，承担系统化开展马克思主义理论教育教学的主要职责。通识课程等综合素养课程，则注重在培养人的综合素质过程中铸牢理想信念，以人文素养涵养人心、培育人格；而哲学社会科学和自然科学课程则作为专业教育课程，在其具体的知识、学理、技术等的教育中凸显价值引领和精神塑造功能。各类课程相辅相成，体现"知识传授与价值引领相结合""显性教育与隐性教育协同发展"的目标和导向，共同作用和服务于立德树人根本任务。

2.2 课程思政的理论基础

2.2.1 学科基础

2.2.1.1 教育学基础

教育是培养人的活动，是以传递社会经验为主要内容的活动。教育的直接活动对象是人，或者说教育的客体是人。捷克教育家夸美纽斯曾经指出，"人是一个'可教的动物'，这是一个不坏的定义，实际上，只有受过一种合适的教育之后，人才能成为一个人。"❶从而强调教育在人的成长发展中的重要作用。

《中国大百科全书·教育》中指出，"从广义上说，凡是增进人们的知识和技能、影响人们的思想品德的活动，都是教育"；"狭义的教育，主要指学校教育，是教育者根据一定社会（或阶级）的要求，有目的、有计划、有组织地对受教育者的身心施加影响，把他们培养成为一定社会（或阶级）所需要的人的活动"；"教育这个词有时还作为思想品德教育的同义语使用"。❷就"教育"概念的内涵来说，它使个人成为完善发展的社会人，也说明教育本来与道德同源。

在教育学视域中，教育与教学是相互贯通和相辅相成的。教育是一种有目的有计划的培养人的创造性活动，教育活动是促进学生成长的自觉实践。现代教学绝不是单

---

❶ 夸美纽斯. 大教学论 [M]. 傅任敢译. 北京：人民教育出版社，1984：3.
❷ 中国大百科全书·教育 [M]. 北京：中国大百科全书出版社，1985：1.

纯地传授知识，更重要的是发展学生的智力，挖掘学生内在创造潜能，促进学生德、智、体、美、劳等的全面发展，从而全面提高学生综合素质。

著名教育家赫尔巴特在《普通教育学》中提出"教育性教学"思想。他认为，"不存在'无教学的教育'这个概念，正如反过来，我不承认有任何'无教育的教学'一样"❶。他强调指出"无教学的教育"，也没有"无教育的教学"。德育与智育通过手段和目的的方式统一起来。❷教育和教学互为条件，相辅相成，互为一体。思想引领和道德教育要落实在学科教学上。教学过程中如果没有进行思想引领和价值引导，那就是没有目的的手段。反之，如果思想引领和道德教育缺失教学的基础，那就成了没有手段的目的。曾有教育学家指出，培养人的德性是教育的全部目的。因此，立德树人是教育教学的中心环节和根本任务，强调既要教书，又要育人。通过教学不仅使学生获得知识和技能，还要促进学生品德形成和身心等的健康发展，帮助学生学会做人、学会做事、学会学习和学会与他人共同生活等，从而促进学生全面和谐的发展。

人的全面发展需要接受适当的教育。学科教学不仅要使学生掌握知识和技能，还要帮助他们形成正确的世界观、人生观和价值观。学科教学的最终目标是促进学生全面和谐的发展。教学的基本价值、基本作用和基本任务都决定了教学的最终目标是育人，决定了教学的最终目标是促进学生全面和谐的发展。因此，育人既是教学的终极目标，也是深化教学改革的现实目标。

学生德智体美劳的全面发展，教育目标的达成，需要各方面的协同与合力，需要所有课程、人员与部门的协作。现实中，德育与智育两张皮现象曾造成了不必要的"内耗"，在一定程度上削弱了德育的实效性。另外，从德育（思想政治教育）目标来看，国家目标、社会目标和个人目标要协调一致，短期目标、中期目标和长远目标要对应衔接，协调互动。❸从德育（思想政治教育）内容的角度看，理论内容与实践内容之间有机的整合、相互映射，简单内容与复杂内容之间合理编排、循序渐进，才能优化教育系统的功能，从而提高德育（思想政治教育）与智育的有效性。

---

❶ ［德］赫尔巴特. 普通教育学·教育学讲授纲要 ［M］. 李其龙 译. 北京：人民教育出版社，1989：12.

❷ 郑永廷. 把高校思想政治工作贯穿教育教学全国程的若干思考 ［J］. 思想理论教育，2017，（1）.

❸ 阮博. 现代思想政治教育思维方式构建 ［J］. 思想教育研究，2013，（2）.

2.2.1.2 哲学基础

哲学是使人聪明、给人智慧的学问。哲学的概念，目前学界还没有一个普遍接受的定义。有学者认为，哲学是对一些问题的研究、涉及等。也有学者认为，哲学是对普遍问题和基本问题的研究，主要涉及现实、存在、知识、价值、理性等。

马克斯·韦伯认为，理性是人类认识的高级阶段，它体现了人的本质特征。合理性可划分为价值理性和工具理性。价值理性是人"通过有意识地对一个特定举止的伦理的、美学的、宗教的或作其他阐释的无条件的固有价值的纯粹信仰"❶。工具理性源于科学技术带来的思维方式的转变，它具体指的是在实践中通过确认工具或手段的有用性来追求事物的有效性的最大价值。工具理性不仅给人类带来了高度发达的物质文明，也给人类带来了新的困境。近代以来，两种理性的分离和划分促使人们对两者的关系进行了更高层次的思考。在实践中，人们依靠工具理性来实现人的本质力量的客观化，这将促使人们更深层次地理解生命的价值，深化价值理性的思考。另一方面，价值理性的存在为工具理性的存在提供了精神动力。在实践中，人们通过道德认知实现道德超越。如果我们通过科学认识实现工具理性，在道德层面上追求人性化的理想自我是价值理性的目标。❷

课程思政的哲学理论基础主要体现在课程的价值理性与工具理性的统一。课程思政是在工具理性与价值理性统一的层次上追求教育的本质和教育的终极目标。课程作为科学知识的载体，承载着人类实践过程中的理论形态和认知过程。无论是专业课程、思想政治教育理论课程还是通识教育类课程，都包含着人对自然规律、社会规律和人类思维规律的探索与反思，最终实现了人的自由全面发展。思想政治教育理论课程突破了传统知识划分的思维框架，实现了育人目标的统一。课程思政是为了挖掘所有课程的隐性教育资源，以温度和厚度传授知识。这种知识传授并不囿于课程的一维线性知识或技能的传授，而是引入了人的情感和思维，体验和感知科学在学习过程中的魅力，并通过各种课程进行教育和培养，通过课程教学进行思想引导和价值引领。学习挖掘知识的教育功能，实现所有课程工具理性与价值理性的统一。

---

❶ [德] 马克斯·韦伯. 经济与社会（上卷）[M]. 北京：商务印书馆，1997.

❷ 魏晓兰. 论价值理性与工具理性 [J]. 江西行政学院学报，2004，（4）.

2.2.1.3 社会学基础

社会学，作为一门研究社会事实规律的综合学科，是从社会整体的概念出发，通过社会关系和社会行为研究社会的结构、功能、发生和发展。人的社会实践史和思想史源远流长，无论是在东方还是在西方，都是由自己的活动构成的。先秦时期的思想家荀子曾探讨过"人生不能没有群体"的思想。他认为，人与动物不同的原因是"人离不开群体"。此处的"群体"即"社会"的意思。马克思也认为，个人是社会的存在，应避免把"社会"作为一种抽象事物与个人对立起来；相反，社会是人与人之间相互作用的产物，是每个人通过社会关系产生的总和。

社会学在19世纪作为对现代性突出矛盾的回应而出现。现代性的悖论是，世界越来越小，越来越一体化，而个人的世界体验越来越零散。社会学家不仅想知道是什么把社会群体聚集在一起，还想了解社会解体的过程，从而做出"纠正"。

由于人的社会分工，每个人通常被带到一个特定的职业或社会的一个特定的组织。随着文明发展到一个更为复杂的层次，这种分工已经变得更加精细，每一个细小的分支都可能耗尽人类的经验。现代大学的课程也是在这个专业背景下产生的。但随着社会现代化的推进，许多政治、经济、科技问题变得越来越复杂，没有一个学科能够独立解决所有的问题，而迫切需要跨学科的整合、沟通和协作。课程思政是科学与人文的桥梁，有助于二者的和谐与相互促进。通过挖掘其他课程的伦理资源、道德主题和理想价值，可以在真理、功利、审美的基础上实现真善美的统一，最终实现人的幸福生活的终极目标。爱因斯坦非常重视理想信念的价值。他告诉加州理工大学的学生们，"如果你想使你们一生的工作有益于人类，那么只懂得应用科学本身还是不够的，关心人的本身，应当始终成为一切技术上奋斗的主要目标，保证我们的科学思想成果造福于人类，而不至于成灾祸，在你们埋头图表和方程时，千万不要忘了这一点。"❶通过挖掘和利用每门课程的思想政治资源，可以实现科学教育与人文教育的融合。两种教育的融合是科学精神和人文精神在差异基础上的融合与共存，从而实现人类文明整体水平的升华。

---

❶ 爱因斯坦文集 [M]. 上海：商务印书馆，1979：73.

2.2.2　政策基础

2.2.2.1　《关于加强和改进新形势下高校思想政治工作的意见》

2017年2月27日，新华社刊发了中共中央、国务院印发的《关于加强和改进新形势下高校思想政治工作的意见》（中发〔2016〕31号文）（本章简称《意见》），其中明确要求，思想价值引领要贯穿教育教学全过程。

《意见》共分七个部分，其中第二部分为"强化思想理论教育和价值引领"，第三部分为"发挥哲学社会科学育人功能"，第四部分为"加强对课堂教学和各类思想文化阵地的建设管理"。

《意见》强调指出，高校的社会职能，或者说高校的功能和职责是"人才培养""科学研究""社会服务""文化传承创新"和"国际交流合作"。其中将"人才培养"放在高校社会职能的首位。并且再次明确指出，"加强和改进高校思想政治工作，事关办什么样的大学、怎样办大学的根本问题，事关党对高校的领导，事关中国特色社会主义事业后继有人，是一项重大的政治任务和战略工程"。❶

《意见》也对加强和改进高校思想政治工作的基本原则进行了明确，比如要"坚持党对高校的领导"、"坚持社会主义办学方向"、"坚持全员全过程全方位育人"、"坚持遵循教育规律、思想政治工作规律、学生成长规律"和"坚持改革创新"等五个方面。其中在要"坚持全员全过程全方位育人"这一基本原则中，非常明确地指出要"把思想价值引领贯穿教育教学全过程和各坏节"，"形成教书育人、科研育人、实践育人、管理育人、服务育人、文化育人、组织育人长效机制"。❷

《意见》在如何强化思想理论教育和价值引领方面，也进行了比较明确的说明，给出了实践操作性意见。比如要"把理想信念教育放在首位""切实抓好马克思列宁主义、毛泽东思想学习教育，广泛开展中国特色社会主义理论体系学习教育，深入学习习近平总书记系列重要讲话精神，引导师生深刻领会党中央治国理政新理念新思想新战略，坚定中国特色社会主义道路自信、理论自信、制度自信、文化自信"；要"培育和践行社会主义核心价值观""把社会主义核心价值观体现到教书育人全过程，

---

❶ 中共中央　国务院印发《关于加强和改进新形势下高校思想政治工作的意见》[N]. 人民日报，2017-2-28.
❷ 同上。

引导师生树立正确的世界观、人生观、价值观，加强国家意识、法治意识、社会责任意识教育，加强民族团结进步教育、国家安全教育、科学精神教育，以诚信建设为重点，加强社会公德、职业道德、家庭美德、个人品德教育，提升师生道德素养"；要"弘扬中华优秀传统文化和革命文化、社会主义先进文化""推动中华优秀传统文化融入教育教学"；要"进一步办好高校思想政治理论课"等。❶

《意见》中指出，"要发挥哲学社会科学育人功能"。强调"要加强哲学社会科学学科体系建设，积极构建中国特色、中国风格、中国气派的哲学社会科学学科体系"。《意见》还指出，"要加强对课堂教学和各类思想文化阵地的建设管理"，明确提出要"充分发掘和运用各学科蕴含的思想政治教育资源，健全高校课堂教学管理办法"。❷

由此可见，中共中央、国务院在《意见》中，明确提出高校要注重人才培养的方向，"思想价值引领要贯穿教育教学全过程"，要"充分发掘和运用各学科蕴含的思想政治教育资源"❸，要"形成教书育人的长效机制"。❹

2.2.2.2 《高校思想政治工作质量提升工程实施纲要》

2017年12月4日，中共教育部党组印发了《高校思想政治工作质量提升工程实施纲要》（教党〔2017〕62号）（本章简称《实施纲要》），旨在为学习贯彻党的十九大精神，进一步把贯彻落实全国高校思想政治工作会议和《中共中央国务院关于加强和改进新形势下高校思想政治工作的意见》精神引向深入，大力提升高校思想政治工作质量。《实施纲要》提出了"十大育人"体系，而课程思政居"十大育人"体系之首，其中对课程思政提出了具体的要求。

《实施纲要》在其总体目标中就明确提出，要"充分发挥中国特色社会主义教育的育人优势，以立德树人为根本，以理想信念教育为核心，以社会主义核心价值观为引领，以全面提高人才培养能力为关键，强化基础、突出重点、建立规范、落实责任，一体化构建内容完善、标准健全、运行科学、保障有力、成效显著的高校思想政

---

❶ 中共中央　国务院印发《关于加强和改进新形势下高校思想政治工作的意见》[N]. 人民日报，2017-2-28.

❷ 同上。

❸ 同上。

❹ 同上。

治工作质量体系"，要"形成全员全过程全方位育人格局，切实提高工作亲和力和针对性，着力培养德智体美全面发展的社会主义建设者和接班人，着力培养担当民族复兴大任的时代新人，不断开创新时代高校思想政治工作新局面。"❶

《实施纲要》在"基本任务"中明确提出，要"充分发挥课程、科研、实践、文化、网络、心理、管理、服务、资助、组织等方面工作的育人功能"❷，切实构建"十大育人"体系。

排在"十大育人"体系之首的则是"课程育人"。在构建"课程育人"质量提升体系中，提出应"大力推动以'课程思政'为目标的课堂教学改革，优化课程设置，修订专业教材，完善教学设计，加强教学管理，梳理各门专业课程所蕴含的思想政治教育元素和所承载的思想政治教育功能，融入课堂教学各环节，实现思想政治教育与知识体系教育的有机统一"❸。

《实施纲要》在其提出的"主要内容"之一中就提出要"统筹推进课程育人"。非常明确地提出要"深入推动习近平新时代中国特色社会主义思想进教材、进课堂、进头脑。""完善课程设置管理、课程标准和教案评价制度，实施高校课程体系和教育教学创新计划，推动面向全体学生开设提高思想品德、人文素养、认知能力的哲学社会科学课程，创新高校思想政治理论课建设体系。""修订各类专业教材，加强课堂教学设计，推进马克思主义理论研究和建设工程教材、思想政治理论课统编教材编写修订，研制课程育人指导意见，充分挖掘和运用各门课程蕴含的思想政治教育元素，作为教材讲义必要章节、课堂讲授重要内容和学生考核关键知识。""发挥专业课教师课程育人的主体作用，健全课程育人管理、运行体制，将课程育人作为教师思想政治工作的重要环节，作为教学督导和教师绩效考核的重要方面。""加强教材使用和课堂教学管理，建立哲学社会科学专业核心课程教材目录，研制引进教材选用管理办法，建立国家优秀教材评选奖励制度，制定高校课堂教学管理指导意见，明确课堂教学的纪律要求。""培育选树一批'学科育人示范课程'，建立一批'课程思政研究中心'。"❹

---

❶ 教育部发布《高校思想政治工作质量提升工程实施纲要》[N]. 光明日报，2017-12-7.

❷ 同上。

❸ 同上。

❹ 中共教育部党组. 高校思想政治工作质量提升工程实施纲要EB/OL. http://www.moe.edu.cn.

面对新的时代背景，高校的思想政治教育工作也要与时俱进，突出工作重点，破解发展难题，创新发展方式。《实施纲要》的发布，充分显示了我党对于高校思想政治教育工作的重视。"十大育人体系"是高校思想政治工作开展的具体策略。尤其是课程思政，要将各门课程和课堂教学的各个环节都作为进行思想政治教育的渠道和部分，将思想政治教育过程一体化，而不是只认为思想政治理论课才是进行思想政治教育的唯一方式。"十大育人体系"非常明确地提出了高校思想政治工作质量提升的各个方面和关键路径，有助于增强思想政治教育效果，提升教育教学和人才培养质量。

2.2.2.3 《高等学校课程思政建设指导纲要》

2020年5月28日，教育部印发《高等学校课程思政建设指导纲要》（教高〔2020〕3号文）（本章简称《指导纲要》），对全面推进高校课程思政建设做出具体要求和详细指导，明确了高校课程思政的实施表和路线图。

《指导纲要》指出，"全面推进课程思政建设是落实立德树人根本任务的战略举措"。落实立德树人根本任务，"必须将价值塑造、知识传授和能力培养三者融为一体"❶。针对高校教师的80%是专业教师，课程的80%是专业课程，学生学习时间的80%用于专业学习，《指导纲要》指出，专业课程教学是课程思政的最主要的依托。

《指导纲要》强调指出，课程思政建设要在"全国所有高校、所有学科专业全面推进"❷。从两个"所有"看，这是国家教育主管部门对高校课程思政建设发出的集结令和冲锋号，意味着全国所有高校都要积极行动，所有学科专业都要真正落实。

在如何优化高校课程思政内容方面，《指导纲要》指出，要围绕全面提高人才培养能力这一核心点，围绕政治认同、家国情怀、文化素养、宪法法治意识、道德修养等重点优化。要提升教师开展课程思政建设的意识和能力，系统进行中国特色社会主义和中国梦教育、社会主义核心价值观教育、法治教育、劳动教育、心理健康教育、中华优秀传统文化教育。

《指导纲要》对推进高校课程思政建设进行了整体设计，强调要科学设计课程思

---

❶ 教育部关于印发《高等学校课程思政建设指导纲要》的通知 [EB/OL]. http://www.moe.gov.cn/srcsite/A08/s7056/202006/t20200603_462437.html.

❷ 同上。

政教学体系。根据不同课程的特点和育人要求，分别明确了公共基础课、专业课、实践类课程思政建设的重点。并根据不同学科专业特点和育人目标，明确了文史哲类、理工类等七类专业课程的课程思政建设主要内容。

综上所述，我国高校是中国特色社会主义高校，我国的高等教育肩负着培养德智体美劳全面发展的社会主义事业建设者和接班人的重大任务，我国的高校以及我国的高等教育必须坚持正确政治方向，要把立德树人的成效作为检验学校一切工作的根本标准，要教育引导青年树立远大理想、热爱伟大祖国、担当时代责任、勇于砥砺奋斗、练就过硬本领、锤炼品德修为。如果方向错了，培养的学生将不能肩负社会主义建设重任，也不可能成为合格的接班人。因此，高校立身之本在于立德树人。高校要将立德树人融入各环节，贯穿各领域，并且所有的教学体系都要以此为目标来进行设计，所有的教师都要围绕这个目标来进行教学，学生也必须要围绕这个目标来学习。在如何立德树人方面，有许多具体的举措，其中非常重要的是要用好课堂教学主渠道。既要在改进中加强思想政治理论课改革创新，也要发挥各门课程的协同育人作用。各专业课程教学要做到既传授知识、培养能力，又要进行思想教育和价值引领。各门课程要与思想政治理论课同向同行，形成协同效应。在如何发挥各专业课程的育人效用方面，应大力推动以课程思政为目标的课堂教学改革，梳理各门专业课程所蕴含的思想政治教育元素和所承载的思想政治教育功能，将思想教育和价值引领融入课堂教学各环节，实现思想政治教育与知识体系教育的有机统一。

2.3 课程思政的价值必然

课程思政教育理念和课程建设模式的提出，是进一步强化我国高等教育的社会主义办学方向，提高和加强高校思想政治工作，落实立德树人根本任务的重要举措。它在高校坚持全员育人全程育人全方位育人等方面发挥着重要作用。

2.3.1　坚持社会主义办学方向

如何办大学、坚持什么方向办大学是我国高等教育发展的根本性和方向性问题。培养什么人、如何培养人、为谁培养人，是我国高等教育的根本性和原则性问题。为人民服务，为中国共产党治国理政服务，为巩固和发展中国特色社会主义制度服务，为改革开放和社会主义现代化建设服务。是我国高等教育必须始终坚持的发展方向。这就非常明确地肯定了我国的高等教育必须以马克思主义为指导，必须走中国特色社会主义办学道路，坚持走中国特色社会主义办学方向。

古今中外，教育必须培养社会发展所需要的人，在这一点上是有共识的。培养社会发展所需要的人，说具体了，就是培养社会发展、知识积累、文化传承、国家存续、制度运行所要求的人。所以，古今中外，每个国家都是按照自己的政治要求来培养人的，世界一流大学都是在服务自己国家发展中成长起来的。我国社会主义教育就是要培养社会主义建设者和接班人。

中国特色社会主义高校要坚持马克思主义在高校的领导地位，走中国特色社会主义办学道路。中国高等教育的发展方向应符合中国特色社会主义建设的现实目标和未来方向，要努力为人民服务，坚持为中国共产党治国理政服务。中国高等教育的发展方向应始终坚持为中国特色社会主义制度的巩固和发展服务；坚定道路自信、理论自信、制度自信和文化自信；坚持服务改革开放和社会主义现代化，培养社会主义的合格建设者和可靠接班人。

我们要坚持社会主义高等教育育人的指导思想，通过课程体系的建设，充分挖掘每门课程的价值意蕴和思想政治教育资源，把教书育人、思想引领，落实到教育教学工作实践中去。培养社会主义合格建设者和可靠接班人，既是教育目标，也是教育旨归。课程思政有利于社会主义高校培养目标的顺利实现，它体现了社会主义大学的办学方向和特色。

2.3.2　实现立德树人根本任务

"立德树人"是高校的根本任务和中心工作。各高校扎根中国大地办教育，发展中国特色的高等教育，要把中国从人口大国转变为一个教育大国、人才强国，从而为实现中国梦奠定强有力的人才支撑。当前，高校面临着国际国内环境的变化、教育对象的变化、多种社会思潮并存和多元文化碰撞的挑战，这不仅给高校带来了发展机遇，同时，也给高校的发展带来了冲击。学生的思维是多变的、塑性的。他们不仅受到主流意识形态教育和影响，也受到各种非主流思想和价值观的影响。这就要求教师在课堂教学中，不仅要注重培养学生的知识和能力，还要善于引导学生的思想，指导他们形成正确的人生观、世界观和价值观。高等学校有不同的专业，专业是在学科分类和课程设置的基础上建立起来的。因此，课程思政的建设应服从和服务于学科发展和专业培养目标。所有学科都具有一定的精神塑造、思想引领和价值教育功能。要培养学生的德性，引领学生成长，帮助他们养成守公德、严私德的良好品行；增强他们的理论自信、制度自信、道路自信和文化自信，从而有助于他们社会主义核心价值观的培养和践行，保证高校立德树人根本目标的实现。

2.3.3 确保育人贯穿教育教学全过程

《关于加强和改进新形势下高校思想政治工作的意见》指出，高校的首要职能是"人才培养"，（其他还有"科学研究""社会服务""文化传承创新"和"国际交流合作"）❶，关于新形势下如何加强和改进高校思想政治工作，提出的基本原则中明确要求应"坚持党对高校的领导""坚持社会主义办学方向""坚持全员全过程全方位育人""坚持遵循教育规律、思想政治工作规律、学生成长规律"和"坚持改革创新"等。其中在"坚持全员全过程全方位育人"中，明确要求应"把思想价值引领贯穿教育教学全过程和各环节"❷。要求"把社会主义核心价值观体现到教书育人全过程，引导学生树立正确的世界观、人生观、价值观……"。❸

为了履行人才培养的责任，高校应始终以学生为中心，一切为了学生，为了一切学生，为了学生的一切，服从和服务于青年学生的成长。这就要求高校要充分利用学科和专业教学，保证教育工作贯穿教育教学全过程。这里所提到的教育教学的整个过

❶ 中共中央　国务院印发《关于加强和改进新形势下高校思想政治工作的意见》[N]. 人民日报，2017-2-28.

❷ 同上。

❸ 同上。

程是围绕着育人的目的，将知识取向与价值取向相结合的过程，即教师要发扬主旋律、讲好中国故事、弘扬中国精神。要高度重视社会主义核心价值观的传递。牵牛要牵牛鼻子，高校思想政治工作要以课程思政为重要抓手，引导学生不仅要在课堂上学习知识和技能，还要学会做人。注重学生良好的思想品德塑造，使课堂教学过程成为指导学生学习知识、锤炼思想、提高品质的过程，充分体现课堂教学的教育功能，从而改进课堂教学质量，提升育人效率，实现教育效果的最大化，帮助学生成长为有坚定明确的政治方向，守公德、严私德的合格建设者。

2.3.4　知识传授与价值引领的结合

课程思政实质是一种课程观。围绕"知识传授与价值引领相结合"的课程目标，高校课程可分为"显性思政"和"隐性思政"两大类别，其中显性思政课程指思想政治理论课，隐性思政课程包含综合素养课程（通识教育课程、公共基础课程）、专业理论课程和专业实践课程。高校既要牢牢把握思想政治理论课在主流价值观教育中的核心地位，又要充分发挥其他所有课程的育人价值，构建思想政治理论课程、综合素养课程、专业理论课程和专业实践课程"四位一体"的高校课程体系，突出显性教育和隐性教育相融通。

高校思想政治理论课程是对大学生系统开展中国特色社会主义理论教育的课程，是社会主义大学的优势所在，是高校所有人才培养的核心课程。发挥高校思想政治理论课应有功能，要充分发挥思想政治理论课在学生价值引领中的核心地位，同时要注意思想政治理论课的改革创新问题。

实施课程思政，既要强化显性思政，又要细化隐性思政；要发掘高校所有课程的思想政治教育资源，突破思想政治教育过于集中于"点""线"的瓶颈，使各类课程与思想政治理论课同向同行，把思想政治教育与专业教育变为一个协调同步、相得益彰的过程。综合素养类课程，重在通识教育中根植理想信念。专业课程，注重以专业技能知识为载体开展育人工作。在全国高校思想政治工作会议强调要用好课堂教学这个主渠道，思想政治理论课程要坚持在改进中加强，提升思想政治教育亲和力和针对性，满足学生成长发展需求和期待，其他各门课程都要守好一段渠、种好责任田，使各类课程与思想政治理论课程同向同行，形成协同效应。高校应在建立长效机制上下功夫，要健全课堂教学管理办法，从课程设置管理、课程标准制定、教学督导听课、教学纪律约束等方面建立规范性制度安排，促进课程教学中知识传授与价值引领的结合。

2.4 课程思政的逻辑使然

马克思主义关于人的本质理论和全面发展教育思想是课程思政建设的重要理论依据❶。课程思政是传统思想政治教育观念的突破、队伍的扩大、载体的拓展、内容的丰富和方法的创新。课程思政有助于创新思想政治教育观念，充分挖掘和丰富各类课程的思想政治教育资源，促进以价值引领为主体的普通课程和专业课程的有机融合。思想政治教育的内涵得以丰富，外延得以拓展，可以促进全员、全程和全方位育人工作的融合。

2.4.1 课程思政是高校教育观念转变的需要

教育科学和技术带来了知识的增加，人类对自然和社会的控制也在增加。受科技工具主义趋势的影响，高等教育的工具理性倾向日益超越价值理性。它表现在学科和专业的划分，教育制度和价值观的疏离，导致教育目标的偏离。毫无疑问，科学发展需要专业差异化。但是，由于对分化的误解和对教育的总体目标的忽视，导致了自然科学与人文和社会科学的巨大分离，教师之间的交流与合作难以形成。随着人类社会的发展和认识的深入，跨学科交流与合作变得越来越普遍。"这种学科之间的融通，无论在自然空间上，还是社会的领域中，或是在研究的过程中，都在全方位的展开。在

---

❶ 舒志定. 马克思对传统教育思想的批判 [J]. 山西大学学报（哲学社会科学版），2016，（5）.

基本粒子世界、物理学家与哲学家找到了共同语言；在天体运行和音符的旋律之间，天文学家和艺术家对规律与和谐性达成了共识；各种学科之间观念上的互启、方法上的互用、学科上的互构、精神上互融，正日益成为日益普遍的学科建设活动。"❶思想政治教育作为培养精神信仰、塑造健全人格、培养道德生活方式的教育活动，涵盖和渗透教育和实践的方方面面。将思想政治教育融入大学生专业学习的各个环节，深入挖掘各种课程的思想政治教育资源刻不容缓。在教学过程中加强专业知识的思想政治教育，使学生在学习科学文化知识的过程中，自觉加强思想道德修养，提高政治觉悟。

高等教育以人才培养为核心，以立德树人为基础。重点是促进学生思想道德、智力和身心等的全面发展。这一目标的实现取决于高校所有学科和课程的共同作用，需要各种课程的配合，需要发挥教育的协同作用。但是，从高校课程体系的现实来看，各课程之间的协同效应尚未实现。思想政治理论课程与其他学科课程之间仍存在分离现象。这客观上要求高校建立以人为本、整合学科资源、加强教育协同为核心的育人体系。

"教育性教学"思想强调"无教育的教学，也没有无教学的教育"。因此，教育与教学密不可分。各种课程都包含思想政治教育资源，都具有育人功能。其他课程不能只提供知识教育，不能只负责培养学生的专业技能。在传授专业知识和培养专业能力的同时，各种课程也可以进行思想教育和价值引导。他们还可以培养学生的思想道德素质，引导学生树立正确的世界观、人生观和价值观。

全国高校思想政治工作会强调，要用好课堂教学这个主渠道，其他各门课程都要守好一段渠、种好责任田，使各类课程与思想政治理论课同向同行，形成协同效应。这就明确要求，各类课程与思想政治理论课程要相互配合、同向同行。实现各类课程与思想政治理论课程的相互配合、同向同行，需要充分挖掘各类课程和教学方式中蕴含的思想政治教育资源，将专业知识传授与进行思想政治教育融为一体；需要不断推进课程思政建设，明确各类课程的育人责任、育人作用，将立德树人的具体要求内设到各类课程中，真正实现全员育人全程育人全方位育人，落实立德树人根本任务。

---

❶ 肖峰. 论科学与人文的当代融通 [M]. 南京：江苏人民出版社，2001：3.

2.4.2　课程思政是高校思想政治教育的必然发展

高校思想政治工作的新阶段面临着高度复杂的环境，教育主体、教育对象、教育内容、教育方法等都发生了新的变化。单纯依靠思想政治理论课的主渠道和日常思想政治教育的主阵地作用，很难适应思想政治工作的实际发展需要。要深入挖掘每门课程的思想政治教育资源，将立德树人贯穿教育教学全过程，构建思想政治教育创新模式。高校思想政治理论课在树立马克思主义世界观、人生观、价值观等方面发挥着不可替代的作用，有利于大学生形成正确的立场、观点和方法。思想政治理论课具有相对固定的课程资源、教学内容和教学要求，体现在显性教育中。其他课程中蕴含的隐性教育内容是不可缺少的重要资源，而基于学科教学和实践活动的无形教育内容更具感性、亲切、生动。此外，从整体社会需要和教育本质来看，思想政治教育是一切课程的潜在内涵。由于对专业分化的误解和不适当的反应，不同专业的教师之间曾经有相互信任、意见和效果抵消的现象，这是思想政治教育的潜在危机。只有教师和专业人员对教育的本质和教育的最终目的有了深刻的认识，充分认识到每门课程的隐性教育资源，建立起共生、共轭、共振的良性机制，才能有效运行，促进教育共同体的发展，实现全员育人全程育人全方位育人的"共同效应"。

有关"三全育人"理念及"大德育"的观点虽然早已提出，但由于长期以来高校思想政治教育实践领域并未形成真正有效的平台和机制，上述理念也始终未能得以全面落实，高校思想政治教育的育人合力有待加强，育人资源有待整合。从思想政治教育课程的角度，也亟须建立能够融合不同学科育人资源的课程体系，推进其他学科、课程及专业的教师参与思想政治教育工作的制度化和常态化建设，形成学科、专业、课程、教师、教学等多位一体的高校思想政治教育新模式。

2.4.3　课程思政是高校思想政治教育的本质要求

思想政治教育作为一种特殊的教育活动，不仅对人的价值观和人生观的形成具有重要意义，而且是实现人的社会化的重要手段。它的最终目的是实现社会进步和人的自由全面发展。思想政治教育的价值表现为个体价值和社会价值。前者表现在：思想政治教育通过关心人来培养人，不断满足个人的精神需要，从而实现人的全面发展。

后者体现在动员宣传力量、凝聚共识、统一思想、降低社会能源内耗、最大限度地促进社会整合，从而促进社会稳定有序的发展。改革开放以来，随着全球化的推进和西方各种社会思潮的涌入，人们的思维方式日益多样化。如何在多元化中"坚持四个自信"，在多样性中坚守初心是亟待解决的关键问题。通过思想政治教育的意义阐释、价值追求和精神引导，使人们的理想更加坚定，生活更有意义。通过宣传动员，使社会更加和谐，人际交往更加公平，社会更加诚信，操作更加规范，从而保证传统思想政治课的创新与发展。课程思政是高校课程改革的重要任务，也是教师的重要职责。"面对社会变化所带来的矛盾和冲突，教育者应以知识分子的责任感维护在市场原教旨主义冲击下日益萎缩的社会价值观和公民道德"。❶在立德树人教育活动中，教师具有不可推卸的责任和义务，这是教育工作者的使命。

高校思想政治工作关系高校培养什么人、如何培养人以及为谁培养人的根本问题，也是事关中国特色社会主义事业后继有人的重大政治任务和战略工程。正是基于这样的高度，党中央明确提出要将思想政治工作贯穿高校教育教学全过程，将思想价值引领贯穿高校教育教学各环节，从而进一步强调了思想政治工作的全局性战略地位和意义。高校要切实贯彻落实上述要求，就必须抓好思想政治教育教学改革，改进课程体系设置，将所有学科和课程纳入思想政治教育课程体系，从而充分发挥各个学科、各类课程的思想价值引领和育人功能，实现全课程育人。

高等教育与高校思想政治教育发展的上述要求，充分明确了课程思政推行的必要性。而与此同时，各类课程自身所具有的潜在育人功能，以及其学科自身与思想政治教育学科之间的联结，也为课程思政提供了必要的基础和可能。课程思政对于高校思想政治教育整体发展而言具有重要的现实意义，是当前推进高校思想政治教育改革的重要举措。与一般意义上的思想政治教育课程概念不同，课程思政并非指某一门或某一类专门课程，而是一种课程设置理念的革新，其基本思路是要充分挖掘各个学科、各类课程的思想政治教育资源，发挥不同课程的育人功能，从而营造出不同学科课程既同向同行、又同心协力的思想政治教育氛围。

---

❶ ［美］安迪．哈格里夫斯．知识社会中的教育［M］．上海：华东师范大学出版社，2007：13-20．

3

土建类专业
课程的思政
元素挖掘

作为"三全"育人的重要形式，课程思政是一个复杂的系统工程，其核心与关键在于实现对专业课程思政元素最大限度的挖掘、整理与呈现。因此，只有准确把握课程思政元素的内涵、特性，遵循科学有效的课程思政元素挖掘原则与方法，在人才培养目标以及课程目标的指导下全面梳理课程内容与教学实施过程中最能实现思政育人的结合点，并凝炼出思政元素，专业课教师才能在传授专业知识、理论、技能中实现思政育人，更好地服务高校"立德树人"的根本任务。

3.1 土建类专业的课程思政元素的内涵

3.1.1 课程思政元素的概念

所谓课程思政元素是指蕴涵于某一专业的课程体系内除思想政治理论课外的所有课程中的思想政治教育元素。这些思想政治教育元素，广泛包含在高校马克思主义基本原理概论、中国近现代史纲要、思想道德修养与法律基础、毛泽东思想和中国特色社会主义理论体系概论等思想政治理论课中。新近出台的《高等学校课程思政建设指导纲要》明确指出：课程思政建设内容要紧紧围绕坚定学生理想信念，以爱党、爱国、爱社会主义、爱人民、爱集体为主线，围绕政治认同、家国情怀、文化素养、宪法法治意识、道德修养等重点优化课程思政内容供给，系统进行中国特色社会主义和中国梦教育、社会主义核心价值观教育、法治教育、劳动教育、心理健康教育、中华优秀传统文化教育。❶此项要求，不仅明确了课程思政建设的目标和内容，而且指出了课程思政元素的重点和核心，如习近平新时代中国特色社会主义思想，社会主义核

---

❶ 中华人民共和国教育部. 教育部关于印发《高等学校课程思政建设指导纲要》的通知 [EB/OL]. http://www.moe.gov.cn/srcsite/A08/s7056/202006/t20200603_462437.html.

心价值观，讲仁爱、重民本、守诚信、崇正义、尚和合、求大同的中华优秀传统价值思想，依法治国新理念新思想新战略，遵纪守法、爱岗敬业、无私奉献、诚实守信、公道办事、开拓创新的基本道德规范等。

通常情况下，课程思政元素并非显性地存在于专业教材体系与课程教学内容中，而是隐性地存在于课程内容与教学环节，需要任课教师通过课程内容梳理、教学组织设计以及教学实施等途径进行有目的的挖掘、凝炼与呈现，从而使学生在培育专业知识、技能的过程中受到思想政治再教育：有意或无意地受到马克思主义立场观点方法的洗礼，培育和践行社会主义核心价值体系与社会主义核心价值观。

3.1.2 课程思政元素的地位

改革开放以来，我国职业教育逐步发展，人才培养目标也随着经济社会发展而不断调整。现代社会的生活和工作方式要求职业教育注重培养学生的通用能力以及综合素质。2014年6月，国务院下发《关于加快发展现代职业教育的决定》，对新时代我国职业教育的人才培养目标提出明确要求，即"培养数以亿计的高素质劳动者和技术技能人才"❶。为达到此目标，就要求我们在进行课程体系设计时，要以培养学生扎实的专业知识、专业技能以及良好的综合素质为出发点，按照职业岗位的实际需要来设计和编排课程结构，适当尝试探索如产学研结合的新课程体系形式，形成满足学生就业或者升学需求的课程体系。

完善的专业课程体系，既包含强调技术技能培育的专业课程，也包括重视学生综合素质提升的公共基础课程，分别承担着相应的育人功能。特别是蕴含在这些课程中的思政元素，更是承载着培养社会主义合格建设者和可靠接班人的价值目标。专业课程中的思政元素，很大程度上并不属于知识、技能范围，而是属于素质或德育范畴：重在培养学生正确的世界观、政治观、人生观、法治观、道德观等。它与思想政治理论课相辅相成，共同服务于"立德树人"的根本任务。

3.1.3 课程思政元素的类型

众所周知，思想政治教育元素是多元、多样的，既包括理想信念、思想道德、价值观念，也包括政治品质、中国精神、认识论方法论等，都对当代高校人才培养发挥积极育人作用。作为我国教育重要组成部分的职业教育，不仅要培养合格与可靠的社会公民，更要体现出强烈的职业人特色。与之相适应，职业教育中的课程思政元素可以分为两类：一类是基本（或通用）思政元素，是对应于合格公民（社会人）的共同思政元素，如以人为本、实事求是、改革创新、遵纪守法等；另一类是职业思政元素，是对应于合格从业者（职业人）职业素养的思政元素，如土建类专业学生应具有的吃苦耐劳品质、质量安全意识、工匠精神等。当然，很多情况下，这两类元素并非截然分开，而是相互交融。如遵纪守法既是对公民的基本要求，也是对职业人的基本规定；它既蕴含于包括思想政治理论课程在内的公共基础课程之中，也渗透于各专业课程之内。

3.2 土建类专业的课程思政元素的特性

3.2.1 目标性

目标性，即课程思政元素都服务于"立德树人"的根本任务和人才培养目标。起步并发展于20世纪80年代的我国现代职业教育，面对大规模经济建设出现的人才短缺局面，提出了职业学校应培养"中初级技术人员、管理人员、技工"的目标；进入20世纪90年代，随着市场经济体制的实行，经济增长向依靠科技进步和劳动者素质提高的集约型转变，我国的职业教育适时提出培养"直接在生产、服务、技术和管理等领域的一线应用型人才"；21世纪初，随着中国加入WTO，以电子信息为代表的高新技术产业的发展，我国职业教育又提出应"培养数以亿计高素质劳动者和数以千万计的高技能专门人才"；新时代，我国职业教育明确提出"加快构建现代职业教育体系，培养更多高素质技术技能人才"的培养目标。❶

不难看出，我国职业教育人才培养目标因势而变，要求越来越高，更加强调全面发展，又红又专；德才兼备，以德为先。土建类专业培养施工员、质量员等施工一线技术和管理人才的初衷长期未变，但是人才培养的规格与要求明显提高。为实现此目标，除了思想政治理论课程的专门思想政治教育、其他公共基础课程的素质拓展培育外，充分发挥专业课程的思政育人功能不失为一条绝佳的新路径。因此，课程思政元素的挖掘与运用，必须服务于培养德智体美劳全面发展的社会主义建设者和接班人的需要，在培育技术技能的同时更加注重在思想道德、政治品质、人文素质、职业精神等方面的培育。通过高素质技术技能人才的培养，为建设现代化经济体系、加快实体经济发展、推动产业转型升级、促进就业创业、增进民生福祉提供有力支撑。

3.2.2　开放性

开放性，即专业课程思政元素并非固定不变、一成不变的，而是处于动态变化之中。正如前所述，课程思政元素它不是思政课理论观点在专业课程的简单叠加或者盲目楔入，而是要经过任课教师对课程内容、知识的分析、设计与实施，从而寻找到能够进行思政育人的结合点，挖掘出相应的思政元素。受教育程度、专业水平以及思想政治素质的影响，不同教师对同一门专业课程甚至是同一个知识点的认识和把握存在巨大的差异，从而严重影响对课程思政元素的挖掘与运用，造成了事实上的课程思政元素的巨大差异及育人成效的不同。

另外，随着经济社会发展而带来的课程教材内容的不断修订，新的理论、知识点的不断融入与过时的理论、知识点的不断删除，都会使同一专业课程的课程思政元素处于持续变动中。

---

❶ 饶春晓，史旦旦. 我国职业教育人才培养目标：历史嬗变与现实思考［J］. 职教通讯，2016，（4）：5-9.

3.2.3 综合性

综合性，即多样性、全面性。它体现在课程思政元素不仅包含着马克思主义立场观点方法，正确的世界观、人生观、价值观、道德观和法治观，也包含着马克思主义中国化的系列论断与观点，特别是习近平新时代中国特色社会主义思想的诸多理念、思想战略。比如在建筑设计过程中体现出来的普遍联系的观点，以人为本的思想、创新协调绿色理念，对新材料、新技术、新工艺出现后如何辩证认识的观点，建筑历史体现出来的发展观点；在建设工程项目的设计、施工、监理、质量验收等环节中体现出来的规范意识、质量意识和安全意识等。这些思想与观点，既体现在思想道德修养与法律基础课程中及毛泽东思想和中国特色社会主义理论体系概论课程中，也体现在各门专业课程中，极其丰富与全面。

3.2.4 职业性

职业性，即职业院校专业课程思政元素具有浓厚的职业倾向。作为我国中高等教育的重要组成，职业教育不仅具有一般教育的共性，而且更表现出自身的独特性，即培养的技术技能人才是高素质的且符合职业岗位需要。因此，注重职业能力、职业素养、职业道德、职业精神的培养，是职业院校在人才培养方案制定、课程体系构建、综合素质提升等环节的重中之重。当然，在这些专业课程中所包含的课程思政元素，也呈现出极强的职业性特点，突出"职业道德""职业规范""职业纪律""职业规划"等方面的要求。唯有如此，才能更好实现学生与职业的无缝对接，以最佳的状态服务社会。

作为工科特色鲜明的高职土建类专业，培养的人才除应具备"爱岗敬业、诚实守信、办事公道、热情服务、奉献社会为主要内容的职业道德"❶外，更要具有吃苦耐劳、团结协作、工匠精神、科学严谨、质量安全、绿色环保等突出的职业特色品格。由于建筑行业的众多项目地处偏远，大多数工序需要露天作业，有些时段需要连续作业，工作量大而繁琐，因此，没有强大的吃苦耐劳、团结协作精神，项目建设工作根

---

❶ 中共中央 国务院. 新时代公民道德建设实施纲要［M］. 北京：人民出版社，2019：6.

本无法顺利推进。这些道德精神的培育，可以通过工种实训（如模板工、架子工、砌筑工、抹灰工等）、综合实训（如砌体结构工程综合实训、钢筋混凝土结构工程综合实训等）等专业实践环节来养成，更离不开任课教师周密的过程设计、学生实训后谈感想感悟、教师作总结发言进行思政观点提升来强化。作为职业精神重要表现的工匠精神，更是土建类专业必须要大力培育的一种职业道德与职业品质。因为任何一丝一毫的不敬业、不专注、不精益求精，都可能生产出直接威胁人民生命财产安全的"豆腐渣工程"，更别说创造出世界一流水平的超级工程。工匠精神的培育，一方面可以通过实践环节来孕育培养，另一方面也可以通过理论教学中"豆腐渣工程""优质工程"等案例的对比分析给予强化。

3.2.5 阶级性

阶级性，即专业课程思政元素要体现反映人民民主专政的社会主义国家性质。从本质上来讲，课程思政元素的阶级性，是由思想政治教育的鲜明阶级性决定的。自人类社会进入文明时代以来，包含政治教育、思想教育、道德教育的思想政治教育成为普遍的社会现象。❶在社会主义中国，思想政治教育是高校教育的职责与使命，思想政治工作更是关系到高校培养什么样的人、如何培养人以及为谁培养人这个根本问题。因此要坚持把立德树人作为中心环节，把思想政治工作贯穿教育教学全过程，确保各类课程与思想政治理论课同向同行，形成育人协同效应。2016年12月全国高校思想政治工作会议后，以发挥专业课程的思政育人功能的"思政课程"尝试与探索日益兴起，成为加强高校思想政治教育的重要载体与举措。因此，专业课程中所挖掘、整理与运用的课程思政元素必须服务于"立德树人"的根本任务，而不是相反。

专业课程思政元素，必须是积极的、向上的、健康的，必须符合马克思主义的理论观点，契合社会主义核心价值体系，融合社会主义核心价值观；要同我国发展的现实目标和未来方向紧密联系在一起，为人民服务，为中国共产党治国理政服务，为巩固和发展中国特色社会主义制度服务，为改革开放和社会主义现代化建设服务。

---

❶ 张耀灿. 现代思想政治教育学科论［M］. 武汉：湖北人民出版社，2003：12.

3.2.6 科学性

科学性，即实践性，指专业课程思政元素是可操作、可验证的。一方面，由于课程思政元素是从课程内容、知识点、教学组织设计与实施过程中凝炼出来的，因此，通过课堂教学和实践，就能总结凝炼出相应的思政观点，从而实现专业课程思政育人的功能。另一方面，专业课程思政元素必须反映客观事物的本质和历史发展的趋势，代表最广大人民群众的根本利益，最终促进社会生产力的发展、推动社会进步。恩格斯曾经指出，"科学越是毫无顾忌和大公无私，它越符合无产阶级的利益和愿望" ❶，因此，只有课程思政元素坚持科学性原则，它才更符合无产阶级的利益和人民的利益，才能反映社会主义建设规律，才能顺应人类历史发展规律。

比如，当我们在讲授建筑材料的时候，必然要融入创新、绿色等新发展理念的思想内核。建筑材料不断推陈出新的发展历程，本身就是一部创新发展的历史画卷；无污染、环保型的新型建筑材料的不断面世，更同我们党所倡导的绿色发展理念分不开。创新、绿色，既符合了社会主义建设规律、人类社会发展规律，也满足了新时代我国人民日益增长的对美好生活的需要，因此，它们是科学的、正确的，需要当代大学生内化于心、外化于行，达到知、情、意、行的统一。

3.3 土建类专业的课程思政元素挖掘的原则

专业课程思政元素并不是显性的存在于教材内容之中，而是要通过对课程内容的梳理，或者教学方式的设计，凝炼出思想政治教育元素，并通过恰当的教学形式呈现出来以实现思政育人的目标。因此，科学准确地把握课程思政元素，直接关系着课程

---

❶ 马克思恩格斯选集（第4卷）［M］. 北京：人民出版社，1985：258.

思政育人的效果。

3.3.1　整体性原则

整体性原则主要体现在对专业课程思政元素的挖掘必须服务于人才培养方案中所确立的人才培养目标，做到魂聚不散，更好实现"立德树人"根本任务。例如三年制高职建筑工程技术专业，其目标是培养适应社会主义市场经济需要的，德智体美劳全面发展的，具有良好诚信品质、敬业精神、责任意识的，懂施工、会管理、能经营，具备建筑工程技术的基本理论和专业技能，面向建设、施工、监理、建筑质量安全等单位从事建筑施工技术与管理的技术技能人才。基于此培养目标所确立的课程体系，其课程思政的目标在于助力人才培养目标的实现。因此，所有课程思政元素的挖掘整体上不仅要服务于德智体美劳全面发展的需要，更要注重专业特色的诚信品质、敬业精神、规范意识等方面的培养，即培养高素质的技术技能人才。

3.3.2　循序渐进原则

课程思政元素的挖掘与整理，是课程思政的关键环节，必须循序渐进、有条不紊地推进，方可收到理想的效果。

1. 坚持挖掘过程的循序渐进

课程思政元素的挖掘很难一蹴而就，必须遵循一定的步骤环节积极稳步地推进。

第一步，必须准确把握专业人才培养方案所确立的人才培养目标与培养规格，以及课程标准所确立的课程育人目标，做到心中有数。它们所确立的知识目标、能力目标和德育目标（或者素质目标），特别是德育目标实质上为后续课程思政元素的挖掘指明了方向。第二步，梳理课程知识内容和技能培育环节，探寻可能实现思政育人的知识点和结合点，并凝炼出思政育人要素。这些思政元素体现的是马克思主义的立场观点方法，必须具备社会主义的制度属性和本质特性，有助于培育和弘扬社会主义核心价值体系和社会主义核心价值观。在梳理凝炼思政元素的基础上，要结合课程教学目标、教学计划与教学内容，进行很好的筛选、统筹。第三步，进行教学设计，通过科学的方式将课程思政元素很好地融入教学过程中，达到润物无声的效果。与思想政治理论课程不同，专业课程主要培育学生的知识与技能，不是思想政治教学的第二课堂；专业课程思政元素的育人属于隐性教育范畴，而非思想政治理论课的显性教育范围，目的在于强化课程思政的育人成效，形成课程思政育人合力。

2. 坚持挖掘内容的循序渐进

唯物主义认识论认为，认识运动是一个辩证发展的过程：从实践到认识；从认识到实践；再实践、认识、再实践、再认识，认识运动不断反复和无限发展。课程思政元素挖掘同样需要一个实践到认识、再实践再认识的渐进过程。因此，采取先易后难、循序渐进的策略方法，对课程思政元素的挖掘显得尤为重要。

首先是要把握专业领域的历史文化这个基础。历史文化是一个国家、民族发展演变的历史记忆，是一个民族得以延续的精神基因。中国建筑历史文化，可谓中国历史文化的一块瑰宝，历经数千年发展，从材料结构到装饰装修、从个体形式到群体组合乃至城市的布局，都形成了自己的特色，对古代东亚、东南亚的建筑产生了很大的影响。❶建筑行业和土建筑类专业教学中所蕴含的丰富的历史文化，如实体建筑、历史人物、建筑文献、建筑类型、建筑思想等，为专业课教师所熟悉，可以信手拈来。通过对学生开展建筑历史文化的教育，可以激发学生的爱国主义情怀，培育高度的文化自信，增强对专业的认知认同。正如《新时代爱国主义教育实施纲要》指出的那样，"要引导人们了解中华民族的悠久历史和灿烂文化，从历史中汲取营养和智慧，自觉延续文化基因，增强民族自尊心、自信心和自豪感。"❷

其次是要抓住社会主义核心价值体系这个关键。社会主义核心价值体系是社会主义制度在价值层面的本质规定，反映了我国社会主义基本制度的本质要求。社会主义核心价值体系包括马克思主义指导思想、中国特色社会主义共同理想、以爱国主义为核心的民族精神和以改革创新为核心的时代精神、社会主义荣辱观，富强、民主、文明、和谐、自由、平等、公正、法治、爱国、敬业、诚信、友善24字核心价值观则是其凝练表达和核心要素。课程思政元素的挖掘与呈现，课程思政育人作用的发挥，要强化"在全民族牢固树立中国特色社会主义共同理想，在全社会大力弘扬社会主义核心价值观，积极倡导富强民主文明和谐、自由平等公正法治、爱国敬业

---

❶ 郭海萍，等. 中国建筑概论 [M]. 北京：中国水利水电出版社，2014：前言.

❷ 中共中央 国务院. 新时代爱国主义教育实施纲要 [M]. 北京：人民出版社，2019：8.

诚信友善，全面推进社会公德、职业道德、家庭美德、个人品德建设"的基本要求，不断提升公民道德素质，促进人的全面发展，培养和造就担当民族复兴大任的时代新人。

由于行业领域的差异，社会主义核心价值体系揽下的课程思政元素的挖掘，呈现出鲜明的职业特性和行业特质。土建类专业的学生，不仅要具备"爱岗敬业、诚实守信、办事公道、热情服务、奉献社会"职业道德的基本要求，而且要具有吃苦耐劳、工匠精神、安全责任等职业品质。

最后是注重马克思主义世界观方法论的提升。高职教育除了对学生进行知识、技能传授外，也要注重提升学生发现问题、分析问题、解决问题的能力和水平，让学生具备持续发展、终身进步、创造伟业的能力。高校教师不仅要授学生以鱼，更要授学生以渔。因此，加强对马克思主义世界观方法论元素的挖掘，成为课程思政育人的最高境界和追求，当然也是挑战性最强、难度最大的环节。

马克思主义作为一个博大精深的科学理论体系，不仅包括马克思主义哲学、马克思主义政治经济学和科学社会主义三大基本组成，而且还涵盖历史学、政治学、法学、文化学、新闻学、军事学等诸多知识领域。特别是马克思主义的世界观方法论，为我们正确认识世界和改选世界提供了基本遵循。这些基本方法主要包括：实事求是的方法、辩证分析的方法、社会基本矛盾和主要矛盾分析的方法、历史分析的方法、阶级分析的方法、群众路线的方法等。

就土建类专业而言，如在建筑历史文化中所反映的事物普遍运动变化发展的观点、规划设计过程中所体现的人民至上、普遍联系的观点，在各类实验中所包含的量变质变的观点等，不仅能够从世界观方法论的哲学高度深化学生对相关内容与知识点的理解与把握，而且通过课程思政元素的育人功能让学生逐步树立起这些理念方法，增强将来步入社会认识问题、分析问题、解决问题的能力。

3.3.3 实事求是原则

对于课程思政元素的挖掘，要本着实事求是的原则科学地进行，而不能演变为思想政治理论课的"翻版"。简单来讲，课程任课教师在进行课程思政元素挖掘的过程中，不能先入为主，主观臆断地设置思政教育元素。比如，试图通过一门课程教学呈现出全部的思想政治元素，或者机械地将思政元素分配到各章节当中去，或者开门见山就谈我们要爱国、创新、敬业、协作等，这些都违背了党和国家的各门课程要与思想政治理论课同向同行的意图，也偏离了职业教育高素质技术技能人才培育的目标。

课程思政元素，贵在于精，而不在于多；贵在于有效实现增强学生内在认同，而非思政元素概念的简单传递与表达。因此，课程思政元素挖掘的科学途径与有效形式，应该是根据课程知识点与教学环节，寻求思政育人结合点，凝炼出思政元素。受课程性质和内容的影响，必然存在有些课程思政元素丰富而有些课程思政元素贫乏，有些章节思政元素密集而有些章节思政元素缺失的现象，均属正常。需要强调的是，在梳理出思政元素的基础上，我们要进一步进行筛选，选取重要的、贴切的，更能服务课程目标、章节目标实现的思政元素作为课堂呈现的对象，而不是面面俱到。当然，在课程教学中我们可以事先从整体上进行谋划设计、宏观布局，争取达到门门课程有思政、堂堂教学可育人的理想状态，实现协同育人目标。

3.3.4 创新性原则

专业课程所包含的思政元素，既与课程知识内容、课程实践环节紧密相关，也与教学的组织形式、教学方法密切相连。如果说课程的具体内容、具体实践环节已内在规定了其包含的思政元素，具有相对的稳定性、不变性，那么教学方法与手段却是动态变化的，不同的方法与手段产生的思政育人效果明显不同，甚至有天壤之别。由于土建类专业课程具有理论性、工程性、实践性相结合的特点，教学手段和方法要尽量多样化，通过教学方法手段的创新使学生潜移默化地树立起正确的思想认识、道德操守和职业精神，达到于无声处胜有声的育人境界。

在理论教学中，既要注重课堂知识传递、理论讲授，也要运用视频录像、讨论辩论等教学手段和方式。例如，在教授建筑工程技术专业导论课程时，通过都江堰、长城、上海中心大厦、港珠澳大桥等优秀工程案例，不仅彰显我国建筑的源远流长和文化的博大精深，而且更容易激发学生专业自豪感、文化自信心和强烈的爱国情怀；通过分享詹天佑、茅以升、林同炎等结构大师的人生故事，从中使学生感悟人

生智慧和创新精神，培育起不畏艰辛、迎难而上、刻苦钻研、追求卓越的工作态度和拼搏精神。❶

在实践教学中，就实践环节本身而言，它属于技术性的，不具有意识形态属性，但通过独特的组织实施形式，却可以实现思想政治育人的功能。如在实施形式上可以采取分组实施，既可以培育学生的竞争意识，也可以增强学生间的团结协作精神。同理，在考核评价时，可以采取小组内互评、组别间互评、教师总结评价的混合评价形式，无形中会培养学生的公平公正意识和实事求是精神。

3.3.5　时代性原则

实践是历史性与时代性的统一。中国特色社会主义的伟大事业，正如滔滔长江水，无时无刻不奔流向前。如何将最新的实践及实践成果融入课堂教学中，不仅是思想政治理论课提升教学亲和力、针对性需要思考的问题，也是课程思政中更好发挥专业课程思政育人需要考量的问题，这就要求任课教师在挖掘课程思政元素时要坚持守正与创新相统一。一方面，要依照人才培养方案、课程标准、教材等，积极挖掘思政育人元素，另一方面，要跨出教材，将时代的、社会的正能量内容引入课堂，充分挖掘蕴含在相关知识中的教育因素。正在发生的，或者刚刚发生的事件，对猎奇、趋新特性明显的大学生来讲，可能更有吸引力，更能激励学生成长成才、促进学生全面发展。

例如，在应对新型冠状病毒肺炎疫情过程中，由于全国各地各个行业都调动了起来，从物资到技术、从硬件到软件给予无私的支持，我国在极短时间内就建成火神山、雷神山医院并成功投入使用。这是我国制度优势的最佳证明，也是我们坚定制度自信的现实根基，不仅彰显了党的集中统一领导、人民当家作主、集中力量办大事等制度层面的显著优势，也是建筑人吃苦耐劳、勇于奉献、敢于担当的精神体现，更是我国装配式建造技术水平的生动诠释和综合国力的有力佐证。"国是千万家，有国才有家"。当我们的任课教师将最新案例及时融入专业课堂教学时，必然会引起学生共鸣：提升自豪感，增进爱国情。

---

❶ 彭亚萍，等. 土木工程概论课程思政教育改革与实践 [J]. 高教学刊，2019，（2）：128-129，132.

3.4 土建类专业的课程思政元素挖掘的策略

3.4.1 树立课程思政理念，强化专业教师核心地位

长期以来，人文素质、哲学社会科学类课程一直承载着思政育人的职责，因此，在推动课程思政建设的背景下，课程思政的相关研究更充分，课程思政元素的挖掘更全面，课程思政的育人效果也更为明显。相反，由于任课教师甚至学校在认识上的缺失，专业课教师往往只重视教授知识技能而忽视了思想育人，形成了事实上思政课程与课程思政"两张皮"的现象，育人合力难以形成。这一点，在理工科的学校表现得更为明显和突出。因此，树立课程思政理念、提升课程思政育人能力，就成为挖掘课程思政元素、推动课程思政建设的基础和前提。

思想是行动的先导，首先要从思想上突破认识误区，提升专业课教师对课程思政的认识。专业教师要客观地认识课程思政与专业课程教学之间的紧密关联而非对立关系。在专业课程教学中融入思想政治教育不仅不会干扰专业课程本身的教学活动和教学效果，相反还会增强教学的思想性、人文性，深化教学的内涵，提升教学的效能。只有专业课教师明确课程思政对于专业课程的知识、能力、情感、态度、价值观教育一体化的作用，明确对于学生科学思维、人文素养和价值观塑造的重要性，才会形成在专业教学中开展思想政治教育的内在需求，积极提升思想政治素养和思想政治教育能力，精研教材，加大对专业课程的思想政治教育内涵的开发，将专业课程育人和思想政治教育有机结合起来，形成有效的自我激励机制。❶

在课程思政意识确立起来的条件下，专业课教师思想政治教育素养和能力的培养就显得格外重要。客观来讲，大多数专业课教师的思想政治意识和能力水平还难以适应课程思政建设发展的需要，因此必须通过各种途径和形式，有目的地培养和培育。

---

❶ 陆道坤. 课程思政推行中若干核心问题及解决思路 ——基于专业课程思政的探讨［J］. 思想理论教育，2018，（3）：64-69.

具体来讲，可以通过以下途径来着手。一是加强学习，践行继续教育、终身学习的理念。"教育者本人一定是受教育的"❶，通过常态化的思想政治教育方面的培训学习，稳步增强专业课教师的思想政治素养与思想政治教育能力。二是开展团队研讨，通过组建有思政课教师参与的课程建设团队或小组，积极开展教学设计、组织、实施中如何融入思想政治教育的研讨，在培养专业课教师思想政治素养的同时使课程思政育人落地落实。三是加强实践历练，通过企业顶岗实践、产学研平台建设等，让专业课教师深刻领悟实践环节对人的知识能力、情感态度价值观等方面潜移默化的影响，从而更好地服务于实践课程思政元素的挖掘，使实践课程的思想政治育人效果得到极大实现。

3.4.2　加强团结协作，发挥思政课教师引领作用

众所周知，思想政治理论课程与专业课程思想政治教育是相互影响与相互作用的密切关系。专业的思想政治教育是思想政治理论课程在专业领域的延伸和拓展，目的在于通过课程协同育人强化学生思想政治教育；专业课程思政也离不开思想政治理论课程的指导和引领；为专业课程思政的设计与规划、具体的专业课程思政内容的深度开发、具体思想政治理论教育原理的运用、具体的思想政治教育问题的阐释等方面提供支持，保证课程思政高效运行。❷

专业课程思政与思想政治理论课程的关系，决定了专业课教师和思政课教师在思想政治教育中的关系。在整个思想政治教育体系中，思政课教师应该扮演支持者的角色，参与专业课程思政的规划、设计以及教材的二次开发，密切关注整个思想政治教育的状态，对其中的偏离及时作出调整，帮助专业课教师进行教学反思，并为其提供理论支持以及实践层面的答疑解惑。而专业课教师，则应立足自身的专业优势和学生专业合作平台，对思想政治教育具体内容进行深化，讲深讲透。

专业课教师与思政课教师的协作，从发挥课程思政效用的角度来讲，可以从两个方面入手。一是思政课教师参与专业课程体系构建，具体包括课程规划与设计、思政元素挖掘与实施等。此举不仅能够有效保证课程思政的育人效果，还有助于提升思政课教师

---

❶ 马克思恩格斯文集（第1卷）[M]. 北京：人民出版社，2009：504.

❷ 陆道坤. 课程思政推行中若干核心问题及解决思路——基于专业课程思政的探讨 [J]. 思想理论教育，2018，（3）：64-69.

教学素材，增强思政课教学亲和力、针对性。二是思政课教师参与专业课程教学活动设计、教学活动实施等环节，确保课程思政元素有效挖掘与呈现，确保课程思政实效。当然，具体如何实现，可以通过思政课教师参与专业教研室的教研活动，研究专业人才培养方案的课程体系、课程标准、课程教学设计、课程评价等；有目的地参与专业课堂教学，深入了解课程思政的实现程度，明确改进方向；参与专业教改项目申报、教学团队建设、教学能力竞赛等活动，从而为专业课程思政建设提供有效的支持与指导。

3.4.3　强化顶层设计，发挥专业院系关键作用

学校党委在高校思想政治工作中承担主体责任与政治责任，制定相关方案与文件，发挥着总揽全局、协调各方的领导作用。但随着我国高等教育规模的迅速扩大，许多高校实行了校院（系）两级管理，并把增加二级学院（系部）的办学主体作用作为一个改革方向，让二级学院（系）在人才培养方案制订、组织开展专业建设和课程改革、组织实施教育教学活动、开展教师培训、加强教学管理和考核、保障教学质量等方面能更加充分地发挥好作用。与此相适应，课程思政的建设和实施，也应成为学校各二级学院（系）内涵建设的重要内容，明确其在课程思政建设中的具体责任，并上升到提升办学水平和人才培养质量所必须的高度来认识和把握。这样，才能确保将各门课程"同向同行、协同育人"的理念和举措真正落到实处。❶

基于国家要求和标准、行业需求、校友期望、学校办学定位与发展目标等综合因素的考虑，二级教学单位要不断改进完善人才培养方案。明确专业培养目标以及所需要的知识目标、能力要求与思政目标，从而构建起与之相适应的完善的课程体系；明确课程达成目标以及所需要的知识目标、能力要求与思政目标，从而构建起完备的课程教学内容体系。教学内容建设是课程思政建设的根本。只有在思想政治教育原则指导下对专业课程进行深度开发，充分挖掘和激发其中的思想政治教育内涵，科学规划和有序开展思想政治教育，课程思政育人功能才能充分实现。

与此同时，还必须制定完备的评价体系，如在教学设计过程中要体现思政育人的环节，在教学督查检查、听课评教的设计上要包含思政育人的内容，在专业课程考核

---

❶ 李国娟. 课程思政建设必须牢牢把握五个关键环节 [J]. 中国高等教育，2017，（15）：28-29.

方案中必须要有思政育人的成分，在教学质量评价环节也要有思政育人成效的因素等，从而为思政元素挖掘指明方向。

3.4.4 推动课程改革创新，发挥课堂育人主渠道作用

课堂教学是学校教育的主渠道，因此，课堂内容的规划、设计与实施，直接关系着课程思政元素的挖掘程度和课程思政育人的成效。

一方面，要强化课程内容规划设计，充分发挥理论课程育人功能。

在保持专业课程教学内容不变的前提下，教师在教学中要充分挖掘课程内在的哲理、应用价值等，并将其应用到课堂教学环节，从而实现思想政治教育的目标。教师要紧紧围绕土建类专业课程知识、能力、素质目标要求，从课程理念、逻辑思维、实际工程、名人轶事和建筑服务现实生活等角度不断挖掘丰富思政元素，在课程标准中做出明确教学要求，突出培养学生一丝不苟、坚持真理、实事求是的学风、作风，帮助学生树立正确的世界观、人生观和价值观等。

在教学目标的制定过程中注重充分发掘"思政资源"，结合每章节的教学内容，制定教学目标（包括知识、技能、德育目标）于课程标准中。如在讲授建筑制图课程时，要求学生保持一种严谨踏实的态度，看重规则也恪守规则，绝不投机取巧，也不允许任何环节出现丝毫差错，将工作的精准、精确、精细和人民生命等价起来，不惜花费时间和精力，反复改进图纸，感悟建筑人的工匠精神。比如建筑工程专业图的绘制方法，是建筑制图课程的重要授课内容，采用任务驱动进行理实一体化教学。教学设计中要将教学内容与思政元素结合，在教学过程中加入规范意识、诚实守信思政元素，通过职业岗位互换将思政教育渗透、贯穿到教学过程中，实现课程思政的教育目的，见表3-1。

建筑制图课程的一次教学设计 表3-1

章	教学内容	课程思政元素	课程思政切入点	课程思政目标
建筑工程专业图的绘制方法	（1）建筑图的分类 （2）建筑图的表达方法 （3）建筑图的尺寸标注 （4）建筑图的阅读与绘制	1. 规范意识 2. 诚实守信	1. 严格按照制图标准绘制施工图。 2. 不随意篡改图纸	1. 培养学生严格按照制图标准绘制施工图的意识。 2. 培养学生信守承诺、讲求信誉的品质

另一方面，要推动实践课程改革创新，充分发挥实践环节的育人作用。

高等职业教育属于重技术技能培养的类型教育，因此，实验、实习、实训等实践环节在整个课程体系中占据半壁江山的重要地位。实践课程目标的达成度，不仅制约着人才培养的最终质量，也极大影响着课程思政的实现程度。因此，推动实践课程改革创新，有助于充分挖掘实践类课程思政元素，增强实践环节的思想政治育人成效。

土建类专业具有鲜明的工科特色，分组实践是一种有效的实践形式，如果谋划实施到位，会产生意想不到的育人成效。根据学生的个性、能力、接受新技能的程度，结合学生在班级的日常表现，对实训分组进行科学合理的安排；然后以小组为单位开展实践教学活动，包括具体的组织实施、活动后的自我评价总结；最后教师总结评价，肯定成绩、指出不足，在对优秀分子进行表扬的同时肯定"后进"分子的重大进步同样不可缺少。

通过分组实践，不仅增强学生独立动手、分析解决问题的能力，养成科学严谨的行事态度，磨炼学生的意志品质，强化技术技能的养成，而且也深化了对正确思想观、人生观、法治观等思想政治教育方面的领悟、感受、认同、养成，为行为自觉奠定了坚实基础。通过实践，既培养了学生你追我赶的竞争意识，又培养了学生的团结协作精神，从而升华了对马克思主义对立统一思想的认识；个人的不断奋斗是成功的保障，小组成员的分工合作也是成功的关键，从而确立起学生对个人与集体关系的正确认识；运用已学的理论知识来指导实践，在实践中不断深化对理论的认识，从而培养理论联系实际的工作作风，树立起马克思主义认识论等，从而使学生的思想政治素养得到极大提升。

3.5 土建类专业的课程思政元素挖掘示例

3.5.1 基于工程建设全过程的思政元素分析

工程项目全过程一般是指一个工程项目从创意形成、立项、可行性研究分析与评估、前期准备、开工直至整个项目结束的全部过程。由于工程项目处于特定的区域环境，承载着特定的功能使命，因此，工程项目的全过程离不开工作人员科学的谋划、实施、管理。除技术、资金、人才的大力支持外，工程建设更需要科学的理论武装、思想指导、道德规范和精神激励。这就要求在整个工程建设过程中，必须贯彻党和国家的路线方针政策，遵守国家法律法规，遵循行业规范与标准，用习近平新时代中国特色社会主义思想武装头脑，指导实践，更好地服务于"为中国人民谋幸福，为中华民族谋复兴"的时代使命。

通常情况下，工程项目建设主要包含项目建议、可行性研究、建筑策划、建筑设计、建设准备、施工安装、竣工验收等阶段。由于各个阶段具有相对独立性，职责目标又各不相同，因此，其遵循的思想、原则、道德、标准等又略有不同，所包含和体现的思政元素也各有侧重。

3.5.1.1 项目建议与可行性研究阶段的思政元素分析

作为建设工程最首要、最基础的环节，建设工程的建议与可行性研究必须符合国家和地方发展规划愿景，特别是城乡发展规划的要求。因此，国家和地方发展规划以及城乡发展规划中所明确规定的原则要求、思想理念，同时也是工程项目在建议与可行性研究阶段必须倡导和遵循的。

（1）以"人民为中心"的发展思想

以人民为中心的发展思想是以习近平同志为核心的党中央治国理政的根本理念，是对马克思主义人民历史主体思想的继承、弘扬与创造性发展。我们要始终把人民群众放在心中脑中，做到以人民忧乐为忧乐、以人民甘苦为甘苦，牢固树立以人民为中心的发展思想，始终怀着强烈的忧民、爱民、为民、惠民之心，察民情、接地气，倾听群众呼声，反映群众诉求，把增进人民福祉、促进人的全面发展、朝着共同富裕方向稳步前进作为经济发展的出发点和落脚点，让各族人民共享发展成果。

作为国民经济支柱产业的建筑业，其建设项目的提议和论证，都要从是否推动国家和地方国民经济健康发展，是否满足了人民对美好生活的期盼，是否贯彻了创新协调绿色开放共享的新发展理念等方面进行考量，切忌好大喜功的面子工程、政绩工程、形象工程。否则，工程项目不仅不能很好发挥应有的功能，往往还会为人民所诟病，影响党和政府声誉与形象。

（2）普遍联系的观点

马克思主义认为，世界上的万事万物都处于普遍联系之中，普遍联系引起事物的运动发展。建设工程项目，无论是处于繁华的都市还是偏远的乡村，都必然处于特定的区域环境、经济社会、地域文化等背景之中，并与之发生密切的联系。能否形成良性互动、全面协调的关系，决定着工程项目的前途命运。

要协调经济、社会、文化发展的关系。当前我国正处在加速城市化的时期，既面临难得的历史机遇，又面临着巨大的挑战。各种社会、经济矛盾凸显，对政府的执政能力提出了新的挑战。在市场经济的发展中，城乡规划是政府实施宏观调控的主要方式之一，其根本目的就是促进社会、经济、文化的综合发展，不断优化城乡人居环境。是否有利于区域综合发展、长远发展，不仅是编制城乡规划的出发点，也是确立工程项目的根本标准与原则。❶

要正确处理好人口资源环境的关系。我国人口多，土地资源不足，合理使用土地、节约用地是我国的基本国策。城乡规划及项目立项必须贯彻建设节约型社会的要求，科学规划城乡用地。在服从城市功能上的合理性、建设运行上的经济性前提下，各项发展用地的选定要尽量使用荒地、劣地，严格保护基本农田。要从水资源供给能力为基本出发点，考虑产业发展和建设规模，落实各项节水措施。要尊重自然、顺应自然、保护自然，形成人与自然和谐共生的美好局面。

（3）实事求是的原则

从实际出发就是从我国的国情出发，从城乡的现实发展状况出发。近年来，虽然我国的发展取得了长足的进步，国民生产总值已经仅次于美国而居于世界第二位，但人口多、底子薄的基本国情并未改变，仍属于发展中国家。一切城乡规划的编制，包括规划中指标选用、建设标准的确定、分期建设目标的拟定，都必须从这个基本国情出发。我国幅员辽阔，城市众多，各地自然禀赋以及经济、社会发展程度差别很大，城乡规划不能简单地采用统一的模式，必须针对区域情况提出切实可行的规划方案。

从根本上讲，城乡规划的目的是用最少的资金投入取得城市建设合理化的最大成果，对于国外的先进经验和优秀的规划设计范例，也应从我国的实际情况出发，吸收其精髓实质，而不是盲目追求它的标准和形式。在各地的规划建设中，脱离实际、盲

---

❶ 白思俊. 现代项目管理［M］. 北京：机械工业出版社，2015.

目攀比、贪大求洋的情况屡屡出现,《国务院关于加强城乡规划监督管理的通知》(国发〔2002〕13号)中对这些现象提出了严肃的批评。要把坚持实用、经济的原则和求美的要求有机地结合起来,力争少花钱多办事、办好事。

3.5.1.2 工程项目规划设计阶段的思政元素分析

如果说项目建议和可行性研究阶段解决的是工程项目的建与不建的问题,那么规划设计阶段则要解决如何建的问题,涉及工程项目的规模、性质、空间、功能要求、环境、技术、材料、施工图等方面。因此,贯彻新发展理念,用创新、协调、绿色、开放、共享引领工程项目的规划设计,关乎工程项目建设水平的高度、功能发挥的效度与社会认可的程度。

(1)创新发展理念

创新是引领发展的第一动力。发展动力决定发展速度、效能、可持续性。抓住了创新,就抓住了牵动经济社会发展全局的关键,因为惟创新者进,惟创新者强,惟创新者胜。坚持创新发展,就是把创新摆在国家发展全局的核心位置,不断推进理论创新、制度创新、科技创新、文化创新等各方面创新,让创新贯穿党和国家一切工作,让创新在全社会蔚然成风。

创新技术应用,在大型公共建筑及大型市政基础设施工程的设计和施工中需采用BIM技术,大力采取环保节能的新技术新材料;加快推进全装修,新建装配式住宅及设区市条件成熟区域的商品住宅,实现全装修交付;加强承包履约管理,针对屡禁不止的恶意低价中标问题,为有效发挥履约担保作用,对采用常规通用技术标准的政府投资工程,在原则实行最低价中标的同时,中标人应提供全额履约担保,防止恶意低价中标;创新材料检测管理,改变以往由施工单位委托材料检测并送检的传统做法,改为由建设单位委托检测,并由检测机构到现场取样,以此确保检测工作质量。

总之,要注意采用新技术、新工艺、新材料和新设备,重视技术和经济相结合。

(2)协调发展理念

协调是持续健康发展的内在要求。协调既是发展手段又是发展目标,同时还是评价发展的标准和尺度;协调既要着力破解难题、补齐短板,又要考虑巩固和厚植原有优势;协调发展不是搞平均主义,而是更注重发展机会公平、更注重资源配置均衡;协调发展就是找出短板,在补齐短板上多用力,通过补齐短板挖掘发展潜力、增强发展后劲。坚持协调发展，要着力推动区域协调发展、城乡协调发展、物质文明和精神文明协调发展，推动经济建设和国防建设融合发展。工程项目规划设计，必须贯彻协调发展的理念。

工程项目的规划设计，要与所在区域的经济社会发展、城乡规划和产业政策相适应；要与地形地貌、山川河泊等自然环境相协调；要保护具有重要历史意义、重要文化艺术价值和科学价值的文物古迹、建筑物和构筑物，保护有特色的历史风貌和自然景观；要保障社会公众利益，符合城市防火、抗震、防洪、人民防空等要求，维护公共安全、公共卫生和市容景观。

（3）绿色发展理念

绿色是永续发展的必要条件。绿色发展就是要解决好人与自然和谐共生问题，坚定走生产发展、生活富裕、生态良好的文明发展道路，加快建设资源节约型、环境友好型社会，形成人与自然和谐发展的现代化建设新格局，推进美丽中国建设。在工程项目规划设计过程中，要构建绿色建筑技术体系，促进建筑品质显著提升。

①提高绿色建筑技术集成度。形成环境性能目标导向的绿色建筑设计新理论、新方法和新工具，发展城区建设和改造的生态规划设计技术。加快研发具有地域特征和文化传承的绿色建筑整装成套技术和产品，发展新型高性能建筑结构体系和机电设备系统。推广基于实际运行效果的绿色建筑性能后评估，建立绿色建筑运行效果数据库和基于BIM的运营与监测平台，全面推进绿色建筑高效益、规模化发展。

②提升既有居住建筑宜居性，发展既有住区适老化、低能耗改造技术，突破性能导向的建筑监测及运营管理关键技术、隔震减震和建筑物寿命提升技术、停车设施升级改造技术。研究老旧小区改造规划、功能提升及修缮保护技术、适宜的新型电梯设备和电梯加装技术。全面提升既有住宅的品质、功能和宜居性。

③加大绿色建材开发应用。开发应用品质优良、节能环保、功能良好的新型建筑材料和保温、隔热、防火、长寿命外墙保温材料，研发环保型木质复合、金属复合、优质化学建材及新型建筑陶瓷等装修材料。研发适用于装配式建筑的轻质、高强、保温、防火、与建筑同寿命的墙体材料及围护体系。发展可再生资源制备新型墙体材料技术，发展生物质建材、环境友好型涂料、防水高分子材料等。

④保护和改善城乡生态环境，防止污染和其他公害。保护现有绿地、行道树和古树名木，提高城市绿化水平，加强环境卫生和市容建设，促进城市走上可持续发展的

良性轨道。

3.5.1.3　建筑施工阶段的思政元素分析

（1）创新理念

在建筑施工过程中，贯彻创新发展理念，核心是要创新建筑方式，发展绿色建造，促进建筑产业提质增效。

①发展低环境影响和资源高效利用的绿色施工技术体系。开展施工现场扬尘、噪声和固体废弃物等污染物的排放源、定量数据、影响及控制技术研究，推动施工现场材料、水电等资源节约与高效利用，以及建筑垃圾减量化、无害化及资源化利用。研究建筑工程施工工艺影响"四节一环保"的定量数据，建立绿色施工工艺清单。推动工程施工环境发送及施工人员健康安全保障的技术进步。

②构建装配式建筑技术体系。发展装配式建筑结构、外围护、设备与管线、内装集成设计理论和技术方法，推动装配式建筑结构安全及可靠性设计及评价技术进步，研发装配式建筑标准化部品部件生产装备，初步建立装配式混凝土、钢结构和木结构建筑的工业化技术体系，形成集成开发应用模式。研究装配式建筑产品质量认证技术体系，研发装配式建筑设计、生产、施工、运维全链条建筑信息平台。

③推动智慧建造技术发展。研究"互联网+"环境的工程建设项目管理模式、工作流程、协同工作机制和标准体系，构建政府和社会资本合作模式（PPP），工程总承包项目的信息化管理模式，创新工程建设管理模式和技术手段，普及和深化BIM技术。发展施工机器人、智能施工装备、3D打印施工装备，探索工程建造全过程的虚拟仿真和数值计算。开展建筑智能传感及建筑结构自诊断等关键技术研发，建立健全建筑评估及系统性改造、工程全寿命期监测、检测、评估与维护的技术体系。

（2）工匠精神

质量是建筑行业的生命线，是建筑工程的高压线。只有大力弘扬"工匠精神"为核心的职业精神，将"敬业、精益、专注、创新"理念融入工程建设的每一个环节特别是施工环节，建筑的质量和生命才能得到保证[1]。

---

❶　徐耀强. 论"工匠精神"［J］. 红旗文稿，2017，（10）：25-27.

早在1997年，建设部监理司印发的《建筑业从业人员职业道德规范》❶对施工作业人员职业道德规范作出了以下规定：①苦练硬功，扎实工作。刻苦钻研技术，熟练掌握本工种的基本技能，努力学习和运用先进的施工方法，练就过硬本领，立志岗位成才。热爱本职工作，不怕苦、不怕累，认认真真，精心操作。②精心施工，确保质量。严格按照设计图纸和技术规范操作，坚持自检、互检、交接检查制度，确保工程质量。③安全生产，文明施工。树立安全生产意识，严格执行安全操作规程，杜绝一切违章作业现象，维护施工现场整洁，不乱倒垃圾，做到工完场清。④遵章守纪，维护公德。争做文明职工，不断提高文化素质和道德修养，遵守各项规章制度，发扬劳动者主人翁精神，维护国家利益和集体荣誉，服从上级领导和有关部门的管理，争做文明职工。上述这些规定，深刻包含了工匠精神的科学内涵，也是当下建筑一线施工人员必须遵循的。

在《建筑业从业人员职业道德规范》中，还对工程技术人员提出了"一丝不苟，精益求精""严谨求实，坚持真理"等要求，对管理人员提出了"钻研业务，爱岗敬业""敬业爱岗，严格监督"等要求，这些都是工匠精神在建筑不同领域的具体体现和要求，必须努力去倡导与弘扬。

（3）安全意识

党的十八大以来，为了推进国家治理体系和治理能力现代化，实现国家长治久安，更好适应我国国家安全面临的新形势新任务，我们党明确提出了以人民为宗旨的总体国家安全观，将其放在了创新社会治理、保障改善民生、构建和谐社会框架内，如牢固树立切实落实安全发展理念，发展不能以牺牲人的生命为代价。由于建筑行业的特殊性，人身、质量安全问题一直是头等大事，关系着社会的和谐稳定与国家的长治久安，必须高度重视。

工程建设过程中不仅要落实建设、勘察、设计、检测四方市场主体的工程质量安全责任，更要重视在施工过程中施工方、监理方的直接安全责任。要加强施工人员安全教育，做到警钟长鸣；要严格按照施工标准和程序作业，具有强烈的规范意识和法治观念；要加强工程质量安全监督队伍建设，依据国家相关规定建立健全专门的质量安全监督机构，确保监督机构履职尽责；要建立完善施工现场监管信息系统，全面推行施工现场标准化管理。

---

❶ 建设部监理司. 建筑业从业人员职业道德规范［Z］. 建综字［1997］第33号，1997年9月15日印发.

3.5.1.4　竣工验收阶段的思政元素分析

一般情况下，竣工验收阶段包括以下环节：进行竣工验收准备、编制竣工验收计划、组织现场验收、进行竣工结算、移交竣工资料、办理交工手续。由于竣工验收阶段的各项工作都要进行目标控制，且涉及生产要素、施工现场、合同和信息管理，工作头绪多、界面多、变化多，专业性强、系统性强，因此从业人员必须具备科学严谨的工作态度和脚踏实地的工作作风。

（1）科学严谨的态度

尽管竣工验收阶段没有直接构造建筑产品，但在整个建筑流程中却是不可缺少的，是确保工程质量的关键环节。特别是对建设工程的后期服务与管理来说，竣工验收环节地位极其重要。因此，必须以科学严谨的态度认真对待，来不得半点马虎。

除了在建筑施工过程中设置建设工程质量监督管理人员外，在工程结束之际还必须通过工程质量检测部门的质量检测。为保证建筑质量，这就要求我们的工作人员：

①遵纪守法，秉公办事。认真贯彻执行国家有关工程质量监督管理的方针、政策和法规，依法监督，秉公办事，树立良好的信誉和职业形象。

②敬业爱岗，严格监督。不断提高政治思想水平和业务素质，严格按照有关技术标准规范实行监督，严格按照标准核定工程质量等级。

③提高效率，热情服务。严格履行工作程序，提高办事效率，监督工作及时到位，做到急事快办，热情服务。

④公正严明，接受监督。公开办事程序，接受社会监督、群众监督和上级主管部门监督，提高质量监督、检测工作的透明度，保证监督、检测结果的公正性、准确性。

⑤严格自律，不谋私利。严格执行监督、检测人员《工作守则》。不在建筑业企业和监理企业中兼职，不利用工作之便介绍工程承包任务和推销建筑材料，不对监督的工程进行有偿咨询活动，自觉抵制不正之风，不以权谋私，不徇私舞弊。

竣工资料内容纷繁复杂，因此必须建立收集资料的岗位责任制，不遗漏、不损毁。竣工资料的整理，应做到图物相符、数据准确、手续完备、不伪装、不后补。在竣工验收之前编制工程竣工决算时，要在收集、整理、分析原始资料的基础上，对照、核实工程变动情况，重新核定各单位工程、单项工程的造价，使竣工决算能够真正反映出建设项目本身的实际价格，这对于总结分析建设过程的经验教训，提升工程造价管理水平以及积累技术经济资料等，都具有重要意义。

（2）实事求是的方法

竣工验收的一个重要环节就是对工程资料的收集、整理、归档的过程，因此，必须坚持实事求是的基本原则与方法。

①资料应具有真实性。真实性是资料的生命。资料是工程质量评定验收备案的依据之一，也是工程建设和管理的依据，尤其是建筑单位进行维修、管理、使用、改建和扩建的依据。虚假的资料不仅给建筑施工单位质量的评价带来错误的结论，而且也给工程的改建和扩建带来麻烦，甚至会造成验收想象不到的严重后果。

②资料应具有规范性。应认真、全面地整理、填写资料，及时归档，使资料标准化、规范化。

③资料应具有信息化要求。它是在城市基本建设和基本设施管理的过程中形成的，是对建设单位建设过程的真实记录和实际反映，是工程建设、维护、管理、规划的可靠依据，是工程建设不可缺少的信息帮手，是具有实际社会价值和经济价值的信息源。

通过上述基于工程项目建设过程的思政元素分析，我们不难发现，建设的过程蕴含了大量的思政育人元素。不仅有马克思主义以人民为中心的基本立场、系列基本观点、实事求是的基本方法，而且与习近平新时代中国特色社会主义思想的诸多新思想、新观点、新论断、新战略息息相关，为我们在专业课教学中融入有效的思想政治教育以实现课程思政与思政课程协同育人提供了重要的切入点和结合点。

3.5.2 基于专业的课程教学的思政元素分析

基于人的全面发展和可持续性发展，以及职业岗位无缝对接的职业能力需要，从宏观上讲，高等职业教育所有专业的课程体系都是由公共基础课、专业理论课、专业实践课三部分组成。需要指明的是，三类课程中理论与实践并非完全割裂，往往是理论课中渗透着实践，实践课中包含理论，公共基础课更多是知识理论讲授与实践养成的统一。各类课程都蕴含着丰富的思想政治教育元素，都承载着思想政治教育的责任，在传道授业解惑中引人以大道、启人以大智。

当然，不同类型的课程，其思想政治教育的重点不同，所包含的思政元素各有侧重。哲学社会科学类课程要浓重体现马克思主义中国化最新理论成果，重视价值引导和优秀传统文化传承，引导学生自觉弘扬和践行社会主义核心价值观，不断增强"四个自信"。自然科学类专业课程要注重培养科学精神、探索创新精神，把辩证唯物主义、历史唯物主义贯穿渗透到专业课教学中，引导学生增强人与自然和谐共生意识，明确人类共同发展进步的历史担当。工程技术类专业课程要突出培育求真务实、实践创新、精益求精的工匠精神，培养学生踏实严谨、耐心专注、吃苦耐劳、追求卓越等优秀品质，成长为心系社会并有时代担当的技术技能人才。人文艺术类专业课程要突出培育较高的文化素养、健康的审美情趣、乐观的生活态度，注重把爱国主义、民族情怀渗透到专业课教学中，帮助学生树立文化自觉和文化自信。体育类课程要主动与德育相融合，改革体育教学模式，引导学生养成运动习惯，掌握运动技能，发展健全人格，弘扬体育精神。

3.5.2.1 公共基础课程

公共基础课程，通常又称为公共课程、通识课程，主体为哲学社会科学和人文艺术类、体育类等课程。具体到土建类某一专业，主要包括国防教育、思想道德修养与法律基础、毛泽东思想和中国特色社会主义理论体系概论、形势与政策、体育、高等数学、大学英语、心理健康与调适、职业生涯与发展规划、创新创业与就业指导、计算机应用基础、思想政治理论课程实践等必修课程，以及创新创业类、健康教育类、文史哲学类等选修课程。此类课程，在提高大学生思想道德修养、人文素质、科学精神、宪法法治意识、国家安全意识和认知能力，坚定学生理想信念、厚植爱国主义情怀、加强品德修养、增长知识见识、培养奋斗精神，对增强体质、健全人格、锤炼意志、陶冶情操、温润心灵、激发创造创新活力等方面，发挥着不可或缺的重要作用，有助于全面提升学生综合素质。

（1）国防教育课程

课程性质及任务

作为高校学生的一门公共必修课程，国防教育由军事理论（理论教学部分）和军事技能（实践教学部分）两部分组成，是高等学校教学工作的重要组成部分。课程以马列主义、毛泽东思想和中国特色社会主义理论体系为指导，按照教育要面向现代化、面向世界、面向未来的要求，适应我国人才培养的战略目标和加强国防后备力量建设的需要，为培养高素质的社会主义事业建设者和保卫者服务。

国防教育课程的主要任务：以军事理论与军事技能教程为主线，通过军事课教学和军事技能训练，使大学生掌握基本军事理论和军事技能，达到增强国防观念和国家安全意识，强化爱国主义、集体主义观念，加强组织纪律性，促进大学生综合素质的提高，达到为中国人民解放军训练后备兵员和培养预备役军官打下坚实基础的目的。通过开设该课程，对大学生进行国防教育，有利于全面提高大学生的思想政治素质，有利于增强大学生的国防观念、国防安全意识和忧患意识，对促进大学生综合素质的全面提升，具有极为重要的现实意义。

― 思政元素 ―

国防教育课程蕴含的思政元素主要有：以人为本、爱国主义、政治意识、理想信念、改革创新、崇尚科学、遵纪守法、团结协作、艰苦奋斗、规范意识等。

（2）心理健康与调适课程

课程性质与任务

心理健康与调适课程是集知识传授、心理体验与行为训练为一体的公共必修课程。课程旨在使学生明确心理健康的标准及意义，增强自我心理保健意识和心理危机预防意识，掌握并应用心理健康知识，培养自我认知能力、人际沟通能力、自我调节能力，切实提高心理素质，促进学生全面发展。

― 思政元素 ―

心理健康与调适课程蕴含的思政元素主要有：以人为本、理想信念、勤劳奉献、诚实守信、团结协作、平等尊重等。

（3）职业生涯与发展规划课程

课程性质与任务

职业生涯与发展规划课程是以促进高职高专学生就业为导向，旨在加强职业指导与就业服务，拓宽毕业生就业渠道，引导学生转变就业观念，开展择业创业教育。通过对当前高职高专院校毕业生就业现状与形势进行分析，对当代高职高专在校生就业观念和创业意识进行调研，以增强学生就业创业能力为引领，以引导高职高专学生理性规划个人职业生涯发展为课程主线，以各专业学生应共同具备的就业观念、职业生涯规划理念、创业意识与能力为依据，按照学生的认知特点，采用理论与实践相结合的方式设计教学内容，通过知识讲授、论坛讲座、案例分析等活动项目来组织教学，倡导学生在项目活动中树立自主意识、职业意识和创业意识，确立正确的职业发展目标，为实现自身职业发展和职业成功打下扎实的基础。

思政元素

　　职业生涯与发展规划课程蕴含的思政元素主要有：以人为本、实事求是、政治意识、改革创新、理想信念、爱岗敬业、诚实守信、办事公道、热情服务、奉献社会、团结协作等。

（4）大学语文课程

课程性质和任务

　　大学语文课程是一门公共基础课程，以满足就业择业过程中对口头和书面文字表达能力的需求，并为学生的终身可持续发展奠定重要基础的素质教育课程，兼具通用性、工具性和职业性的特征。

　　通过大学语文课程学习，丰富学生的文史知识，提高学生的语文素养，增强学生的语言表达能力；提高学生的审美能力，培育学生的审美情趣；陶冶学生思想情操，纯净道德品质，从而促进学生的全面发展。

思政元素

　　大学语文课程蕴含的思政元素主要有：以人为本、爱国主义、理想信念、勤劳奉献、辩证思维、团结协作等。

（5）体育课程

课程性质和任务

体育课程是一门以身体锻炼为主要手段、以增进学生健康为主要目的的必修课程，是学校课程体系重要组成部分，也是实施素质教育和培养德智体美劳全面发展人才不可缺少的途径。

思政元素

体育课程蕴含的思政元素主要有：以人为本、爱国主义、改革创新、理想信念、勤劳奉献、遵纪守法、团结协作、规范意识、竞争意识等。

（6）大学英语课程

课程性质和任务

大学英语课程是一门实践性较强的必修基础课程，旨在全面培养学生的英语应用能力和综合文化素养。课程任务是培养学生的英语综合应用能力，特别是听说能力，使他们在今后学习、工作和社会交往中能用英语有效地进行交际，同时增强其自主学习能力，拓宽知识，了解世界文化，提高综合文化素养，以适应我国社会发展和国际交流的需要。

思政元素

大学英语课程蕴含的思政元素主要有：政治意识、辩证思维、爱国主义、改革创新、诚实守信、遵纪守法、团结协作、艰苦奋斗等。

（7）高等数学课程

课程性质和任务

高等数学课程是高等工科院校各专业学生必修的重要的基础理论课。为培养学生分析问题、解决问题的能力，抽象思维和逻辑思维能力，为学生进一步学习后续课程打下扎实的基础。

高等数学课程任务是使学生掌握函数、极限与连续、导数与微分、微分中值定理及导数的应用、不定积分、定积分、定积分的应用、微分方程、多元函数微分学及其应用、重积分、曲线积分与曲面积分及无穷级数等基本概念、基本理论。

—— 思政元素 ——

　　高等数学课程蕴含的思政元素主要有：实事求是、爱国主义、辩证思维、改革创新、诚实守信、团结协作、科学严谨等。

（8）计算机应用基础课程

课程性质和任务

计算机应用基础课程是应用性很强的基础必修课程。通过该课程的学习，使学生掌握在信息化社会中工作、学习和生活所必须具备的计算机基本知识与基本操作技能，系统地、正确地建立计算机相关概念和微型计算机的操作技术；熟练地掌握在网络环境下操作计算机及常用应用程序的使用方法；具备在网上获取和交流信息的能力，为今后进一步学习和掌握计算机知识和技术打下良好的基础。

—— 思政元素 ——

　　计算机应用基础课程蕴含的思政元素主要有：爱国主义、理想信念、遵纪守法、崇尚科学、团结协作、安全意识、规范意识等。

综上分析，公共基础课程除了教授相关专业知识和技能外，更重在对人的综合素质与能力的培养，重在对科学思维方法的培育，重在对学生人格的塑造，主要体现在以下几点：

第一，培育马克思主义的基本立场观点方法。马克思主义基本观点是关于自然、社会和人类思维规律的科学认识，是对人类思想成果和社会实践经验的科学总结，核心是辩证唯物主义和历史唯物主义，具体包括关于世界观、人生观、价值观的基本观点；关于辩证唯物主义和历史唯物主义的基本观点；关于社会形态和社会基本矛盾运动规律的基本观点；关于社会主义本质和社会主义建设的基本观点等。

马克思主义基本方法是建立在辩证唯物主义和历史唯物主义世界观、方法论基础上的思想方法和工作方法，如实事求是、群众路线等。

第二，深化对马克思主义中国化理论成果毛泽东思想和中国特色社会主义理论体系的认知、理解，增强贯彻落实习近平新时代中国特色社会主义思想的思想自觉与行动自觉。

第三，树立正确的世界观、人生观、政治观、道德观、法治观，引导大学生提高思想道德素质和法治素养，成长为自觉担当民族复兴大任的时代新人。要引导大学生领悟人生真谛，坚定理想信念，践行社会主义核心价值观，做新时代的忠诚爱国者和改革创新的生力军；引导大学生形成正确的道德认知，积极投身道德实践，做到明大德、守公德、严私德；引导大学生全面把握社会主义法律的本质和运行体系，理解中国特色社会主义法治体系和法治道路的精髓，增进法治意识，养成法治思维，更好行使法律权利、履行法律义务，做到尊法学法守法用法。

第四，具有强烈的爱国主义精神、社会责任感及良好的思想品德、社会公德、职业道德；具有求实创新的科学精神、刻苦钻研的实干精神及较强的团队协作意识；具有一定的审美情趣、艺术修养与文化品位、较高的文化科学素养；具有健康的身心素质、健全的人格、坚强的意志和乐观向上的精神风貌。

3.5.2.2 专业理论课程

在专业理论课程教学中，要让学生掌握科学的世界观和方法论，为学生成长发展奠定坚实的思想基础；从行业发展中发掘独特的行业价值、历史内涵、文化诉求，特别是典型人物不畏艰苦、勇攀高峰的精神和追求卓越、不懈奋斗的光荣历程；让学生能用马克思主义的立场、观点和方法明辨学科研究方向，掌握科学的思维方法等。下面，我们将以建筑工程技术专业主要理论课程为例，逐一分析其包含的思政元素，以便于专业课教师在教学的过程中，能够及时、有效地融入，以提高育人质量。

（1）建筑制图课程

课程性质和任务

建筑制图课程是建筑工程技术专业的一门专业基础核心课程。该课程的主要任务是：通过制图理论的学习和有关实践的活动，培养学生的空间想象力，了解国家的有关制图标准，掌握建筑工程识图和制图的基本方法；具有正确识读建筑施工图的能力。

—— 思政元素 ——

建筑制图课程蕴含的思政元素主要有：以人为本、爱国主义、辩证思维、团结协作、科学严谨、规范意识等。

（2）建筑材料课程

课程性质和任务

建筑材料课程是建筑工程技术专业一门重要专业基础课程。通过该课程的学习，使学生熟悉各种建筑材料的品种和性能，学会按照建筑空间和环境的具体需要选择材料的方法，掌握主要建筑材料的试验检测技能。

—— 思政元素 ——

建筑材料课程蕴含的思政元素主要有：以人为本、实事求是、改革创新、崇尚科学、爱岗敬业、科学严谨、环保意识等。

（3）建筑力学课程

课程性质和任务

建筑力学课程是建筑工程技术专业的一门重要的专业基础课程。其任务是，通过学习，使学生对杆件的强度、刚度和稳定性问题具有明确的基本概念、必要的基础理论知识、比较熟练的计算能力、一定的分析能力和实验能力；能够快速判别静定与超静定结构，熟练绘制结构的内力图并能对各类结构进行变形计算；掌握力法与位移法的基本概念及求解方法；培养运用课程的基本理论和基本方法独立分析、解决问题的能力，能分析、解决一些简单的工程实际问题。

思政元素

建筑力学课程蕴含的思政元素主要有：实事求是、辩证思维、改革创新、崇尚科学、科学严谨等。

（4）建筑构造课程

课程性质和任务

建筑构造课程是建筑工程技术专业的基础课程，主要任务是让学生掌握一般民用和工业建筑的构造设计原理和方法，掌握一般民用和工业建筑的构造做法。

思政元素

建筑构造课程蕴含的思政元素主要有：以人为本、实事求是、辩证思维、终身学习、勤劳奉献、遵纪守法、爱岗敬业、团结协作、环保意识、质量意识、安全意识、规范意识等。

（5）建筑结构课程

课程性质和任务

建筑结构课程是建筑工程技术专业的专业基础课。该课程的任务是使学生掌握建筑结构的基本概念、基本理论和基本技能，具有进行一般建筑结构构件（受弯、轴向受压构件）截面设计与承载力复核的能力；具有分析和处理实际施工过程中遇到的一般结构问题的能力；具有正确识读建筑结构施工图的能力。

思政元素

建筑结构课程蕴含的思政元素主要有：实事求是、辩证思维、崇尚科学、改革创新、爱岗敬业、诚实守信、团结协作、规范意识等。

（6）建筑工程测量课程

课程性质和任务

建筑工程测量课程是建筑工程技术专业学生必修的专业技术基础课。其主要任务是，通过理论教学和实验，使学生获得必要的建筑工程测量基础知识、基础理论和操作技能训练，培养学生分析解决施工中实际测量问题的能力和基本素质，为后续课程以及学生将来从事施工和施工技术管理等工作打好基础。

思政元素

建筑工程测量课程蕴含的思政元素主要有：爱国主义、遵纪守法、爱岗敬业、勤劳奉献、珍爱生命、团结协作、崇尚科学、科学严谨等。

（7）建筑AutoCAD课程

课程性质和任务

建筑AutoCAD课程是建筑工程技术专业的一门专业基础课程。其主要任务是，使学生在掌握软件基本命令和操作技能的基础上，通过大量的上机练习，使学生具有绘制各种建筑施工图的技能，且所绘制图样要符合相应的制图标准；使学生掌握绘制专业图的相关技巧，能实现快速绘图。

思政元素

建筑AutoCAD课程蕴含的思政元素主要有：实事求是、改革创新、辩证思维、崇尚科学、遵纪守法、爱岗敬业、诚实守信、团结协作等。

（8）平法施工图识读课程

课程性质和任务

平法施工图识读课程是建筑工程技术专业的一门主要技术基础课和技能训练课。

其任务是，通过学习使学生掌握平法施工图的制图规则，理解标准构造详图，具备识读平法施工图的能力。

思政元素

平法施工图识读课程蕴含的思政元素主要有：实事求是、遵纪守法、崇尚科学、科学严谨、规范意识等。

（9）土力学与地基基础课程

课程性质和任务

土力学与地基基础课程是建筑工程技术专业的专业基础课。其任务是，让学生掌握土力学中土的物理性质、地基的应力、变形、抗剪强度、地基承载力和土压力的基本概念、基本理论和计算方法，并能根据建筑物的要求和地基勘察资料选择一般地基基础方案，运用土力学的原理进行一般建筑的地基基础设计，为今后的工作打下坚实基础。

思政元素

土力学与地基基础课程蕴含的思政元素主要有：科学严谨、实事求是、辩证思维、崇尚科学等。

（10）建筑施工技术课程

课程性质和任务

建筑施工技术课程是建筑工程技术专业的一门核心专业课程。它的任务是研究建筑工程施工技术的一般规律和建筑工程中各主要工种工程的施工技术及工艺原理，以及建筑施工新技术、新工艺的发展；使学生掌握建筑施工的基本知识、基本理论和决策方法，了解各类工程工艺过程和基本方法，全面学习和掌握处理各类施工问题的方法和技巧，了解建筑施工发展概况，掌握工程质量的标准和施工安全的技术措施，具有组织一般建筑工程施工和解决简单施工问题的能力，能进行建筑工程的质量检验，能从事建筑施工现场的相关工作；强化对学生实际应用能力的培养，突出教学过程的应用性和实践性，提高学生分析问题和解决问题的实际能力；及时引入新知识、新技术、新工艺和新的管理模式，强化对学生岗位能力的培养。

思政元素

　　建筑施工技术课程蕴含的思政元素主要有：以人为本、实事求是、辩证思维、崇尚科学、爱岗敬业、遵纪守法、环保意识、质量意识、安全意识、规范意识等。

（11）建筑施工组织课程

课程性质和任务

　　建筑施工组织课程是建筑工程技术专业的一门专业课程，着重讲授理论知识在实践中的应用，培养学生的实践能力。其任务是，通过学习，使学生掌握建筑施工组织的基本知识、基本理论；能够进行建筑工程流水施工、网络计划技术、施工准备工作、单位工程施工组织设计和施工组织总设计的编制设计。

思政元素

　　建筑施工组织课程蕴含的思政元素主要有：以人为本、实事求是、崇尚科学、终身学习、珍爱生命、遵纪守法、爱岗敬业、办事公道、团结协作、科学严谨、环保意识、质量意识、安全意识、规范意识等。

（12）施工BIM运用课程

课程性质和任务

　　施工BIM运用课程是建筑工程技术专业的一门专业课程。其任务是，通过课堂讲授与上机实训，使学生能够熟练操作计算机BIM软件；具有按照建筑施工图、结构施工图、建筑模型进行施工的能力；具有根据建筑模型计算施工进度、判断模型碰撞的能力；具备使用通信等辅助工具的能力，具备能搜集整理资料的能力，具备能制定、实施工作计划的能力，具备能综合分析判断的能力。

思政元素

　　施工BIM运用课程蕴含的思政元素主要有：改革创新、辩证思维、终身学习、遵纪守法、团结协作、诚实守信、崇尚科学、安全意识、规范意识等。

（13）建筑工程施工安全管理课程

课程性质和任务

　　建筑工程施工安全管理课程是建筑工程技术专业的专业课程。其任务是，通过理论学习和相应的计算机辅助计算软件操作训练，使学生掌握建筑工程施工安全技术的理论、要求及其计算方法，具备编制施工安全计算书的能力。

思政元素

　　建筑工程施工安全管理课程蕴含的思政元素主要有：以人为本、实事求是、改革创新、珍爱生命、遵纪守法、爱岗敬业、团结协作、热情服务、崇尚科学、科学严谨、安全意识、质量意识、规范意识等。

（14）建筑工程质量事故分析与处理课程

课程性质和任务

　　建筑工程质量事故分析与处理课程是建筑工程技术专业的专业课。通过该课程的学习，培养学生处理工程质量事故的能力、处理事故的方法和预防事故的意识；理论付诸实践，具备预防、发现、处理工程质量事故的能力。

思政元素

　　建筑工程质量事故分析与处理蕴含的思政元素主要有：以人为本、实事求是、辩证思维、遵纪守法、爱岗敬业、诚实守信、办事公道、质量意识、安全意识、规范意识等。

（15）工程技术资料管理课程

课程性质和任务

工程技术资料管理课程是建筑工程技术专业的专业课，具有较强的理论性和实践性。通过学习，使学生掌握建筑工程资料的分类、组成，熟悉工程资料管理的基本流程和归档程序，掌握建筑工程资料的编制方法，熟悉工程竣工验收备案管理知识；能够用计算机和相关资料管理软件对建筑工程资料进行管理和使用。

思政元素

工程技术资料管理课程蕴含的课程思政元素主要有：以人为本、实事求是、改革创新、终身学习、勤劳奉献、遵纪守法、爱岗敬业、诚实守信、热情服务、办事公道、团结合作、崇尚科学等。

（16）工程建设法规课程

课程性质和任务

工程建设法规课程是建筑工程技术专业的专业课。通过该课程的学习，使学生掌握建设法律、法规基本知识，培养学生的工程建设法律意识，使学生具备运用所学建设法律、法规基本知识解决工程建设中相关法律问题的基本能力；便于学生树立起较强的法律意识，能自觉获取相应的法律知识，并具有一定的运用法律手段保护单位和个人合法权益的能力，以适应国家法制社会的建设及发展，增强自身的竞争力。

思政元素

工程建设法规课程蕴含的思政元素主要有：以人为本、实事求是、改革创新、终身学习、遵纪守法、爱岗敬业、诚实守信、办事公道、规范意识等。

通过上述的分析我们可以看出，建筑工程技术专业的理论课程，不仅培养了学生的专业知识和专业技能，而且可以通过其蕴含丰富的思想政治元素培养学生的思想政治素质，为实现专业教育与思想政治教育的有机融合打下坚实基础。综合来看，这些专业理论课程包含的思政元素主要包括如下几个方面：

第一，爱国主义。爱国主义体现了人民群众对自己祖国的深厚感情，反映了个人对祖国的依存关系，是人们对自己故土家园、种族和文化的归属感、认同感、尊严感与荣誉感的统一。中国悠久的建筑历史与丰富的建筑文化、中国高超建筑技术引领世界、打造出的一个个超级工程、中国建筑业走出国门与服务世界等，都为弘扬爱国主义提供了丰富的素材，成为在专业理论课程教学中进行爱国主义教育的重要载体。

第二，爱岗敬业。爱岗敬业是社会主义职业道德最基本的要求。具体表现为，一要热爱自己的岗位，热爱自己的工作，要尊重劳动、尊重创造；二要干一行爱一行，爱一行钻一行，要有钉钉子精神和伟大创新精神；三要精益求精，尽职尽责，要有伟大工匠精神；四要以辛勤劳动为荣，以好逸恶劳为耻，要有劳动光荣的思想；五要立足本职工作，多做贡献，要有伟大奉献精神；六要遵守国家法律法规、行业标准与规范，按程序办事；七要要胸怀祖国，团结协作，要有伟大团结奋斗精神。建筑的每个环节，都关系着建筑的品质与质量，更关乎国民的生命财产安全。因此，毕业后大多从事建筑施工技术与管理工作的建筑工程技术专业毕业学生，必须要有高度的敬业精神。这种精神在专业课教学过程中，更易于培育和强化。

第三，诚实守信。诚实守信是公民道德建设的重点。具体体现为：一要诚实劳动，要树立劳动创造价值的理念；二要合法经营，要树立法治意识与法治精神；三要信守承诺，要言行一致，表里如一；四要讲求信誉，要以诚实守信为荣、以见利忘义为耻。诚实守信是建筑施工、建筑企业经营管理、建筑招标投标及监理等环节必备的品质，可以在相关课程和环节教学过程中加强学生诚实守信品质塑造。

第四，科学严谨。众所周知，工程项目的建设是一个复杂的系统工程，不仅投资规模大、建设周期长，而且事关国家和人民群众的生命财产安全，来不得半点马虎。从建筑设计，到组织施工，再到竣工验收的各个环节，都必须本着科学严谨的态度，严格按照标准、规范来实施落实。否则，任何一个小的疏忽、失误，都可能带来意想不到的甚至是灾难性的后果，正所谓"失之毫厘，谬以千里"。比如，在施工图编制过程中，如果出现图形走样、比例失衡、数字标注错误等情况，必然会对建筑物的安全带来巨大隐患；在施工过程中，如果不严格按照规章和标准实施，出现各类材料不达标、建筑工艺不到位等现象，都会对建筑物的安全和寿命产生重大影响；在竣工验收阶段，浮于表面、流于形式走过场，都将贻害无穷，将人民生命财产安全置于危险的境地。安全至上、质量第一，这是建筑施工企业的核心追求，也是建筑行业相关领域、环节的普遍要求。正因为如此，科学严谨的态度，成为建筑工程技术专业努力培养的职业素养和价值追求，也成为专业课程思政元素挖掘的重要对象。

3.5.2.3　专业实践课程

高等职业教育的一大特点，不仅在于对知识理论的传承，更重于专业技能的培育，即我们通常所说的理论加实践的"双轮驱动"。因此，在课程体系的构建中，配置了50%左右的实践课程（包括专业的和非专业的）。按照人才培养方案的设计，建筑工程技术专业设置了房屋测绘实习、民用与工业建筑构造设计、建筑工程工种实训、钢筋混凝土肋形楼盖设计实训、建筑工程全站仪测量实训、钢结构厂房施工方案设计、工程计量与计价实训、浅基础设计、砌体结构工程综合实训、钢筋混凝土结构施工综合训练、民用建筑照明施工图绘制实训、民用建筑给排水施工图绘制实训、高层建筑施工脚手架施工方案设计实训、高大模板专项方案设计实训、施工BIM实训、装配式施工方案设计实训、毕业设计、顶岗实习等实习实训环节。这些与理论课程基本相对应的实践环节，不仅深化了对相关理论的认知，而且是提高学生操作技能的最好措施，是训练学生职业习惯的最好方法，是磨练学生意志、培养爱岗敬业精神的最有效途径。❶

（1）专业实践课程育人的路径

①实践指导教师言传身教

众所周知，高职教育中实践能力的培养是其重要任务之一，事关人才培养的质量、学生就业前景和职业发展成就。因此，在学校教育过程中，实践教育发挥着不可替代的作用。它不仅辅助理论教师传授理论知识，教授技术技能，而且通过指导教师个人的综合素质与能力，言传身教，对学生思想政治、道德素养等综合素质与能力的提升发挥着示范和引领的积极作用。

根据实践指导教师所从事的工作和承担的职能，实践课教师扮演着管理者、信息咨询者、观察分析者、心理问题调整者、实践技能教授者、实训室建设和维护者、

---

❶ 刘强，于蕊. 高职院校在生产实训中开展职业素质思想政治教育的探索［J］. 科技信息，2012，（34）.

信息反馈和结果评价者等重要角色❶，是完成教学任务、提高学生业务水平和技术技能，实现学生成长成才、全面发展的关键。如实践指导教师能否让实训场地保持整洁规范，对学生的敬业、规范、质量等意识的养成至关重要；指导教师在实践过程中能否和蔼地对待每个学生，不厚此薄彼，对学生服务意识、平等观念、诚信品质等养成影响甚大；指导教师能否严格执行操作规程，能否客观公正地评定实践成果，会对学生的公平公正理念、法治精神、规范意识等养成产生重大影响。总之，学生就像一张白纸，实践指导教师通过自身丰富的学习经验、人生体悟、事业感受等，对学生爱岗敬业、诚实守信、办事公道、服务群众、奉献社会等职业道德和职业精神培育影响深远。正是基于此，职业院校对专业实践课老师的要求更高，可谓"德技双馨"。

②实践组织形式浸润养成

实训指导教师除了具备扎实的理论知识、熟练的操作技能外，还必须创新教学组织形式，从而稳步提升育人质量。从教学组织形式看，团体式教学、分组式教学和一对一个体教学等是几种主要的形式，对学生知识技能培养、素质能力提升影响较大。特别是分组式教学，在培养学生能力素质方面，具有独到的作用。

为有效地完成教学任务，实现实践教学技能技能培养的目标，实践指导教师应当采取民主加集中的分组方式，组建由优秀、中等、较弱学生共同组成的团队。此举不仅有助于通过"传帮带"实现学生共同进步，而且有利于树立学生公平、平等的意识。在实施过程中，各团队为了更好地实现目标任务，取得最佳成绩，必然周密谋划、精心组织、严格实施、通力合作，形成一种你追我赶的局面，从而培养起学生的竞争意识、团结协作精神和创新思维。最后在评价的过程中，除了指导教师的客观公正评价外，还可以辅之以个人自我评价、小组之间相互评价等形式。通过此种形式，好的方面得到肯定，增强了学生自豪感；不足的方面提出来，明确了改进的方向。最为关键的是，个人、团队在自评及他评的过程中，必须以基本事实为依据，作出客观、中肯的评价，让双方都能够接受，这无形中培育了学生公开、公平、公正的意识，实事求是的态度，互谅互让的品行等。

③实践场地环境文化熏陶

高等职业教育以就业为导向、以学生技术技能培养为核心，因此，高度重视实践

---

❶ 陈谷平. 高职院校实习指导教师角色定位与职能分析［J］. 科技信息，2007，(19)：205.

环节在课程体系中的地位和作用。除在校内建设形式多样、功能齐备的实训场地外，还以跟岗、顶岗等形式到企业实习。无论是校内的实训场地，还是企业的工作场地，除了追求设施设备的先进外，也高度重视软环境的建设，构建集专业历史文化、实践规章标准、行业精英于一体的文化体系。

学生在实习实训的过程中，都会有意无意地关注到这些信息，从而在内心深处强化专业自豪感、认同感，培养规则、法纪、竞争等意识，树立爱岗敬业、改革创新、团结协作等基本的专业精神品质。

（2）专业实践课程思政元素举要

①建筑工程工种实训

建筑工程工种实训是建筑工程技术专业培养工种操作技能的专业课程，主要包括砌筑工、架子工、钢筋工、模板工、抹灰工操作技能训练。本课程的任务是：熟悉各类操作的工艺流程，熟悉操作要点，掌握施工质量标准及其检验方法。

蕴含于工种实训中的思政元素：一是深化学生理解理论与实践的辩证关系，培养团结协作的职业观；二是通过具体的操作实践，要引导学生树立遵纪守法的观念，形成规范意识，为建筑行业良性发展奠定坚实基础；三是增强学生协作互助的团队配合能力，形成团结协作的优良道德品质；四是培养学生好学上进、勤于思考的学习品质，认真严谨、踏实努力的工作作风，爱岗敬业、求新务实的职业风范和"百年大计，质量第一"的质量意识、责任意识等。

②施工综合实训

施工综合实训是教学计划中规定的重要教学环节，是培养学生专业能力的重要途径，包括砌体结构工程施工综合训练和钢筋混凝土结构施工综合训练。通过实训，了解施工组织管理过程及方法，懂得施工组织及管理程序，掌握施工程序、技术控制方法和手段；熟悉和掌握主要工种的施工工艺及工序之间的关系；掌握质量检查的内容、方法和程序及填写施工资料；掌握砌体施工准备、砌筑方法和验收的内容，提高学生职业技能，提升学生的职业综合素养。

施工综合实训中蕴含的主要思政元素：一是学用结合，在实训中深化所学的相关理论和专业知识，提高独立分析问题、解决问题的能力，做到操作技能和心理技能并重，进行验证、巩固；二是培养吃苦耐劳、主动学习、全面学习的观念，培养工作中的协调配合能力，提高学生的综合素质；三是通过收集查阅资料，培养学生独立分析和解决问题的能力；计算成果转化成实际的结构施工图，提高学生的综合职业素质；四是通过自我动手操作和计算，引导学生遵纪守法、遵守职业道德；通过要求较高的数据准确率，学生要反复验证，培养学生科学严谨的态度。

（3）专业实践课程核心思政元素

①实事求是

马克思主义认为，在理论和实践的关系上，实践是理论的基础，是理论的出发点和归宿点，理论必须与实践紧密结合，理论必须接受实践的检验，为实践服务，随着实践的发展而发展。由此可见，实践是认识的来源，是认识发展的根本动力，是检验认识正确与否的唯一标准，同时，认识对实践有巨大的反作用。正确的科学的认识促进实践的发展，错误的认识阻碍实践的发展。认识要随着实践的发展而不断进步。这就要求我们想问题、办事情，一定要坚持实践第一的原则，坚持在实践中深化认识，发展认识，要坚持从实践中来与到实践中去，深入了解群众，一切要从我国的社会经济发展的实际出发，正确处理社会主义建设中的各种社会矛盾。

通过实践课程中的实验、实训、实习等环节的实施，一方面可以深化学生对理论对实践的指导作用和能动作用的认识，因为他们的实践都是在所学理论的指导下进行，没有理论的指导，也就没有实践；另一方面实践是检验理论是否正确的唯一标准，在实践的过程中，学生会发现教师在教学过程中的失误、错误，或者教材上观点理论有失偏颇、值得怀疑的地方，从而为正确理论的发展完善创造条件。

②勤劳奉献

马克思主义认为，劳动创造价值，劳动创造财富。某种程度上讲，正是劳动推动了人类社会的进步发展。勤劳是中华民族的传统美德，"业广惟勤""天道酬勤"大家耳熟能详。以马克思主义为指导的中国共产党，在长期的革命建设改革的实践中，历来也重视劳动。2018年9月全国教育大会强调，要坚持中国特色社会主义教育发展道路，培养德智体美劳全面发展的社会主义建设者和接班人；明确将劳动教育确定为全面发展教育的组成部分，提出要在学生中弘扬劳动精神，教育引导学生崇尚劳动、尊重劳动、热爱劳动，教育学生懂得劳动最光荣、劳动最崇高、劳动最伟大、劳动最美丽的道理，促使他们长大后能够辛勤劳动、诚实劳动、创造性劳动。

高职教育是培养面向生产、建设、管理、服务一线的"下得去、用得上、留得住"的高素质技术技能人才。从理论上说，社会上的各行各业都是劳动分工的产物，各行各业的劳动者都是社会财富的创造者，所以无论从事何种职业，只要是正当的、合乎道德和法律的，都是光荣的，不应该有高低贵贱之分。但在现实社会中，人们的职业"身份情结"仍然根深蒂固。因此，必须把树立职业平等和劳动平等的理念作为高职劳动教育的重要内容，而实践课程的开设，实验实训实习的开展，无疑是最有效的途径与形式。

通过实践课程的实施，学生可以懂得只有劳动才能创造产品、财富、价值，没有劳动就没有收获，也不会有收获的喜悦；只有合理、合规、合法的劳动，才能创造更有效的产品、更大的价值；只有辛勤劳动，持之以恒，也才会有最后的成功，否则，三天打鱼两天晒网，最后将一无所获；劳动有体力劳动、脑力劳动的区分，能够创造不同的价值；劳动仍然是人们谋生的重要手段等等。通过亲身的参与，学生应该能够懂得这些道理，如果实践指导教师在指导的过程中能够进一步点拨，将会起到事半功倍的效果。

总的来看，高校劳动教育在依托专业教育强化劳动知识与技能培养的同时，还需要强化大学生劳动价值观、劳动情感态度、劳动伦理责任、劳动权益意识等各方面劳动素养的培养。

③团结协作

古往今来，众多的案例和事实都充分地证明了团结协作的重要性，如刘邦打败了曾经不可一世的项羽，全国劳动人民众志成城战胜"非典"，党领导全国各族人民万众一心应对新冠肺炎疫情取得决定性胜利等。可见，团结协作是一切事业成功的基础，是立于不败之地的重要保证。

团结协作不只是一种解决问题的方法，更是一种道德品质。它体现了人们的集体智慧，是现代社会生活中不可缺少的一环。不怕虎生两翼，就怕人起二心。如果在一个组织涣散、人心浮动、人人自行其是，甚至搞"窝里斗"的团队里，是没有生机与活力可言的，又何谈干事创业。在一个缺乏凝聚力的环境里，个人再有雄心壮志，再有聪明才智，也不可能得到充分发挥。只有懂得团结协作的人，才能明白团结协作对自己、对别人、对整个团队的意义，才会把团结协作当成自己的一份责任。

在建筑施工实训的各个环节中，都需要全体团队成员的通力合作。即使是砌筑实训这样简单的实训环节，也需要有人搬砖头，有人搅拌砂浆，有人摆砖砌筑。只有大家团结合作，简单的环节才能有效实施，更何况像施工综合训练这样复杂的环节和流程。作为指导实践课程的教师，不仅客观上要组织学生实现教学的目标，更要从更高的思想层面让学生懂得团结协作的重要性，形成思想认同，行为自觉，并以此指导今后的工作。

④爱岗敬业

爱岗就是热爱自己的工作岗位，热爱本职工作；敬业是从业者基于对职业的敬畏和热爱而产生的一种全身心投入的认认真真、尽职尽责的职业精神状态。爱岗敬业指的是忠于职守的事业精神，它是职业道德的基础，是"工匠精神"的具体体现。"工匠精神"的基本内涵包括敬业、专注、创新等方面的内容。

如果说理论教学过程中对学生进行爱岗敬业精神的培育尚有些空洞、口号、纸上谈兵的嫌疑，而各种实验、实训、实习则是对这种精神的深刻检验，解决了为什么的问题。因为如果你不敬业，你的实践环节就不能在规定时间内完成；如果你不专注、不认真，你的实践成果就会不达标或不合格，甚至半途而废；如果你不创新、没有突破，就很难获得有特色、亮点的成果与优异的成绩。特别是作为建筑工程技术专业的学生，其产品与人民的生产、生活息息相关，不得半点马虎，一个小小的失误都可能会给国家和人民的生命财产带来不可估量的损失，甚至是灾难性的后果。现实生活中"楼歪歪""楼脆脆"虽是个案，但应该给人以极大的警醒。

可见，通过课程教学中实践环节的实施，不仅有助于学生对工匠精神科学内涵的理解，更加有助于将此种精神内化于心，外化于行，成为一种自觉。

⑤规范意识

"没有规矩，不成方圆"，这是从古到今人人皆知的经验之谈，也是一个人生存在这个社会里首先要遵守的。规则是指规定出来供大家共同遵守的制度或章程。规则可以是由书面形式规定的成文条例，也可以是约定俗成、长期流传的不成文规定。而更多的时候，规则是因为得到每个社会公民承认和遵守而存在的。行为规则要有助于一种秩序的型构，必须满足下述两个条件：第一，个人遵守这些规则；第二，个人运用这些规则去实现他们自己的目的，而这些个人的目的在很大程度上则是那些确立这些规则或有权修正这些规则的人所不知道的。

国家为了规范作为国民经济支柱产业的建筑业行业行为，保证工程质量安全，颁布实施了一系列的法律法规和标准规范。法律如：《中华人民共和国民法典》《中华人民共和国建筑法》《中华人民共和国招标投标法》《中华人民共和国土地管理法》《中华人民共和国城市规划法》《中华人民共和国城市房地产管理法》《中华人民共和国环境保护法》《中华人民共和国环境影响评价法》。行政法规如：《建设工程质量管理条例》《建设工程安全生产管理条例》《建设工程勘察设计管理条例》《中华人民共和国土地管理法实施条例》。部门规章如：《工程监理企业资质管理规定》《注册监理工程师管理规定》《建设工程监理范围和规模标准规定》《建筑工程设计招标投标管理办法》《房屋建筑和市政基础设施工程施工招标投标管理办法》《评标委员会和评标方法暂行规定》《建筑工程施工发包与承包计价管理办法》《建筑工程施工许可管理办法》《实施工程建设强制性标准监督规定》《房屋建筑工程质量保修办法》《房屋建筑工程和市政基础设施工程竣工验收备案管理暂行办法》《建设工程施工现场管理规定》《建筑安全生产监督管理规定》《工程建设重大事故报告和调查程序规定》《城市建设档案管理规定》。标准规范如《建筑工程施工质量验收统一标准》GB 50300、《砌体结构工程施工质量验收规范》GB 50203、《建筑施工安全检查标准》JGJ 59等。从某种程度上讲，建筑工程实施的过程，就是遵守相关法律法规、标准规范的行为过程。在建筑活动的每个环节，都有具体的规范和要求，如果行为人自觉遵守，则产品质量有保证，属于合格产品，否则属于违法违规行为，会受到限制与约束。通过具体的操作实践，要引导学生树立遵纪守法的观念，形成规范意识，为建筑行业良性发展奠定坚实基础。

⑥学用结合

学习的根本目的在于应用，在实践中可以检验理论和提升理论水平。作为土建类专业的学生，要深刻领会学用相长的道理，并付诸实践，做到学以立德、学以增智、学以创业、知行合一。在校学习期间，要注重提升思想政治素养，认真学习专业知识，为专业实践奠定坚实基础；同时，认真参加每一次实验、实训、实习，自觉将所学专业理论知识应用于其中，去检验、巩固和升华理论知识，锻炼分析和解决实际问题的能力。毕业后，要将在学校学到的知识和技能自觉应用于工程实践，在实践中检验和提升在校所学知识，分析和解决实际工程问题；同时，树立终身学习理念，不断学习科学文化知识和行业新技术、新工艺、新材料、新设备，永远走在时代前列。

3.5.3　建筑工程技术专业课程思政元素举要

为推动专业课教师科学开展课程教学设计与教学实施，最大限度实现课程思政育人效果，现将建筑工程技术专业主要课程思政元素梳理汇总，见表3-2，供有关教师参考。

建筑工程技术专业主要课程思政元素汇总　　　　　　　　　　　表3-2

思政元素类别	思政元素	基本内涵	教育价值
基本思政元素	以人为本	以人为本就是要把人民的利益作为一切工作的出发点和落脚点，把人民群众作为推动历史前进的主体，不断满足人的多方面需要和实现人的全面发展。以人为本集中体现了中国共产党全心全意为人民服务的根本宗旨	引导学生在学习、生活、工作的过程中要始终坚持全心全意为人民服务的宗旨，始终把人民的根本利益放在第一位；尊重人民主体地位和首创精神，树立尊重劳动、尊重知识、尊重人才、尊重创造的理念；坚持发展成果由人民共享，着力实现人的全面发展
	实事求是	"实事"就是客观存在的一切事物，"是"就是客观事物的内在联系，即规律性，"求"就是我们去研究。实事求是是马克思主义的根本观点，是人们正确认识世界、改造世界的根本要求，是我们党的基本思想方法、工作方法、领导方法	引导学生在实际工作中，坚持一切从实际出发，理论联系实际，实事求是，在实践中检验真理和发展真理，提升在实践中认识世界和改造世界的能力；坚持解放思想、实事求是、与时俱进、求真务实，不断进行理论创新和实践创新
	辩证思维	辩证思维是反映和符合客观事物辩证发展过程及其规律性的思维，是对客观辩证法和认识过程辩证法的一定程度的认识和运用。辩证思维的特点是从对象的内在矛盾的运动变化中，从其各个方面的相互联系中进行考察，以便从整体上、本质上完整地认识对象	引导学生把握认识的发展规律，以联系的、发展的、辩证的观点来认识事物；学会运用归纳与演绎、分析与综合、从抽象上升到具体、历史与逻辑相统一等科学方法来分析问题与解决问题
	政治意识	政治意识要求从政治上看待、分析和处理问题，表现为坚定政治信仰，坚持正确的政治方向，坚持政治原则，站稳政治立场，保持政治清醒和政治定力，增强政治敏锐性和政治鉴别力	引导学生坚定政治信仰，坚持正确的政治方向，坚持政治原则，站稳政治立场，保持政治清醒和政治定力，增强政治敏锐性和政治鉴别力；引导学生增强"四个意识"，树立"四个自信"，做到"两个维护"；引导学生在思想上、政治上、行动上同党中央保持高度一致，贯彻执行党的基本理论、基本路线、基本方略
基本思政元素	爱国主义	爱国主义是指个人或集体对祖国的一种积极和支持的态度，揭示了个人对祖国的依存关系，是人们对自己家园以及民族和文化的归属感、认同感、尊严感与荣誉感的统一。它贯穿民族精神的各个方面（团结统一、爱好和平、勤劳勇敢、自强不息），是中华民族精神的核心，是各族人民风雨同舟、自强不息的精神支柱	引导学生增强国家意识（国家观念、国情意识、国家安全和国家自强），增进文化认同（民族语言、民族历史、革命传统和人文传统），健全公民人格（社会责任、诚信守法、平等合作、勤奋自强）
	改革创新	改革创新是时代精神的核心，表现为突破陈规、大胆探索、勇于创造的思想观念，表现为不甘落后、奋勇争先、追求进步的责任感和使命感，表现为坚忍不拔、自强不息、锐意进取的精神状态	引导学生在全面深化改革开放、深入推进社会主义现代化建设进程中，树立解放思想、实事求是、与时俱进、求真务实的理念，"幸福源自奋斗""成功在于奉献""平凡孕育伟大"的理念，弘扬改革开放精神、劳动精神、劳模精神、工匠精神、优秀企业家精神、科学家精神，保持昂扬向上、奋发有为的精神状态

续表

思政元素类别	思政元素	基本内涵	教育价值
	理想信念	理想是人们在实践中形成的对未来社会和自身发展的向往追求，信念是人们在一定认识基础上确立的对某种思想或事物坚定不移并身体力行的精神状态。坚定的理想信念是一个人、一个政党、一个民族、一个国家的精神支柱和精神动力	引导学生树立职业的远大理想抱负，争做有责任、有担当、有情怀的行业标兵、时代楷模；要树立爱党、爱国、爱社会主义、爱人民、爱集体的信念，增强道路自信、理论自信、制度自信与文化自信，坚定民族伟大复兴的信心，树立为民族复兴、行业振兴而奋斗的远大志向并为之奋斗
	勤劳奉献	勤劳是中华民族千百年来的行为倡导和传统美德，奉献是人民创造生活和文明的基本力量和重要内核。新时代，勤劳奉献是我们接续奋斗的重要品格和精神力量，是评价个人人生价值的基本尺度和重要标准	引导学生树立崇尚劳动、尊重劳动、热爱劳动的理念；树立终身学习的理念以不断提高自身素质；发挥艰苦奋斗的精神，积极进取、敢于拼搏、吃苦耐劳、勤勉敬业、无私奉献，在推进社会主义现代化、实现民族伟大复兴的实践中创造人生价值
	终身学习	终身学习是指社会每个成员为适应社会发展和实现个体发展的需要，贯穿于人的一生的、持续的学习过程。即我们所常说的"活到老学到老"或者"学无止境"	引导学生树立终身教育思想，养成主动的、不断探索的、自我更新的、学以致用的和优化知识的良好习惯
	珍爱生命	正确的生命价值观不仅对一个人的生命质量及其发展有重要影响，也在一定程度上对社会发展产生重大影响	引导学生认识生命、尊重生命、珍爱生命、欣赏生命，正确对待幸福、困苦、生死等现象；树立生命至上、安全第一、操作规范等理念
	遵纪守法	遵纪守法指的是每个公民都要遵守纪律和法律，尤其要遵守职业纪律和与职业活动相关的法律法规。遵纪守法是每个公民应尽的义务，是建设中国特色社会主义和谐社会、法治社会的基石	引导学生树立法治意识、法治观念、法治思维，在现实生活中努力做到敬法、学法、守法、用法，做一个合格的好公民，为法治国家建设做出积极贡献
职业思政元素	爱岗敬业	爱岗敬业反映的是从业人员对待自己职业的一种态度，也是一种内在的道德需要。它体现的是从业者热爱自己的工作岗位、对工作认真负责、敬重自己所从事职业的道德操守，是从业者对工作勤奋努力、恪尽职守的行为表现	引导学生干一行爱一行，不怕苦不怕累，尽职尽责；爱一行钻一行，精益求精，开拓创新，积极培育和弘扬新时代"工匠精神"
	诚实守信	诚实守信既是中华民族的传统美德，也是我国公民道德建设的重点，还是社会主义核心价值观的一条重要准则。诚实就是真实无欺，既不自欺，也不欺人；守信就是重诺言，讲信誉，守信用。诚实和守信是统一的	引导学生在工程建设的各领域、各环节，要诚实劳动、合法经营、信守承诺、讲求信誉；努力健全高尚人格，维护正常经济社会秩序，维护国家良好国际形象
	办事公道	以公正、真理、正直为中心思想办事。对当事双方公平合理、不偏不倚，不论对谁都是按照一个标准办事	引导学生在工程建设的全过程中要做到公平、公正，不损公肥私，不以权谋私，不假公济私
	热情服务	为人民服务是社会主义道德的核心，各行各业的从业人员都要以服务群众为目标。在社会主义社会，每个人无论从事什么工作、能力如何，都应该在本职岗位上通过不同形式为群众服务	引导学生在建设全过程中自觉践行为人民服务的宗旨要求，视顾客为上帝，做到热心、耐心、暖心，努力构建人人都是服务者、人人又都是服务对象的良好秩序与和谐状态

续表

思政元素类别	思政元素	基本内涵	教育价值
职业思政元素	奉献社会	奉献社会就是要求从业人员在自己的工作岗位上兢兢业业地为社会和他人作贡献。这是社会主义职业道德中最高层次的要求，体现了社会主义职业道德的最高目标指向	引导学生在工程建设全过程中努力做到一切以人民利益为重，坚持全心全意为人民服务的根本宗旨，大公无私，克己奉公，鄙弃一切个人主义、利己主义、拜金主义和争名逐利的不良意识
	团结协作	团结协作是指在人与人之间的关系中，为了实现共同的利益和目标，互相帮助、互相支持、共同发展。它不只是一种解决问题的方法，而更是一种道德品质，是一切事业成功的基础和重要保证	引导学生在日常生活、学习和职业工作中，要互相支持、互相配合，顾全大局，明确工作任务和共同目标；在工作中平等尊重，虚心诚恳，互相学习，积极主动协同他人搞好各项事务
	严谨务实	严谨指科学规范、认真负责、一丝不苟、严格要求的科学态度和职业道德。务实指一切要从实际出发，坚持求真务实、踏实扎实的工作作风，也指一个人必须具备诚实、朴实的良好品质	引导学生在建筑工程全过程、各环节中，要科学严谨、一丝不苟、严格要求；要脚踏实地、求真务实、勤勤恳恳、兢兢业业；要具备"钉钉子"的精神，持之以恒，久久为功
	崇尚科学	崇尚科学就是一切要按照客观世界的本来面目揭示客观规律，用科学的思想观察问题，用科学的方法处理问题，用科学的知识解决问题	引导学生树立实践是检验科学认识真理性的标准和认识发展的动力的观点，提倡怀疑、批判、不断创新进取的精神；要树立科学态度，掌握科学知识，运用科学思维，不断提高实际工作中分析问题、解决问题的能力
	环保意识	环保意识是人们对环境和环境保护的一个认识水平和认识程度，又是人们为保护环境而不断调整自身经济活动和社会行为，协调人与环境、人与自然互相关系的实践活动的自觉性	引导学生在工程建设全过程中要树立尊重自然、顺应自然、保护自然的理念，遵循绿色发展、低碳发展、循环发展的思路，落实节约资源、保护环境的基本国策，努力构建资源节约型、环境友好型社会
	质量意识	质量意识是一个企业从领导层到每一个员工对质量和质量工作的认识和理解。一是产品的质量合格与否，二是生产产品的过程是不是合理，是不是与企业设定的管理基准一致	引导学生在工程建设中要精心组织，严格把关，顾全大局，不为自身和小团体的利益而降低对工程质量的要求；严格执行建筑领域法律法规、行业标准，树立法纪意识、规则意识、标准意识
	安全意识	安全意识就是人们头脑中建立起来的生产必须安全的观念。人们在生产活动中，对各种各样可能对自己或他人造成伤害的外在环境条件的一种戒备和警觉的心理状态	引导学生在工程建设中要加强劳动保护措施，对国家财产和施工人员的生命安全高度负责，不违章指挥，及时发现并坚决制止违章作业，检查和消除各类事故隐患
	规范意识	规范意识是自觉自发的、以规则制度为行动准绳的意识。没有规矩不成方圆。只有遵循标准、规范、规程和管理规定与合同，才能保证工程质量和安全	引导学生在工程建设全过程中，严格遵循有关标准、规范、规程、管理规定和合同，确保建设有序推进与建筑质量安全，努力建设优质工程，并推动规范标准适应变化的需要而不断完善
	学用结合	学用结合就是要把所学理论知识应用于专业实践，把专业知识与生产实践相结合，在实践中检验理论，在实践中提升理论水平	引导学生明白学用相长的道理，在专业学习或工程建设中自觉把专业知识和理论应用于实践、指导实践，在理论与实践相结合过程中，提升发现问题、分析问题、解决问题的能力。同时，树立终身学习理念，不断学习，不断实践，不断进步

4

高职土建类
专业的课程思政
的体系构建

2020年5月28日，教育部印发了《高等学校课程思政建设指导纲要》，要求落实《关于深化新时代学校思想政治理论课改革创新的若干意见》，构建"高职土建类专业的课程思政体系"就是这一通知精神落实的保障措施之一。构建"高职土建类专业的课程思政体系"是为了形成高职土建类专业学生的文化自觉自信，将符合中国特色社会主义核心价值的思想观念、政治立场和观点、道德情操、心理素质等内化于心，外化于行。院校党委要切实保证学校正确办学方向，掌握高职院校思想政治工作主导权，对课程思政进行总体部署，坚持立德树人根本任务，明确高职培养目标，在公共基础课程、专业理论课程和专业实践课程中融入思想政治教育内容，切切实实做到全员、全方位、全过程育人。构建"高职土建类专业的课程思政体系"，在于明确高职土建类专业总体培养目标，落实思想政治教育目标，丰富和完善教学内容，运用客观科学的评价，选择适当的方法，提供强大的保障，为我国住房和城乡建设事业培养合格的后备军保驾护航。

4.1 高职土建类专业的课程思政体系的内涵与组成

4.1.1 高职土建类专业的课程思政体系的内涵

关于什么是课程，不同的学者有不同的看法。美国教育学家杜威以实用主义观点认为"课程即学习经验"；鲍尔斯和金蒂斯则认为课程是文化再生产；巴西的弗莱雷认为课程即社会改造的过程等。在英语国家中最早使用"课程"一词的教育学家斯宾塞，是从学科的角度来对知识进行分类的。[1]而在我国教育学中，把课程的定义表述为：课程就是课堂教学、课外学习以及自学活动的内容纲要和目标体系，是教学和学

---

❶ 扈中平. 教育学原理［M］. 北京：人民教育出版社，2008：253-254.

生各种学习活动的总体规划及其过程。❶因此，从广义上说，高职土建类专业的课程思政所指的课程，应该囊括高职土建类专业培养方案和教学实施计划中所有的课程和学生各种自学活动的所有内容。这里所指的课程是狭义的课程，则是我们的教学科目，因为高职土建类专业所开设的各门课程都是从相应科学或者与之相关的实践经验中精心选择的，是按照学生的认知水平、行业特征与实践需要来加以编排的。高职土建类专业教育的课程可以分为公共基础课程、专业理论课程和专业实践课程三个大类。传统思想政治教育课程的学时仅占公共基础课程的1/6左右，而所有公共基础课程的学时数还不到总学时的1/6。如果从教学实施计划中的总课时量来计算，思政课程所占的比例就更低。按照这种编排，各个科目是各司其职，互不交叉，各自按照课程内容编排完成各自的教学任务就行了。高等职业教育的根本任务是立德树人，要完成这一根本任务，教师必须明确培养什么人、怎样培养人、为谁培养人这一教育的根本问题，就要求教师既要教书，更要育人。那么按照传统的课程编排，就从量上来说，也不符合根本任务的要求，有舍本逐末之嫌，因此实施课程思政势在必行。

"思政"就是指思想政治教育，就是教育者通过有组织、有目的地传授给受教育者一定的知识和方法，从而帮助受教育者树立科学的世界观、人生观、价值观和方法论，确立正确的对国家、民族、阶级、社会制度等重大政治问题的立场和态度，形成正常社会普遍认同的道德观念、道德判断、道德情感和道德行为，形成良好的个性、健全的人格、健康的情感、乐观的心态、坚强的意志，以立德树人为根本目标的教育。课程思政就是教师通过有组织、有目的地深入挖掘各类课程中蕴含的思想政治教育资源，注重思想价值引领，达成立德树人目标的一种教育理念和课程建设模式。这种教育理念和课程建设模式诞生于"大思政"教育背景之下。

体系是指若干有关事物或某些意识相互联系的系统而构成的一个有特定功能的有机整体，泛指一定范围内或同类的事物按照一定的秩序和内部联系组合而成的整体，是不同子系统组成的系统。因此，课程思政体系就是由相互联系的几个子系统，在全员育人、全方位育人和全过程育人理念支撑下，为保证在各门课程教学过程中进行适当的思想政治教育，围绕完成立德树人根本任务，为达到思想政治教育目的而构建的人才培养系统。这个系统包含了目标体系、内容体系、评价体系、方法体系和保障体

---

❶ 李秉德. 教学论 [M]. 北京：人民教育出版社，2001：149.

系等子系统。高职土建类专业的课程思政体系就是高职土建类专业在全员育人、全方位育人和全过程育人理念支撑下，为保证在各门课程教学过程中进行适当的思想政治教育，围绕完成立德树人根本任务，为达到思想政治教育目的，培养住房和城乡建设事业一线技术与管理人员而构建的人才培养系统。

4.1.2　高职土建类专业的课程思政体系的构成及其相互关系

高职土建类专业的课程思政体系建设对高职院校坚持社会主义办学方向，完成立德树人根本任务，确保全员、全方位、全过程育人工作具有重要意义，是达到高职土建类专业培养目标，实现高职土建类专业教育功能的必要保证。高职土建类专业的课程思政体系构建要聚焦高职院校育人的价值本源，体现合目的性、合规律性、合必然性的要求。高职土建类专业的课程思政，必须以目标体系为引领，以内容体系为载体，以评价体系为舵手，以方法体系为媒介，以保障体系为条件，才能构建一个比较完善的教育和培养系统。

（1）目标体系。培养目标是教育的根本问题。人的任何实践活动都有其预期的目的，人的所有活动都必须以目标为引领。高职土建类专业的课程思政作为教育实践活动的一个方面，应该根据国家教育目的的要求，确定自己具体的培养目标。也只有这一个个具体目标的实现，才能保证教育目的的实现。因此，实施高职土建类专业的课程思政，必然要构建与高职教育定位相匹配、与高职土建类专业学生身心发展阶段相适应的目标体系。

课程思政目标体系是解决培养什么人、怎样培养人、为谁培养人这一教育的根本问题的钥匙，它规定课程思政教育活动的方向，引领课程思政的发展。目标体系是整个系统存在的价值，是系统的功能实现，是整个系统构建的逻辑起点。没有目标的系统对于人来说就没有存在的意义。内容体系、评价体系、方法体系和保障体系都是为了目标体系服务的。

课程思政目标集中体现着思想政治教育本质，是全部思想政治教育活动所蕴含的价值取向和实践预期，是高职土建类专业的课程思政的出发点和最终归宿，反映出社会对高职土建类专业人才培养方向与质量标准的愿望和要求。因此，课程思政也必须有明确的教育目的，有自己的培养目标体系。

（2）内容体系。内容体系是以往形成的思想、政治、道德、心理知识的载体，其中蕴含着教育者想要传授给受教育者的东西。内容体系是实现目标的必要条件，是课程思政方法实施的抓手。没有内容体系，教育者所想要传授的立场、观点、知识等就没有附着点，无处用力，整个系统就无法实现自己的功能和目标，评价体系、方法体系和保障体系也无处着力，系统就不能运行。评价体系、方法体系和保障体系都必须植生于内容体系之中，或者附着在内容体系之上。

高职土建类专业的课程思政内容体系包括但是不等于课本，也不等于纸质教材，除了专业知识外，还主要由大政方针、法律法规、道德修养、心理知识、现场案例等构成。这些内容部分可以适当增加进课本，或者由高职院校组织编写校本教材，也可以由任课教师在备课时根据所授课程的思政目标，选取与教授的专业知识相关的内容。

（3）评价体系。评价体系的功能之一是导向作用，是为了保证整个系统正常运行并高效朝着目标体系前进。评价体系用标准和指标衡量课程思政运行是否偏离航线，即中短期目标是否适应学生发展需要、是否为长期目标服务，方法是否得当，保障是否到位等，以促使课时目标、内容、方法、保障体系进行调整与修订。

评价体系是"三全"育人激励机制制定的重要依据。

评价体系的构建以目标体系为引领，以内容体系、方法体系、保障体系为对象，评价结果又反作用于目标体系、内容体系、方法体系和保障体系，为修正目标体系、进一步改善和充实内容体系、调整方法体系、完善保障体系提供参照依据。评价体系是课程思政有效性的检测，同时为整个系统改进提供依据。

没有评价体系，系统运行就可能偏离方向，运行效率无法做出评估，运行质量也得不到保证。

（4）方法体系。方法体系是课程思政实施的手段，是内容体系作用于学生的桥梁，是把课程思政内容和高职土建类专业学生联系起来的纽带，是教师作用发挥和教育功能实现的途径，是整个课程思政体系实质性运行的媒介。没有方法，教师和教育教学、教师和学生、学生和教学将彼此分离，不能建立联系。而内容体系就不会作用于学生，目标就不能实现，评价体系就没有了对象与意义，保障体系将失去作用。

（5）保障体系。保障体系是顺利实施课程思政的物质条件和基础，是一个系统的能量和动力源泉，是系统运行的干扰排除体系。高职土建类专业的课程思政的保障体系就是高职院校通过政治引领，以国家和学校制度落实为保证，提供足够符合要求的人力、物力和财力，保障课程思政的顺利实施并达到目标的一种学校内部运行机制。是否有完善的保障体系决定着课程思政运行的顺畅程度和效率，决定着课程思政实施的成败。

4.2 高等职业教育课程思政体系构建的原则

体系构建应该坚持"八个统一"，即政治性和学理性相统一、价值性和知识性相统一、建设性和批判性相统一、理论性和实践性相统一、统一性和多样性相统一、主导性和主体性相统一、灌输性和启发性相统一、显性教育和隐性教育相统一。同时，还要遵循一定的原则，主要包括方向性原则、时代性原则、系统性原则、逻辑性原则和科学性原则等。

4.2.1　方向性原则

思想政治教育是指一定的阶级、政党、社会群体遵循人们思想品德形成发展规律，用一定的思想观念、政治观点、道德规范和心理要求，对其成员施加有目的、有计划、有组织地影响，使他们形成符合一定社会、一定阶级所需要的思想品德的社会实践活动。❶可见思想政治教育具有阶级、政党、社群属性，其课程体系、目标体系、评价体系、方法体系和保障体系都必须符合实施的阶级、政党和社群的价值观，符合他们的大政方针和政治理想的方向。这也表明，方向性其实就是政治性。那么作为实施思想政治教育的一种新的理念，高等职业教育课程思政是我们在高职院校中所实施的中国特色社会主义思想政治教育。我们在构建内容体系、目标体系、评价体系、方

---

❶ 张耀灿，郑永廷，等. 现代思想政治教育学 [M]. 北京：人民出版社，2006：50.

法体系和保障体系时，就要注意其方向性。也就是说，我们的体系必须坚持马克思主义和中国特色社会主义方向，而不能是其他方向。

　　课程思政的方向性要体现在其内容体系、目标体系、评价体系、方法体系和保障体系坚持唯物主义立场、观点和方法上，坚持用马克思主义理论和原理来解释世界。坚持方向性是成功实施课程思政体系的前提和基础。只有坚持方向性，课程思政体系的实施才有依据、有规律、有底气。课程思政的实施主体只有坚持方向性，才能在指导思想上有所遵循，才能在实施的过程中不背离党和国家的政策方针。失去方向的课程思政是绝不能允许实施的。那样不仅不能达到我们的培养目标，反而会引起学生思想上的混乱，其后果是不堪设想的。

　　思想政治教育体系构建是为了实现其功能、达到其目标、完成其使命。我们构建高等职业教育课程思政体系就是要实现对高职学生的理想信念导向、奋斗目标导向、行为规范导向；塑造学生科学的世界观、人生观、价值观；完成理想信念教育、爱国主义教育、道德教育，培养科学的思维方式。而新时代思想政治教育的历史使命就是：推动新时代党的历史使命的实现，即推动实现中华民族伟大复兴，推动"两个一百年"奋斗目标的实现，引导学生坚定地坚持"四个自信"。[1]高等职业教育学生作为完成这些历史使命的重要参与者，要求我们的教育体系必须坚持中国特色社会主义方向。

　　高等职业教育课程思政体系要具体化思想政治教育的价值，从个人层面完成政治方向的引导、精神动力的激发、个体人格的塑造和个人行为的规范；从国家层面实现经济价值、政治价值、文化价值、社会价值和生态价值。这些价值的实现都要求这个体系与中国特色社会主义经济、政治、文化、社会和生态文明的要求保持方向。

　　我们要把高等职业教育学生培养成为德智体美劳全面发展的社会主义建设者和接班人，促进他们能够自觉践行社会主义核心价值观，成长为符合行业规范要求的工程一线优秀管理人才，那么这个培养体系就必须旗帜鲜明地坚持中国特色社会主义方向。

---

❶ 张毅翔. 新时代思想政治教育的新使命和新要求［J］. 思想教育研究，2017，(11)：19-23.

4.2.2　时代性原则

任何事件都是发生在一定场域，任何社会实践活动都有特定的时间地点，每一个人都生活在一个特定的时代。由于政治经济文化的发展水平不同，每一个时代对人思想政治素质都具有不同的要求，那么思想政治教育在不同时代也就有了不同的特点。高等职业教育就是近四十年随着中国政治、经济、社会、文化和生态文明的发展而出现的一种兼具高等教育和职业教育属性的教育类型。而今中国特色社会主义进入新时代，高职土建类专业学生的教育正是其中的一种最具代表性的形式。这就决定了我们在对高职土建类专业学生进行思想政治教育时，将被深深打上时代的烙印。而高等职业教育课程思政正是承担着这样一种历史使命。这就要求我们在构建高等职业教育课程思政体系时遵守时代性原则。

人类生存和活动必然具有时代性，这是社会历史对人类社会实践的特定场域的确认，人的任何活动及其取得的结果必然留下时代的印记。时代性体现在经济政治社会文化变化以及生态文明的最新成果中，孕育着社会发展的未来趋势，累积起国家民族有史以来的文明成果。在高等职业教育课程思政的实践过程中，其目标体系、内容体系、方法体系、评价体系和保障体系必然和必须反映时代的特点和要求。否则，这种体系不仅不能被学生接受，也不能被国家和民族接受。

因此，我们必须坚持用时代性原则来审视高等职业教育课程思政体系，同时，用发展的眼光改革这一体系，用创新和前瞻的精神构建这一体系，努力使高等职业教育课程思政体系富于时代性和现实性，具有针对性和实效性，从而增强高等职业教育课程思政体系构建的科学性和系统性。

在整个人类历史上，每个特定的时代都有反映这个时代本质特点的思想理论体系。任何真正的思想理论体系，是"被把握在思想中的它的时代"，都是时代的产物，是自己时代的精神上的精华。[1]当今时代精神的核心是改革创新，世界主题是和平与发展，主要矛盾是人民日益增长的美好生活需要和不平衡不充分的发展之间的矛盾。这表明，思想政治教育的规律要求我们必须与时俱进，紧随国家改革开放的历史洪

---

[1] 熊建生. 论思想政治教育内容建构的时代性［J］. 中南民族大学学报（人文社会科学版），2012，（11）：156.

流，在课程思政的实践活动中，遵循时代性原则。

课程思政是在立德树人这一根本任务要求下的思想政治教育新理念，是全员育人、全过程育人、全方位育人的根本要求。这一要求正是思想政治教育的时代性要求，而高等职业教育课程思政体系作为思想政治教育不可或缺的重要组成部分，必须增强其时代感。

高等职业教育课程思政的对象是特定时空、特定场域的年轻一代，他们是改革创新的主力军，是国家和民族的未来，他们生活在实现中华民族伟大复兴这一伟大事业的关键年代。这也要求我们的课程思政必须走在时代前列，把握时代的脉搏，契合时代特征，弘扬时代精神，否则就会被抛入历史的洪流，跟不上时代的步伐。也只有当我们对课程思政赋予鲜明的时代特征、时代内容和时代风格，构建具有时代性的目标体系、内容体系、方法体系、评价体系和保障体系时，才能引发学生浓厚的学习兴趣，从而把学生吸引到课程思政上来；具有时代性的课程思政体系，才富有生机和活力。

改革创新的时代精神要求我们与时俱进，实现课程思政体系的创新发展、科学发展。改革创新精神也是课程思政体系的生命力，是其精华之所在。在中国特色社会主义新时代，在科学技术飞速发展的今天，课程思政不管是内容、形式还是方式方法，都需要不断变化和革新，需要主动地与时代保持同步发展和协调发展，甚至在某些方面需要超前发展。这就要求课程思政的研究和实施应当具有富于时代特征的战略性和前瞻性，真正实现全员育人、全过程育人和全方位育人的目标，在把握时代性的同时，在不断的实践和超越的过程中，逐步完善自己的体系，以完成立德树人的根本任务。

课程思政体系应该具有可接受性，特别是其内容体系。可接受性需要建立在学生已有知识经验基础之上，而学生的已有知识经验必然和时代性紧密相连。无论是具有悠久历史文化价值的课程思政内容，还是具有长远前瞻性的未来规划和前景的描绘，都必须与当前时代紧密相连，否则就是空泛而虚无的，就没有任何教育作用。如果不能在学生心中留下任何可信的痕迹，何谈与年轻一代在思想上达成共识，为了国家和民族的未来而共同努力奋斗呢？因为对我们来说，实施思想政治教育的另一个目的是就我们已经取得的文明成果和当前多数人的思想政治共识与年轻一代进行有效的沟通，从而减少国家、民族内部的分歧和矛盾，最大限度形成一致的促进国家发展和追求全体人民美好幸福生活的合力，为了我们共同的理想和目标——实现中华民族伟大复兴而不懈努力。

课程思政体系的特点之一就是实践性，这要求它能够解决我们现实生活中的思想政治问题，解决问题是实现理想的途径。而作为现实的人，我们所遇到的思想政治问题必然具有时代特征，是在当今时代中产生的问题。时代的问题必须要用时代的方法和时代的途径来解决，这就要求我们构建课程思政体系必须紧扣时代脉搏，把握时代主题，把改革创新精神融入其中。同时，构建一个体系也不是一劳永逸的，而是必须紧跟时代的发展。我们必须与时俱进，积极面对新形势，深入研究新情况，努力发现新特点，主动解决新问题，在新的实践中不断进行新的研究和新的探索，认真总结新的历史条件下课程思政体系的特点和规律，增强课程思政体系的时代感，主动地、创造性地解决学生在思想政治领域所遇到的问题，不断改进，不断完善，使其成为始终紧跟时代步伐的课程体系。

高等职业教育课程思政内容体系对于时代性的要求更为强烈。课程思政内容体系既来源于中华民族创造的一切优秀文明，更取之于日新月异的科技发展和时代进步成果。面对经济全球化和世界多极化的国际背景，在信息化的时代，国际交流频繁，跨文化影响力增强；随着我国国力的持续强大，国际地位不断提高，逐渐进入世界的中心，面对风云变化的国际形势，日趋激烈的国际竞争，修昔底德陷阱日益显现；学生更加善于独立思考，独立判断事物，个体人格日益凸显。在此情况下，课程思政的任务和目标就是不断增强学生的道路自信、理论自信、制度自信、文化自信，要求学生自觉做到"两个维护"；培育他们的社会主义核心价值观；培育高等职业教育学生的全面发展；培养高等职业教育学生成为"四有新人"与"新四有"人才；使他们最终成为符合行业规范要求的优秀一线管理人才。这就要求我们在构建课程思政体系特别是内容体系时，不断调整、充实、深化、更新，有效地融入时代性内容，使课程思政体系建立在牢固的现实基础之上。

4.2.3 系统性原则

系统性原则也称为整体性原则，就是以系统整体目标的优化为准绳，协调系统中各分系统的相互关系，使系统完整、平衡、协作，形成合力，而不是相互掣肘，甚至产生分歧和矛盾。课程思政体系是一个开放的专业教育系统，不仅包括组织结构和技术的因素，而且包括管理、心理和社会方面的因素。课程思政不是单个人或某种孤立群体的个别行为，而是经过教育系统加工了的，所以表现出来的都是社会行为、组织行为和群体行为。它都是借助教学活动对学生产生影响，最后培育出我们国家和民族需要的人才——中国特色社会主义事业建设者和接班人。根据系统论，我们必须从多角度、多层次去揭示课程思政体系中各个群体的活动规律性，从而得出全面正确的结论，科学地指导课程思政体系中的实践活动。

课程思政体系就是一个复杂的集目标、内容、方法、评价和保障体系等子系统于一体的教育、培养系统，是一个兼具专业素质培养和思想政治教育功能的系统。构建这样一个体系必然要求遵循系统性原则。

系统论认为，系统是由诸多要素组成的有机整体，遵循整体性、有序性、可控性、动态性等原则。思想政治教育系统包含着教育目标、主体、客体、过程、环境等要素，任何一个要素都会随其他要素的变化而变化，整个系统处于动态平衡之中。因此要始终注意各要素在动态中的相互协调，提高主体素质、把握客体实际、确定合适目标、改善教育过程、优化教育环境，以达到系统整体的最佳效益。❶当前高职院校学生思想政治教育效果不能令人满意，出现的诸如师生之间、不同专业课教师之间认识的脱节问题，工作制度没有有机统一的问题，学校与企业之间合作的整体性不强的问题，思政教育工作团队教育积极性不高的问题等，很大程度上就是因为没有注意教育的系统性，包括体系构建的系统性而引发的。而课程思政除了贯彻全员育人、全过程育人和全方位育人的"三全"育人理念，其最初目的之一也就是要解决思想政治教育系统性不足的问题。因此，构建高等职业教育课程思政体系必须遵循系统性原则。

课程思政目标体系规定课程思政教育活动的方向，内容体系是课程思政实施的载体，方法体系是课程思政实施的手段、是内容体系作用于学生的桥梁，评价体系是课程思政有效性的检测、同时为系统改进提供依据，保障体系是顺利实施课程思政的物质基础。系统性原则要求综合协调目标体系、内容体系、方法体系、评价体系和保障体系各要素的一致性，注重整体效益。以往高等职业教育某些教育效果不理想，问题就在于专业课、思政课各自为政，不同课程教师之间、课程教师与辅导员之间互不沟

---

❶ 曹新高. 论部队思想政治教育的系统性原则 [J]. 军队政工理论研究，2001，（1）：26-28.

通，没有统一的目标体系，每个人都为自己的小目标而努力，每个人都有自己特定的教学内容，却没有注意到这些小目标可能互相矛盾和冲突；没有注意到这些内容可能相互割裂，甚至互相抵触；每个人都有自己的方法，没有考虑到彼此方法是否逻辑一致；每个人都有自己的评价标准和评价方式，却没有注意这些标准和方式参差不齐；每个人都独自寻求自己教学的保障，却没有注意资源分配不均甚至互相侵占。改变这种状况，正是实施课程思政的目的和功能，当然其前提是做到体系构建的系统性。

第一，系统性原则要求构建课程思政目标体系时，做到目标自身性质的统一。首先，先进性与操作性的统一。目标的先进性具有强烈的激励功能，目标必须通过学生的不断努力才能达到，可以激发学生的潜能，促使他们不断进步。但是先进性不是空中楼阁和海市蜃楼，目标必须控制在可操作的范围之内，不能过于空泛，如学生尽了最大努力仍达不到，这样的目标所谓先进性是毫无意义的。其次，具体目标与根本目标的统一。具体目标必须为根本目标服务，每一个具体目标都应该促使学生接近根本目标。我们的根本目标是培育高等职业教育学生自由而全面的发展，使他们成长为"新四有"人才。我们的日常具体目标就是教育学生不断掌握专业知识和专业技能，加强思想品德修养，每一节课都希望能够提高一点学生的综合素质，使他们最后成长为合格的大学毕业生，为学生成为优秀的企业一线管理人才打下良好的基础。再次，整体目标与层次目标的统一。整体目标要求我们把课程思政的对象——学生，作为一个综合的具有鲜明社会属性、处于社会关系之中的活生生的人来培养，而不是把他们看成抽象、静止、孤立的个体。层次目标有不同的类型，比如年级层次、年龄层次、专业层次等。层次目标必须服从于整体目标，层次目标应该根据学生的特点，结合课程思政的具体实施计划，如课程计划、学期计划、课时计划来完成，最终培养人格统一的优秀人才。最后，近期目标与长远目标的统一。近期目标的积累才能实现长远目标。长远目标的实现不可能通过一次教育就完成，近期目标就是教育学生完成自己作为高职学生的本职工作，做合格大学生，解决好当前问题，诸如遵章守纪、努力学习、爱岗敬业等具体问题，逐步向"四有"目标靠近。

第二，系统性原则要求我们在构建课程思政内容体系时，注重层次性和关联性，保持内部逻辑一致。高等职业教育课程思政作为高等职业教育的一个部分，从专业理论知识、技能培训到顶岗实习，其内容是相对独立的体系。在全员育人、全过程育人和全方位育人理念的感召下，为了完成立德树人这一根本任务，课程思政就是要求在专业教育的同时，融入思想政治教育的内容。但是这一融入，并非生搬硬套、强行嫁接，而是要注重融入的自然性，使专业内容和思想政治内容形成浑然天成的体系。在课程思政之前实施的教学，是人为地把专业内容和思想政治教育内容进行了分离，或者说实施主体没有意识到两者可以无缝对接。课程思政体系应该包含专业教育、思想教育、政治教育、道德教育、心理教育几个方面的内容。但是这些内容不能简单地随意堆积在一起，而是必须遵循系统性原则，让它们相互交织、相互融合、相互支撑，形成具有内在逻辑结构的体系。生搬硬套、强行嫁接这些内容会显得枯燥无味，毫无吸引力，从而使高职师生失去兴趣，就不可能达到育人目标，也不能完成育人任务。生搬硬套、强行嫁接的课程思政与我们的教育宗旨、教育方针、教育政策背道而驰，那么这样的课程思政也就没有实施的必要了。

第三，课程思政的实施方法要具备系统性。方法的系统性要求课程思政的实施教师所使用的方法符合课程思政内容的逻辑，能够达成教育目标。在课程思政的教学过程中，根据不同的教学内容，可能会使用不同的方法。比如涉及思想教育中的世界观、人生观和社会主义核心价值观的培育问题，我们可能更多的是讲解、灌输和疏导教育法。如果涉及我们的施工法规、施工现场所必须遵守的职业道德和社会公德等，我们更多的会采用典型事例教育法。涉及学生在建筑工地、建筑公司心理适应的问题，我们可能会更多使用疏导教育法。在描述我们高等职业教育特点时，我们会采用比较教育法。因此我们在一节课就可能使用几种教育教学方法。我们所选择的方法既要适合学生的特点，也要与教育教学内容相适应。这就要求我们在构建方法体系时，遵循系统性原则。方法体系既不是支离破碎的，也不应该是随机选择的，而是一个富有逻辑性和科学性，具有较强操作性和可行性的整体。

第四，课程思政评价体系也必须注重系统性。评价体系具有重要的引领和激励作用，可以提升和巩固学生刚刚形成的思想政治素质。系统性原则要求在构建课程思政评价体系时必须遵循全面性原则。课程思政是一个比专门思想政治教育更为复杂的过程，影响其效果的因素也更多，这些因素是相互联系、相互制约的。要科学、客观地开展对高等职业教育课程思政的评价，就需要构建一个系统性的评价体系。在这个评价体系中，既要进行过程性评价和终结性评价，也要进行形成性评价和发展性评价，既要进行定量评价也要进行定性评价。课程思政评价体系需要构建评价主体、评价对象、评价指标、评价标准、评价方法等子系统，规范评价方式和评价过程，最后还要构建评价的反馈系统以及对评价结果的使用系统。要使这些子系统协调一致、标准统一、符合逻辑，组合成一个完整评价体系，必须遵循系统性原则。这种评价体系必须反映课程思政的各个方面和各个要素、评价整个教学过程、辅导过程、作业和考核过程及其结果、实习实训等实践活动各个环节。

第五，保障体系的构建也必须遵循系统性原则。保障体系主要包括政治保障、制度保障、人力资源保障和物质保障。保障体系必须遵循系统性所要求的整体性、有序性、可控性、动态性等原则，才能保障高等职业教育课程思政的顺利实施，合理配置资源，减少浪费。特别是其中的政治保障和制度保障必须保持高度一致。因为课程思政从根本上说，是从"政治认同、国家意识、文化自信、公民人格"的顶层德育内容体系出发的，在具体高职院校中，没有高屋建瓴的政治保障、没有严格的制度要求，实施过程必然阻力重重，难以落地。而人力资源和物质保障是实施课程思政的基础，没有了人力资源和物质保障，课程思政只能是一纸空谈。这就要求这一保障体系的构建必然遵循系统性原则，使保障体系作为一个整体支持高等职业教育课程思政的实施。也只有具有系统性的保障体系，才能最大限度发挥其功能，保证课程思政取得预期效果。

4.2.4 实践性原则

"实践性是社会与人的本质属性，也是思想政治教育的本质特征。"❶实践性是马克思主义最重要的特点和理论品质，在整个思想政治教育体系中，实践贯穿始终，"实践是检验真理的唯一标准"。实践在人类社会存在和发展中起着决定性作用，人类通过实践来认识世界。马克思主义哲学曾经深刻地指出人与世界的关系本质上是人与世界的实践关系。通过实践，人们不仅认识世界，而且改变世界。实践不仅在认识论中具有决定性意义，而且在世界观上具有根本性意义。实践的观点是马克思主义哲学的基础，贯穿辩证唯物主义和历史唯物主义。实践是人类世代生存和活动的基本方式，人只有通过不断的实践，才能认识世界，然后融入其中并成为自然界的一部分。在融

---

❶ 曹春梅，郑永廷. 论思想政治教育的实践性及当代价值——大学生思想政治教育实践性发展探索 [J]. 思想理论教育导刊，2009，（1）：88.

入并了解这个自然世界之后，再通过自己的实践来改变世界，使世界成为更利于人类自己生存和发展的理想世界。所以，人类的任何活动都具有实践性，课程思政体系也不能例外。

实践作为哲学的一个基本范畴，主要有两种含义，一是我们平时所说的改造客观世界的物质活动；二是指政治、道德等方面的交往活动。从哲学史来看，实践首先是作为政治、道德方面的含义出现的。❶在古希腊，柏拉图和亚里士多德对实践做过广泛的论述，进行了深入的探讨。亚里士多德谈到了人类活动的各种形式，他认为人们的政治活动、道德行为和艺术创作都属于实践，认为知识和美德都是关于人的实践活动的。德国古典哲学家也首先把政治活动与道德行为归入实践的范畴。康德从道德和善的角度对理论理性和实践理性进行了比较分析。此外，费希特、谢林、黑格尔等人也从道德行为和政治活动方面就本体论意义探讨了实践概念。而在中国儒家经典之中，人们历来奉行"知行合一"，就是强调认识与实践的统一。马克思在辩证唯物主义和历史唯物主义基础之上，把人类的实践活动分为生产活动和交往活动两类，交往活动就是人们的经济交往、政治交往、思想交往、文化交往、社会交往，而生产活动是交往活动的前提和基础。这就说明，实际上一切活动都具有实践性。

"思想政治教育的实践性，就是思想政治教育的现实性和思想政治教育价值实现的实效性，在社会生活中表现为与其他实践活动的结合与渗透，它是思想政治教育显著的本质属性。"❷高等职业教育课程思政是针对高等职业教育学生在专业课程中融入的思想政治教育。高等职业教育学生的思想政治行为作为人的思想、政治、道德、心理、修养等方面的交往活动，根本上是一种具有主观能动性的实践。

思想政治教育理论学科作为马克思主义理论的重要组成部分，它也是由一定的概念、判断、推理组成的理论体系，当然具有理论性。但是从该学科的本性来看，它是一个实践性的学科。其实践性在于，思想政治教育内容所涉及的基本概念，善、恶、幸福、自由、核心价值等，都不是人们冷眼旁观的静观对象，都不是进行科学分析的结果，而是人们实践的结果、行为的体现。❸我们判断学生的思想政治素养，是根据

---

❶ 贺晴. 简论思想政治教育的实践性 [J]. 陕西理工学院学报（社会科学版），2011，(5)：75.

❷ 张耀灿，郑永廷，等. 现代思想政治教育学 [M]. 北京：人民出版社，2006：116.

❸ 贺晴. 简论思想政治教育的实践性 [J]. 陕西理工学院学报（社会科学版），2011，(5)：76.

他在学习、生活、工作中表现出来的知、情、意、行，这些都是社会实践活动体现的。课程思政本身也是一种实践，而不是任何人、任何组织的臆想。只是课程思政是一种远比单纯而分裂的专业理论知识和思想政治教育更为系统和复杂的教育教学实践活动。当然，单纯高等职业教育课程思政体系只是高职学生培养的手段和工具之一，只有教育、培养学生并使之成为我们社会需要的人——达到我们的培养目标，然后使他们做出我们社会期待的具有社会价值的行为实践，才是我们的目的。这就要求我们的手段和工具，即高等职业教育课程思政体系，必须具有实践性。

高等职业教育课程思政的当前培养目标是培养企业一线优秀管理人才，这些人才是中国特色社会主义事业的建设者和接班人之一。内容体系、方法体系、评价体系和保障体系都是为了实现培养目标服务的。因此课程思政是以教师为主导、以学生为主体和对象的，是以学生为出发点和归宿。而高等职业教育师生作为具体的"人"，其本质是他们的社会关系的总和。而这些社会关系全是在他们之间通过交往实践形成的，专业、思想、政治、道德、心理等交往实践形成了他们之间的社会关系——学业职业关系、思想政治关系、道德心理关系等，这些关系的总和构成了他们的职业素养、思想品德修养。课程思政的目的就是要培养学生高超的职业技能、正确的政治方向、良好的思想品德。但是社会对一个人的职业技能、思想品德要求不是一成不变的，而是随着社会发展进步不断提升的。因此高等职业教育课程思政体系也要根据社会发展进步的需要，通过新的实践，认真分析新的课程思政思想形成、发展、变化的实践基础和客观原因，提出符合时代要求的思想观点、政治观念、道德规范和心理要求，并据此培养新的人才。与培养目标相适应，内容体系、方法体系、评价体系和保障体系都必须适应新的实践，即课程思政体系必须遵循实践性原则。

4.2.5　逻辑性原则

逻辑是一切理论的本质属性，是客观世界的存在和发展规律。课程思政体系的逻辑性原则是指这一体系的构建和发展过程符合逻辑体系、具有逻辑特点、遵循逻辑规则。罗素认为："一切复杂的知识，如科学的理论、概论和知识体系等都只是直接经验知识的逻辑构造，都应该还原为直接经验知识并对之进行逻辑分析，以保证其确定性或可靠性。"❶高等职业教育课程思政体系，即使我们的部分理念存在于我们的理想之中，不能还原为直接的经验知识，但是必然建立在直接的经验知识基础之上，我们必须保证其符合逻辑。对于我们的理想信念、价值体系，则更应该注重其建立在已有知识经验基础上的逻辑，才具有可靠的说服力。

高等职业教育课程思政作为"三全育人"要求的具体化手段和一种新的思想政治教育理念，必然对专业教育产生深远影响。无论是对思想政治教育学科建设，还是对高等职业教育的培养方案修订，都有创新性要求。而逻辑性是学科建设和培养方案的基础性要求，没有逻辑的学科和培养方案是混乱的，也不具备系统性和可行性，是不能成立的。逻辑性是学科体系构建和专业培养方案的内在要求，因此，无论是对思想政治教育学科来说，还是对高等职业教育学生的培养方案来说，都必须遵循逻辑性原则。

高等职业教育课程思政体系的构建，既是思想政治教育新理念和新形式，也是各专业领域的拓展。这种新理念、新形式和新拓展必须具有逻辑性，才能具有教育性、可行性和科学性。这种体系的逻辑性必然是符合教育教学的一般规律，必须是符合高职人才培养规律的。高等职业教育课程思政要想实现其教育性，达到育人目标，其体系的逻辑性是必然要求。对现在的高职学生来说，不符合逻辑的东西他们是不会接受的，基础教育多年培养的逻辑性思维让他们对不符合逻辑的东西有一种天然的排斥性。没有逻辑性的教育教学，无论是其内容、方法、评价还是其他什么与教育相关的东西，都不能对学生产生实质性影响，也就是说不能产生教育效果，当然就不能达到培养目标了。

高等职业教育课程思政体系作为思想政治教育学科建设的一个新方向，同时作为职业专业教育领域的新拓展，不仅要求各个分系统内部必须具有逻辑性，而且要求这一体系作为一个整体，各个分系统之间也必须具有很强的逻辑性。否则，各个分系统之间不能协调一致，不能相互支持，甚至产生矛盾和冲突，就会使实施主体和受体无所适从，不能形成教育合力，则不能完成教育任务，不能达到培养目标。这就是说，不仅我们的目标体系、内容体系、方法体系、评价体系和保障体系内部必须具有逻辑性，而且他们彼此之间也必须具有很强的逻辑联系，无论是两者之间，还是两两之

---

❶ 夏松基. 现代西方哲学［M］. 上海：上海人民出版社，2009：127.

间，都必须逻辑一致。

第一，目标体系的逻辑性。高等职业教育课程思政体系的目标必须契合国家思想政治教育培养目标，与高等职业培养目标相结合，符合高职培养的专业特征。培养目标必须与党和国家的要求、与人民的期待相一致，符合马克思主义和中国特色社会主义的要求；符合高等职业教育学生的职业理想，与他们实现自我价值的追求相一致。

第二，内容体系的逻辑性。思想政治教育主要包括以下内容：思想教育，主要进行世界观、方法论教育，着重解决主观与客观相符合的问题；政治教育，主要进行政治理想、政治信念、政治方向、政治立场、政治观点、政治情感、政治方法、政治纪律等方面的教育，重点解决对国家、阶级、社会制度等重大政治问题的立场和态度；道德教育，主要进行行为规范的教育，内化道德规范，形成道德观念，发展道德判断，培养道德情操，养成道德行为，提高道德素质；心理教育，主要提高受教育者心理素质，形成良好性格、健全的人格、健康的情感、乐观的心态、坚强的意志。❶高等职业教育课程思政就是要把这些内容与专业教学内容结合起来，使思想政治教育融入学生的专业素养、专业技能的培养过程中。这种结合和融入必须符合逻辑，而不是强行的嫁接。而教学内容必须与高等职业教育学生的现有知识水平相适应，符合他们未来的发展方向。

第三，方法体系的逻辑性。高等职业教育课程思政教学方法必须遵循一般的教育教学规律，必须建立在当前教育技术发展水平之上，符合高职学生的认知特点，符合思想政治教育的规律。

第四，评价体系的逻辑性。评价必须具有效度和信度，必须服务于教学，达到促进教育教学效果的目的，为教育教学改革提供依据。评价要注意客观性、公正性、科学性和全面性。评价体系要与目标体系、内容体系、方法体系和教育过程相结合。

第五，保障体系的逻辑性。高等职业教育课程思政保障体系是保证教育教学顺利进行的基础系统，优化教育教学资源配置，必须提供充分的人力资源保障和物质保障，同时排除其他因素对课程思政实施的干扰和阻碍。

---

❶ 张耀灿，郑永廷，等. 现代思想政治教育学 [M]. 北京：人民出版社，2006：261-262.

4.2.6　科学性原则

所谓思想政治教育的科学性，一是指思想政治教育理论的科学性亦即正确性；二是指教育者根据科学理论，依据科学原则和方法对受教育者进行思想政治教育，这种教育符合人们的心理发展规律，符合党对人民群众的思想政治要求。❶科学性要求客观、真实、系统、正确把握事物本质及其规律，对于高等职业教育课程思政来说，就是要求其体系具有逻辑性、可预见性和实践性。课程思政作为思想政治教育的新理念，科学性是其生命力之所在，没有科学性就没有课程思政体系。高职课程思政体系科学性的基本内涵是指这一体系是建立在对课程思政发展规律深刻认识基础上，揭示课程思政的本质和发展规律，以促进高等职业教育学生的全面发展和持续进步。课程思政是我国思想政治教育长期发展过程中的一种新理念和新实践，既要遵循人们在以往思想政治教育的实践中已经认识到的普遍的规律，又要在具体领域有新的创造和新的突破。但是无论如何绝不能脱离思想政治教育的科学性，否则，课程思政只能是一种臆想，会在实践的检验中被证伪而失败，绝不可能得到长期发展，也不会受到学生的喜欢和人民的支持。

课程思政本身需要科学的思想政治教育理论来指导，才能保证其正确的方向和正确的道路。高职课程思政体系应该是一个能够反映课程思政现象及其发展规律的科学体系，具有自主的科学性。一是科学的目标体系。只有具有科学性的目标，才符合国家、民族和社会发展的要求和学生发展的需要，从而使全社会凝聚巨大的教育合力，减少教育过程中由于目标冲突而产生的资源内耗，学生也才能自觉把自己的学习活动融入课程思政的目标之中，从而在教育效果上事半功倍。二是构建科学的内容体系。只有科学的内容，才能客观反映课程思政所承载的知识和技能。三是科学的方法体系。方法是内容和目标的媒介。没有科学的方法，就无法把教育内容中所蕴含的知识和技能有效传递给学生，也就不能达到目标。不能达到目标的教育是教育者做的无用功，不仅仅是资源的浪费，也是人才和生命的浪费，是一种失败的教育。四是科学的评价。只有保证课程思政评价体系的科学性，才能保证评价的信度和效度。也只有科学的评价才能实事求是地反映课程思政的现实情况，评价结果才能作为教育者改进和

---

❶ 胡飒，刘波．论学科建设与思想政治教育的科学性［J］．学校党建与思想教育，2010．（3中）：26.

创新的依据，从而反过来促进课程思政体系的进一步发展和完善。五是科学的保障。只有科学的保障体系，才能保证有限的资源科学地配置，减少浪费和闲置，从而最大化课程思政资源的效能。

4.3 高职土建类专业的课程思政目标体系构建

人的任何实践活动都有其预期的目的，高职土建类专业的课程思政作为教育活动的一个方面，应该根据国家教育目的的要求，确定自己具体的培养目标。也只有这一个个具体目标的实现，才能保证教育目的的实现。因此，实施高职土建类课程思政，必然要构建与高职教育定位相匹配、与高职土建类专业学生身心发展阶段相适应的目标体系。

4.3.1 高职土建类专业的课程思政目标体系的意义和基本要求

4.3.1.1 高职土建类专业的课程思政目标体系的意义

思想政治教育目标集中体现着思想政治教育本质，关系着培养什么人，为谁培养的教育根本问题，是全部思想政治教育活动所蕴含的价值取向和实践预期。大学生思想政治教育目标是大学生思想政治教育活动的出发点和最终归宿，反映出社会对高校人才培养方向与质量标准的愿望和要求。[1]高职土建类专业的课程思政作为高职院校全员育人、全方位育人和全过程育人的重要组成部分，必须构建完整的、与自身定位相适应的目标体系，按照教学计划和培养方案实施，逐一实现这些目标要求，才能

---

❶ 申雪寒，李忠军. 论新时期大学生思想政治教育目标的内涵发展与体系构建 [J]. 湖北社会科学，2014，（5）：181.

圆满完成自己的教育任务，站稳高职土建类专业教育的政治定位和专业站位，最后达到国家制定的教育目的。课程思政也必须有明确的教育目的，有自己的培养目标体系。

培养目标是教育目的在不同层次不同类型学校的具体化，是可操作、可量化的指标。我国现阶段的教育目的是"培养学生的创新精神和实践能力，造就'有理想、有道德、有文化、有纪律'的德、智、体、美、劳等方面全面发展的社会主义事业的建设者和接班人。"思想政治教育作为教育的一个重要方面和实现教育目的的途径，必须制定具体的目标。"思想政治教育目标，是指教育者根据社会的要求与人的发展要求，通过思想政治教育活动使受教育者的思想政治品德在一定时期内所要达到的预期结果。"❶课程思政虽然不是专门的思想政治教育，但是在对学生的思想政治素质的形成方面，其目标和专门思想政治教育的目标是一致的。

4.3.1.2   高职土建类专业的课程思政目标体系的基本要求

高职土建类专业的课程思政教育目标体系的构建，除了遵循方向性原则、时代性原则、系统性原则、实践性原则、逻辑性原则和科学性原则而外，还要遵循中共中央、国务院《关于进一步加强和改进大学生思想政治教育的意见》要求。

根据对中共中央国务院《关于进一步加强和改进大学生思想政治教育的意见》要求的理解，高职土建类专业的课程思政教育目标体系的构建，一是要坚持加强和改进大学生思想政治教育的指导思想，即坚持以马克思列宁主义、毛泽东思想、邓小平理论、"三个代表"重要思想、科学发展观和习近平新时代中国特色社会主义思想为指导，深入贯彻改革开放以来党的历次代表大会精神，全面落实党的教育方针，紧密结合全面建成小康社会的实际，以理想信念教育为核心，以爱国主义教育为重点，以思想道德建设为基础，以大学生全面发展为目标，解放思想、实事求是、与时俱进，坚持以人为本，贴近实际、贴近生活、贴近学生，努力提高思想政治教育的针对性、实效性和吸引力、感染力，培养德智体美劳全面发展的社会主义合格建设者和可靠接班人。二是要坚持加强和改进大学生思想政治教育的六个基本原则，即：①坚持教书与

---

❶ 徐志远，李德春. 思想政治教育目标：思想政治教育学的重要范畴 [J]. 军队政工理论研究. 2003，（4）：51-54.

育人相结合，学校教育要坚持育人为本、德育为先，把人才培养作为根本任务，把思想政治教育摆在首要位置。②坚持教育与自我教育相结合，既要充分发挥学校教师、党团组织的教育引导作用，又要充分调动大学生的积极性和主动性，引导他们自我教育、自我管理、自我服务。③坚持政治理论教育与社会实践相结合，既重视课堂教育，又注重引导大学生深入社会、了解社会、服务社会。④坚持解决思想问题与解决实际问题相结合，既讲道理又办实事，既以理服人又以情感人，增强思想政治教育的实际效果。⑤坚持教育与管理相结合，把思想政治教育融于学校管理之中，建立长效工作机制，使自律与他律、激励与约束有机地结合起来，有效地引导大学生的思想和行为。⑥坚持继承优良传统与改进创新相结合，在继承党的思想政治工作优良传统的基础上，积极探索新形势下大学生思想政治教育的新途径、新办法，努力体现时代性，把握规律性，富于创造性，增强实效性。

高职土建类专业的课程思政教育目标体系，必须契合完成加强和改进高职土建类专业大学生思想政治教育的主要任务，即以理想信念教育为核心，牢固树立"四个自信"，深入进行树立正确的世界观、人生观和价值观教育。

要坚持不懈地用马克思列宁主义、毛泽东思想、邓小平理论、"三个代表"重要思想、科学发展观和习近平新时代中国特色社会主义思想武装大学生，深入开展党的基本理论、基本路线、基本方略教育，开展中国革命、建设和改革开放的历史教育，开展基本国情和形势政策教育，使他们正确认识社会发展规律，认识国家的前途命运，认识自己的社会责任，确立在中国共产党领导下走中国特色社会主义道路的坚定信念，树立实现中华民族伟大复兴的共同理想。

同时，要积极引导他们不断追求更高的目标，使他们中的先进分子树立共产主义的远大理想，确立马克思主义的坚定信念。以爱国主义教育为重点，深入进行弘扬和培育民族精神教育。深入开展中华民族优良传统和中国革命传统教育，开展各民族平等团结教育，培养团结统一、爱好和平、勤劳勇敢、自强不息的精神，树立民族自尊心、自信心和自豪感。要把以爱国主义为核心的民族精神教育与以改革创新为核心的时代精神教育结合起来，引导他们在中国特色社会主义事业的伟大实践中，在时代和社会的发展进步中汲取营养，培养爱国情怀、改革精神和创新能力，始终保持艰苦奋斗的优良作风和昂扬向上的精神状态。

以基本道德规范为基础，深入进行公民道德教育。要认真贯彻《新时代公民道德建设实施纲要》，以为人民服务为核心，以集体主义为原则，以爱祖国、爱人民、爱劳动、爱科学、爱社会主义为基本要求，广泛开展社会公德、职业道德、家庭美德、个人品德教育，引导他们自觉遵守爱国守法、明礼诚信、团结友善、勤俭自强、敬业奉献的基本道德规范。坚持知行统一，积极开展道德实践活动，把道德实践活动融入他们学习生活之中。依据大学生行为准则，引导高职土建类专业学生从身边的事情做起，从具体的事情做起，着力培养良好的道德品质和文明行为。

以大学生全面发展为目标，深入进行素质教育。加强民主法制教育，增强遵纪守法观念。加强人文素质和科学精神教育，加强集体主义和团结合作精神教育，促进大学生思想道德素质、科学文化素质和身心健康素质协调发展，引导大学生勤于学习、善于创造、甘于奉献，成为有理想、有道德、有文化、有纪律的社会主义新人。

高职土建类专业的课程思政教育目标体系的构建应注意四个问题：第一，所制定目标应具有可操作性，是具体可量化的。目标不能过于抽象，应该越具体越好，要尽量做到每一项都可操作，能够量化考核。空洞抽象的目标不具有可实现性，评价结果不具有说服力，因而也难以判断该目标是否实现；第二，目标数量适当，不能太少，也不要过多，既要重点突出、方向明确，又要注意目标间的联系和逻辑性，严防孤立突兀。目标太少，不能真正体现课程思政的价值，以及在思想政治教育中的贡献和作用。目标太多，又是课程思政不可承受之重，也会使课程思政失去意义；第三，目标要以学生为本，注重差异性。机械、无差别目标要求不符合因材施教的教育原则，会忽视学生的个体差异，导致课程思政效果的打折甚至教育失败。目标差异性就是一方面要根据社会发展的要求，制定切合社会对高职土建类专业学生的思想政治品德实际的基本的统一要求，以达到促使学生思想政治品德社会化的目的；另一方面，又要从高职土建类专业学生的个性差异出发，制定适合不同发展阶段学生成长发展需要的具体的差异性的目标，以达到因材施教、促使社会思想政治品德在高职土建类专业学生思想和行为中不断内化的目的，使课程思政目标实现共性与个性、社会性与个体性的统一；第四，目标要有层次性。高职土建类专业的课程思政目标的层次性就是要根据社会发展的要求，针对不同层次、不同年级的高职土建类专业学生，制定不同层次的思政目标和专业目标，循序渐进、不断完善、持续提升，在学生毕业时达到社会对高职土建类专业从业人才的综合要求。

4.3.2　高职土建类专业的课程思政的目标体系

思想政治教育的根本目的就是要提高人们认识世界与改造世界的能力，在改造客观世界的同时改造主观世界。❶高职土建类专业的课程思政作为思想政治教育不可或缺的组成部分，必须要确立具体的目标，构建完善的目标体系。根据不同的标准，可以把目标分为不同的类型。

4.3.2.1　按照实现的时间长度，可以分为短期目标、中期目标和长期目标

短期目标就是课时目标，就是每节课的思政目标，这是课程目标的分解和具体化；中期目标就是课程目标和学年目标，就是上完一门课所要达到的目标，它是学制目标的阶段性任务、组成部分和要素集合；长期目标就是学制目标，就是高职土建类专业三年学校教育的最终目标。

（1）短期目标

高职土建类专业的课时目标就属于短期目标。课时目标是指高职土建类专业教师在上每一节课之前，都应该在课时计划中明确本节课的思政目标。比如在涉及施工组织中的进度图时，或者有学生上课迟到时，就必须加强时间观念的教育，要求学生守时。在讲工程招标与合同管理课程时，就要涉及"诚信""守法"等思政目标。在讲解地质勘测，或者在少数民族地区施工的相关内容时，就要明确我国的民族政策，涉及民族团结、尊重少数民族等思政目标。在上实训、实习、实验课时，要明确科学精神、实践精神、工匠精神等思政目标。

（2）中期目标

中期目标是高职教育在某一阶段，比如某门课上完，或者某一年要达到的目标，课程目标、学期目标和学年目标都属于中期目标。高职土建类专业的课程思政是在除了"两课"之外的其他公共基础课程、专业理论课和专业实践课中构建自己的思政目标体系。比如在建筑制图、建筑材料、房屋建筑学、建筑施工技术等课程中，根据教材和教学内容，制定本门课程针对学生的思想政治教育目标或者学年目标。也就是

---

❶　张耀灿，郑永廷等. 现代思想政治教育学［M］. 北京：人民出版社，2006：136.

说，在上这门课时，应该进行哪方面的思想政治教育，是教育学生形成社会主义核心价值观呢，还是帮助他们树立理想信仰，或者是帮助他们树立道路自信、理论自信、制度自信、文化自信，或者是几方面都可以包含其中。上完这样一门课之后，在学生的思想政治方面又应该达到什么样的目标。比如在建筑施工技术课程的教学过程中就要制定"质量意识""安全意识""环保意识""团结协作意识"等思政目标。

学年目标：根据每学年的教学计划，制定学年课程思政目标。比如高职土建类专业学生第一学年要学习高等数学、建筑力学、大学英语、思想道德修养与法律基础等课程；每门课的老师都应该结合本学年思想道德修养与法律基础课程中内容，明确自己的课程思政目标，以形成合力，帮助学生形成正确的人生观、科学高尚地追求人生、抱持积极进取的人生态度、正确地评价与实现自己人生价值从而创造有意义的人生、形成坚定的理想信念、注重弘扬中国精神。如大一第一学期把高等数学、建筑力学课程中的科学精神融入"人生修养"，在大学英语课程的教学中融入中英文化的对比，树立学生的文化自信。而第二学期的课程与第一学期基本一样，但是内容却有所不同，特别是思想道德修养与法律基础课程，第二学期的目标是"践行社会主义核心价值观、明大德守公德严私德、尊法学法守法用法"，则其他课程也应该相应地把自己的思政目标调整一致。同时，第一学期在于教育学生适应高职学院新的环境、学会离家独立生活、自我管理学习，而第二学期在于对他们适应能力的巩固。学年目标和课程目标可以结合制定，而且有部分是相同的。

（3）长期目标

高职土建类专业一般学制三年，因此我们也可以称这一长期目标为学制目标，也就是土建类高职教育的总目标，是"人的自由全面发展，培养'完整的人'目标"的重要阶段和组成部分。这既是教育的出发点又是其落脚点，因为人的自由而全面的发展是社会全面进步的标志，也是社会发展的需要和目标，所以把人的全面发展作为终极目标，是符合中国特色社会主义的，也是符合马克思主义的，是与中华民族伟大复兴的中国梦相辅相成的。作为高等教育的一部分，高职土建类专业教育需要达到国家教育目的的要求，同时达到高职教育的思想政治目标。高职土建类专业的学制目标是国家教育终极目标的组成部分，是与基础教育终极目标一脉相承的，都是服务于终极目标的。

在教育部1999年底召开的"第一次全国高职高专教学工作会议"上，就把我国高职教育的培养目标界定为："高职高专教育是我国高等教育的重要组成部分，要培养拥护党的基本路线，适应生产、建设、管理、服务第一线需要的德、智、体、美等方面全面发展的高等技术应用性专门人才。"这要求我们培育符合行业发展需求的一线技术与管理人才，培育高职土建类专业学生的全面发展。1985年，党和国家将大学生思想政治教育目标的总体指向具体化为"四有（有理想、有道德、有文化、有纪律）新人"。同年颁布的《中共中央关于教育体制改革的决定》中明确规定：我们要培养"有理想、有道德、有文化、有纪律"的社会主义建设者和接班人。落实到高职土建类专业教育，就是培养学生成为有职业理想、有职业道德、有职业文化、有职业纪律的"四有新人"与有职业理想信念、有职业核心价值、有企业精神、有职业能力素养的"新四有"人才，不仅仅让高职土建类专业学生在学校，而且应该在职业岗位上践行社会主义核心价值观，也就是要培养学生的职业精神、服务精神、实践精神和创新精神。

（4）短期目标、中期目标和长期目标之间的关系

短期目标、中期目标和长期目标不是简单的由于时间的延长而不断重复的目标，也不是由短期目标简单地叠加来变成中期或者长期目标，而是通过短期目标的不断积累，通过升华与质变，达到中期目标；中期目标再不断融合、内化、升级，最后达到长期目标。

短期目标和中期目标最终都是为长期目标服务的，长期目标是我们高职土建类专业教育最终的教育目的，而短期目标和中期目标是长期目标的具体化和操作化结果。短期目标、中期目标和长期目标也不能按照某个时间段截然分开。长期目标不是在某个时间点突然达成的，而是通过短期目标和中期目标不断的积累，不断完善的。实际上是只要某个短期目标达成了，那么中期目标也就完成了一部分，同时也就为长期目标的实现奠定了基础。反过来，每次长期目标进步一点，完善一点，又会影响下一个短期目标和中期目标的实现程度。因为总体来说，课程思政目标最终只能定性评价，而不能定量评价。

4.3.2.2　从目标的性质，可以分为价值性目标、知识性目标和能力性目标

（1）价值性目标。就是要以"积极倡导、培育和践行富强、民主、文明、和谐，

倡导自由、平等、公正、法治，倡导爱国、敬业、诚信、友善的社会主义核心价值观"为最高价值目标，培养高职土建类专业学生正确的价值观。落实到具体的课程思政中，就是要培养学生正确评价自己的专业和行业，正确评价自己在专业和行业中所起到的作用，培养学生把富强、民主、文明、和谐作为国家的评价标准，把自由、平等、公正、法治作为社会评价的标准，把爱国、敬业、诚信、友善作为自身行为的评价标准。同时，培养学生积极的思想政治态度、高尚的思想政治情感和坚强的思想政治意志。

（2）知识性目标。课程思政的知识性目标就是制定学生作为知识了解与掌握的目标。皮亚杰认为："知识是主体与环境或思维与客体相互交换而导致的知觉建构，知识不是客体的副本，也不是由主体决定的先验意识。"信息加工心理学兴起后，知识与信息被视为相同的概念。所谓知识，是个体通过与其环境相互作用后而获得的信息及其组织。贮存于个体内的是个体的知识，贮存于个体之外的即为人类的知识。❶比如在高职土建类专业学生的培养过程中，需要培养学生了解、掌握并遵守的一些职业道德要求、职业准则等，就是知识性目标。

高职土建类专业的课程思政的知识性目标就是要让学生在专业课程的学习中理解和掌握与专业知识相关的思政知识。知识分为事实性知识、概念性知识、程序性知识和元认知知识等。事实性知识是学习者在掌握某一学科或解决问题时必须知道的基本要素。概念性知识是指一个整体结构中基本要素之间的关系，表明某一个学科领域的知识是如何加以组织的、如何发生内在联系的、如何体现出系统一致的方式等。程序性知识是"如何做事的知识"。元认知知识是关于一般的认知知识和自我认知的知识。❷在高职土建类专业教育过程中，事实性课程思政知识目标就是从事每一项职业工作（设计、施工、监理、造价管理等），以及职业工作的每一个环节（如质量检测、安全检查、工程量计算等），直至解决每一个具体问题时必须知道的思政基本要素，如应该遵循什么指导思想、应该注重哪些传统文化及其传承、应该遵守哪些道德要求、应该了解哪些相关法律法规条文、应该遵循哪些政策方针等。概念性知识思政目标就是关于思政知识是如何加以组织的、如何发生内在联系的、如何体现出系统一

---

❶ 王汉松. 布卢姆认知领域教育口标分类理论评析［J］. 南京师范大学学报·社会科学版，2000，（3）.

❷ 黄莺，等. 知识分类在教学设计中的作用——论对布卢姆教育目标分类学的修订［J］. 教育评论，2008，（5）：167.

致的方式等，主要应该由思政课程来完成。从广义上说，课程思政所指的课程，应该囊括高职土建类专业培养方案和教学实施计划中所有的课程，这就需要把专业理论课程、专业实践课和公共基础课程的思政目标相结合，使它们互相协调，互相支撑，形成思政合力。因此概念性目标最好由思政课程完成，再在其他课程中进行拓展和延伸。比如，什么是价值观、什么是职业道德、什么是职业准则等，应该在公共基础课程中来教育，但是其外延却延伸到专业理论课程和专业实践课程中，如在上建筑施工技术等专业理论课程和进行施工综合训练时，才会涉及高职土建类专业学生具体应该遵守的职业道德究竟有哪些。

程序性知识思政目标就是教育高职土建类专业学生掌握各种规范，必须按照程序办事，无论是设计、施工、监理还是造价管理，都有一定的程序性要求和规范，不遵守程序和规范就会出现不可预料的问题，或者犯下不可挽回的错误。元认知知识思政目标就是在高职土建类专业课程中教育学生在行业中的自我定位、自我认知、自我反思、自我控制和自我教育，包括认知自己的能力、岗位职责、职业发展方向等。

（3）能力性目标。高职土建类专业的课程思政能力性目标就是要培养学生有能力把自己认同的世界观、人生观和价值观等运用于工作和生活中，去判断事物真伪、指导自己行为的能力；实现政治理想，坚定自己的政治信念、政治立场，判断政治观点的能力；进行正确的道德判断、做出道德行为、实现自己道德理想的能力；保持自己良好心理、乐观态度和战胜挫折、自立自强等的能力。即把已经形成的思想观念和已经掌握的思政知识，落实到自己工作和生活实践中去，实现自己人生理想的能力。这就要培养学生的职业执行能力、职业适应能力、职业抗压能力等。

（4）价值目标、知识目标和能力目标之间的关系

价值目标和知识目标注重的是学生内在修养的提高，而能力目标注重学生实践的外在表现，价值目标和知识目标实现与否，最终都要通过学生的实践成果来判断。学生的价值判断和知识掌握都只有转化为实践能力，才能体现出来，才有现实意义；学生只有把自己的思想政治价值判断和知识掌握运用于实践，并在行动中取得成果，才能说明价值目标和知识目标已经达到。而能力目标是在价值判断形成和知识掌握牢固的基础上才能形成，思想政治价值判断和知识掌握是思想政治能力的基础和前提，不能进行思想政治价值判断、没有掌握思想政治知识的能力不是正确的思想政治能力。

4.3.2.3 根据目标的可实现性，可分为基础性目标、发展性目标和理想性目标

现实中由于人的价值取向具有层次性，因而不同的高职土建类专业学生具有不同的价值诉求。土建类高职学生虽然具有接受高职土建类专业教育而成为生产、建设、管理、服务第一线需要的德、智、体、美、劳等方面全面发展的高素质技术技能人才这一共性特征，但也可能因为家庭背景、个性品质、学业基础、自我定位、适应能力等差异，而呈现出不同的思想状况，在价值取向上趋于多层次特征，从而决定了课程思政目标在他们身上实现的可能性大小不同。根据这种目标的可实现程度，可以分为基础性目标、发展性目标和理想性目标。

（1）基础性目标。基础性目标就是所有正常学生都可以达到的目标，是面向所有高职土建类专业学生的课程思政目标，至少有95%以上的高职土建类专业学生可以达到的目标。包括：第一，有一定的思想修养，即树立正确的世界观、人生观、价值观，能够认清违背科学的错误思想和封建迷信活动等；第二，基本的政治正确，即在政治理想、政治信念、政治方向、政治立场、政治观点、政治情感等方面能够保持正面，遵守宪法和法律，不做违背党的号召和国家政策的事，能够遵从党的领导；第三，基本遵守道德规范，即在心中形成正确的道德观念，能够进行正确的道德判断，在行为上不违反道德规范，基本遵守社会公德、职业道德和家庭美德；第四，没有明显的心理疾病，就是培养学生具有较好的个性、比较健全的人格、积极的情感和乐观的心态，能够适应建筑行业的工作环境和人际环境。也就是通过建筑行业化教育，培养合格的高职土建类专业毕业生，使其成为合格的社会主义建设者，具体地说就是合格的建筑行业从业人员。

（2）发展性目标。发展性目标是决定人发展的关键因素，对于高职土建类专业学生来说，是60%以上学生通过自己努力和学校的培养可能达到的目标。就是在基础性目标上更进一步，有较高的思想修养、政治正确、高尚的道德品质和健康的心理素质。包括：第一，有良好的思想修养，即树立正确的世界观、人生观、价值观，能够用马列主义、毛泽东思想、邓小平理论、"三个代表"重要思想、科学发展观和习近平新时代中国特色社会主义思想做指导。第二，政治正确，即有一定的政治理想和政治信念，坚持正确的政治方向、政治立场、政治观点，有比较丰富的政治情感，积极响应党的号召，拥护和支持党的领导。第三，良好的道德品质，即内化道德规范，形

成高尚的道德观念，有较强的道德判断能力，高尚的道德情感，自觉践行社会主义道德规范，弘扬社会公德、严守职业道德和奉行家庭美德。第四，良好的心理，就是培养学生具有良好的个性、健全的人格、积极的情感和乐观的心态，能够在建筑行业中积极进取、不怕挫折、自立自强、艰苦创业。也就是通过建筑行业化教育，培养良好的高职土建类专业毕业生，使其成为良好的社会主义建设者和接班人，具体地说就是优秀的建筑行业一线技术与管理人员。

（3）理想性目标。就是一种理想状态下能够实现的目标。高职土建类专业达到发展性目标的学生中，又有一部分通过自己的努力和学校针对性的培养可以达到的目标，是高职土建类专业教育的高层次高目标，是一部分积极分子和学生党员能够达到的目标。包括：第一，有优秀的思想修养，即树立科学的世界观、人生观、价值观，用马列主义、毛泽东思想、邓小平理论、"三个代表"重要思想、科学发展观和习近平新时代中国特色社会主义思想武装自己的头脑，用科学的理论指导自己认识世界和改造世界，树立社会主义核心价值观，不断解放思想，和一切违背科学的错误思想和封建迷信活动做斗争，弘扬科学精神；第二，政治立场坚定，即培养学生远大的政治理想和坚定的政治信念，与党的政治方向、政治立场、政治观点保持高度一致，坚定"四个自信"，做到"两个维护"，坚持四项基本原则，积极响应党的号召，拥护和支持党的领导，主动维护宪法和法律，参与到国家的民主和法治建设过程中去，积极参与理论创新；第三，高尚的道德品质，即内化道德规范，形成高尚的道德观念，以为人民服务为宗旨、集体主义为原则，培养高强的道德判断能力、高尚的道德情感，自觉践行、维护和培育社会主义道德规范，弘扬社会公德、严守职业道德和奉行家庭美德，克服拜金主义、享乐主义、个人主义错误观念，勇于向不道德行为作斗争；第四，优异的心理素质，就是培养学生具有优秀的个性品质、健全的人格特征、积极健康的情感和乐观向上的心态，具有在建筑行业中积极进取、不怕挫折、自立自强、艰苦创业的优秀意志品质和高超能力。也就是通过建筑行业化教育，培养优秀的高职土建类专业毕业生，使其成为优秀的社会主义建设者和接班人，具体地说就是优秀的建筑行业一线中高层管理人员和领导者。

（4）基础性目标、发展性目标和理想性目标之间的关系

基础性目标、发展性目标和理想性目标是层次性分类，因此它们是递进关系。一般来说，只有高职土建类专业学生达到了基础性目标，才能培养他们向发展性目标努

力；同样，只有达到了发展性目标，我们才会把他们作为理想性目标的培养对象，而学生也才能向理想性目标发起冲击。对于高职土建类专业学生来说，基础性目标是普遍性目标；发展性目标是大众目标；而理想性目标是特殊目标，只有小部分学生可以达到。因此分层目标的确定具有选择性和针对性。

4.3.2.4　根据目标内容成分，可以分为单一性思政目标和综合性思政目标

（1）单一性思政目标就是指在进行专业课教育教学时，思政内容单一的目标，多数出现在课时计划、教学计划之中，一般是一堂课或者一门课要达到的思政目标，即单列的思想目标、政治目标、道德目标或者心理目标。如我们在上建筑工程技术专业的建筑工程质量事故分析与处理这门课时，可以将思想目标确定为"提高学生在建筑施工管理过程中的安全意识和质量意识"，政治目标确定为了解"保证建筑工程质量就是保证国家和地区政治生活稳定的大事"，道德目标确定为培养学生"遵守职业道德，确保工程质量"，心理目标确定为"培养学生能够专业、理性处理建筑工程质量安全事故，在事故发生时尽快抚平心理创伤"等。

（2）综合性思政目标就是整个高职土建类专业的课程思政教育过程中要达到的总体目标，一般是一年或者三年要达到的目标，也是延续基础教育阶段和"两课"的思想政治教育目标，是把思想、政治、道德、心理等综合在一起的目标。具体说就是培养学生正确的世界观、人生观和价值观，培养"四有新人"，培养社会主义建设者和接班人，培养高职土建类专业学生全面发展。

（3）单一性目标和综合性目标之间的关系

单一性目标和综合性目标是部分与整体的关系，但是并非单一性目标简单相加就可以上升成为综合性目标，这还是有一个量变与质变的关系。只有单一性目标一个个实现，再把这些目标的成果一个个融合、内化，最后形成综合性目标。综合性目标的每一次升华，都会反过去影响下次单一性目标的实现。综合性目标升华的越快，完善程度越高，则下一次单一性目标越容易达成，反之，则越困难。

总之，在高职土建类专业的课程思政教学实施过程中，应根据自己的学生实际，课时、学期和课程实际，在总体教育目的和培养目标的指导下，制定符合要求的具体目标。

4.4 高职土建类专业的课程思政内容体系构建

内容是思想、政治、道德、心理的载体。高职土建类专业的课程思政内容体系包括但是不等于课本，除了专业知识而外，还主要由大政方针、法律法规、道德修养、心理知识、现场案例等构成。这些内容部分可以适当加进课本，部分应该由任课教师在备课时根据所授课程的思政目标，选取与教授的专业知识相关的内容进入教材。

近年来，上海围绕立德树人根本任务，从"政治认同、国家意识、文化自信、公民人格"的顶层德育内容体系出发，提出了全方位、立体化育人的教育教学理念，在课程建设、网络运用和社会实践等方面进行了不断探索，实现从思政课程向课程思政的创造性转化。高职土建类专业的课程思政内容体系的构建就是帮助我们从对高职教授思政课程向课程思政进行转化的基础步骤。

4.4.1 高职土建类专业的课程思政教学内容体系构建的基本要求

4.4.1.1 内容体系必须具有真实性

职业教育是一种实践性极强的教育类型，真实性是其教学效果的基本保障。因此，高职土建类专业的课程思政的教学内容必须来源于真实的工作环境和社会现实，才能对学生具有教育意义，才能真正触动学生的思想和心灵，才能达到教育目标，实现教育目的。学生在学校所学习的专业知识，形成的世界观、人生观、价值观，最终都要应用到真实的生活和工作中去，必须用以应对现实世界的挑战。这也要求我们必须用真实的内容去影响、教育学生。这不是文学，不是科幻，更不是表演，可以让作者任意虚构幻想，而是实实在在的生活，真真切切的科学。因此，我们的教材内容，包括课本内容的编写、案例的选择，都必须是科学的知识、活生生的人物、真实发生的事件。也只有这样的内容，才有感染力和说服力，才能给学生提供可供模仿的榜样和可吸取的现实的经验教训。

4.4.1.2 内容体系必须立足现实性

高职教育要求学生有很强的实践动手能力。虽然建筑行业有自己的漫长的发展历史，也有未来远大的理想，但是在高职层面却只能对这部分做一定的了解。从专业技术的应用上来说，高职教育的重点却是现在正在使用的部分。因此，传授学生知识、培养学生能力，都必须立足于现实，来源于现实，而且要在毕业后马上应用于现实之中。高职土建类专业的课程思政内容必须把当前正在使用的专业技术知识与国家现行大政方针、法律法规、道德要求、大众心理相结合，与国家和民族的思想、政治、文化、经济和社会的发展状况和生态环境相适应。过于陈旧或前瞻的内容体系都会限制学生的专业和行业适应性而降低课程思政的教学效果及其影响力，从而可能被学生忽视甚至拒绝，而失去其目标和方向。

4.4.1.3 内容体系必须富有文化性

广义上说，教育就是一种文化行为。思想政治教育本身是一种文化现象并以文化的形式存在。思想政治教育过程是"文化化人"的过程。思想政治教育是政治、经济、社会发展的重要手段，同时又是促进人的文化自觉、精神生长和安身立命之本。❶高职土建类专业的课程思政属于教育的一个特定部分，因此其内容必须具有文化性。文化性就是要求课程思政内容体系具有一定的思想、政治、道德、心理的精神感染力和渗透力，而不能仅给学生呈现苍白的说教、干瘪的公式、乏味的条文或者枯燥的说明。这就要求我们在课程思政内容体系构建中要注重专业、行业历史文化的挖掘、传承与创新，要把专业知识与国家民族文化、地域文化、行业文化相结合，要把专业知识、实践训练、榜样案例与国家大政方针、法律法规、道德要求、校园文化等方面有机结合、无缝衔接，知识呈现要做到生动活泼、图文并茂，思想政治、道德修养、精神文明感染和渗透要潜移默化，要从内心深处打动学生。

4.4.1.4 内容体系必须注重专业性

所谓内容的专业性，是指高等职业教育内容具有很强的专门性和独特性。俗话

---

❶ 张想明，杨红梅. 论思想政治教育的政治性、科学性、文化性及其关系 [J]. 前沿，2003，（1）：28.

说，隔行如隔山，高职土建类专业的课程思政体系，特别是其内容体系，肯定与其他专业，如交通运输类专业、航天航空类专业、经济金融类专业等有很大的差异。这就要求我们必须依据自身院校的专业特征，构建符合高等职业院校所开设专业的发展和教育教学、人才培养规律的高等职业教育课程思政内容体系。高等职业教育课程思政要求把思政教育与高职各专业的文化、历史和实践充分融合，无缝衔接，而高职教育每一个专业都有自身独特的文化积淀、历史轨迹、发展路径和实践经验。这就要求我们在构建高职教育课程思政内容体系的时候，要充分了解自己所从事的专业独特而典型的历史文化和实践特征，根据这些特征来安排思政元素的融入，根据专业特征来确定和区分内容差异。土建类高职教育是一种专业教育，学生所学习的知识都具有很强的专业性。参与培养的教师，无论是公共基础课程教师、专业理论课程教师，还是专业实践类课程教师，都是专业人士。高职土建类人才培养方案中的课程设置，无论是公共基础课程、专业理论课程，还是专业实践类课程，都毫无疑问必须注重专业性。高职土建类专业的课程思政无论是作为思想政治教育一种新的理念，还是新的教育途径，甚或是新的教育方法，其内容都是根植于专业课程的教学内容之中的。我们不能毫无逻辑、毫无征兆地强行嫁接，为了思政而思政，这样反而会引起学生甚至教师的反感，不仅不能达到课程思政的目的，还可能影响专业教学的效果。因此，高职土建类专业的课程思政内容体系必须注重专业性，选取与专业相关，符合专业教育逻辑的内容，从而把思政教育融入专业教育之中。比如把建筑法纪教育融入工程建设法规课程，把环保意识融入建筑节能技术课程，所有课程中都可以用马克思主义基本观点来阐明，其他的如建筑施工技术、建筑施工组织、建筑工程施工安全管理等，都可以适当加入具有专业特点的思政教育内容。

4.4.1.5　内容体系必须突出行业性

高职土建类专业就是培养建筑行业优秀一线技术与管理人才，其教学内容就必须突出行业性特征。高职教育特别强调产教融合、校企合作，而与高职院校进行合作的企业都具有典型的行业特征，有可以代表行业的文化，有独特行业运行系统和生产流程。这些文化、系统和流程根据专业的不同而千差万别。这就要求我们在对学生实施课程思政的时候，要考虑这些差异，特别是在内容体系方面，注重行业差异性。这样才能让自己培养的人才在思想上、政治上、道德上和心理上与行业企业文化实现无缝衔接，也才能在行业中沉得下、站得稳，而后才能有所发展，在事业中才上得去。突出行业性，除了对高职学生的普遍思想政治要求外，教学内容更要突出国家在思想上、政治上、道德上和心理上对建筑行业的专门要求。要选取与行业文化、行业职业道德密切相关的内容，选取国家建筑的大政方针、建筑法律法规、职业道德规范、建筑行业专门心理素质要求等，特别是教学案例，应来自于建筑行业，而且是行业中实实在在发生的事情。

4.4.2 高职土建类专业的课程思政内容

4.4.2.1 专业知识

高职土建类专业的课程思政必须以专业教育为主，不能把专业课程上成专门的思想政治教育课程。高职土建类专业的课程思政内容体系中很大部分是专业知识。在高职土建类专业的课程体系中，不论是公共课程、基础课程还是专业课程，不论是理论课程还是实践课程，都蕴含着马克思主义世界观、方法论和马克思主义基本立场、基本观点如马克思主义发展观、价值观、实践观等，涉及行业相关的法律法规、道德要求以及毛泽东思想、邓小平理论、"三个代表"重要思想、科学发展观和习近平新时代中国特色社会主义思想相关内容。有了这些内容，就可以潜移默化地树立学生科学的世界观、人生观、价值观，用科学的理论武装他们的头脑，从而加强马克思主义唯物论、无神论和现代科学知识在他们头脑中的烙印。同时指导学生正确认识和把握建筑行业发展的客观规律，提高他们认识建筑规律，促进建筑行业科学发展的能力。

4.4.2.2 大政方针

大政方针是对学生进行思想教育和政治教育的重要内容。大政方针蕴含着我们的政治理想、政治信念、政治立场、政治观点，可以明确学生对国家、阶级、社会制度等重大政治问题的立场和态度，对于需要出国参与国际工程项目的高职土建类专业毕业生尤其重要。如党的十九大报告提出"为把我国建设成为富强、民主、文明、和谐、美丽的社会主义现代化强国而奋斗""一带一路"倡议，"绿水青山就是金山银山""房子是用来住的，不是用来炒的"等，这些内容就是和土建类专业学生息息相关的思想和政策，可以培养学生的政策意识、服务意识、环保意识、节能意识、国际主义观点等，也可以激发学生的爱国主义情怀、民族自豪感，增强他们的国家归属感和社会责任感。党和国家对建筑行业的重视和加大投入的政策，会加强土建专业学生的职业自豪感，促进他们更加爱岗敬业。而当前的国家治理、城市和乡村治理政策，不仅仅是高职土建类专业学生新的就业和工作方向，对于教育和培养学生摒弃旧的城乡规划、建设、管理理念和观点，从而树立解放思想、改革创新意识，都具有指导意义。

通过大政方针，可以教育学生树立社会主义核心价值观，在学生思想中构建社会主义核心价值体系，即马克思主义指导思想，中国特色社会主义共同理想，以爱国主义为核心的民族精神和以改革创新为核心的时代精神，社会主义荣辱观，同时打造高职土建类专业学生的工匠精神。

4.4.2.3 法律法规

法律法规教育也是思想政治教育的重要内容，而高职土建类专业的课程思政所涉及的法律法规教育主要是与专业相关的法律法规。除了工程建设法规课程外，其他专业课，如建筑工程计量与计价、建筑工程项目管理、建设工程招标与合同管理等，都有法律法规教育。法律法规教育可以增强学生的法律意识和法治观念，培养他们依法治国的理念，促使他们自觉遵守法律法规，按照国家宪法和法律法规的要求办事。他们从业以后，作为建筑企业员工，能够清楚认识自己的权利和义务，能够秉持公平公正的立场，按照合同要求执行。特别是在曾经一度混乱的国内招投标活动中，遵纪守法，按照规范程序办事，才可以有效地保护自己和公司的权益。

4.4.2.4 道德修养

结合高职土建类专业的理论知识，特别是高职土建类专业的实习实训课程，是很好的道德规范教育和道德实践的场所。比如在工程测量、房屋测绘实训、建筑工程工种实训、砌体结构工程施工综合实训等课程，不仅仅可以加强团队协作精神的训练，而且可以进行道德规范教育，使学生掌握道德知识、培养道德情感、强化道德意志、实现道德行为。通过道德规范的掌握和内化，形成明确的道德观念和果断的道德判断。第一，能够实实在在地践行爱国守法、明礼诚信、团结友善、勤俭自强、敬业奉献等基本道德规范。第二，做到维护公共财物、遵守公共秩序、爱护公共环境、参与公益事业等社会公德。第三，作为高等职业教育，职业道德教育是思想政治教育的重中之重。必须教育学生严格遵守爱岗敬业、诚实守信、办事公道、服务群众、奉献社会等职业道德规范。第四，可结合教师在行业中的所见所闻，形成案例，进行尊老爱幼、男女平等、勤俭持家、邻里团结等高尚的家庭美德教育。

4.4.2.5 心理健康

由于高职土建类专业性质的特殊性，土建专业的学生必然遭遇诸多心理困境。这就要求他们必须具有过硬的心理素质，即良好的个性、健全的人格、健康的情感、乐观的心态、坚强的意志，要有勇于进取、不怕挫折、自立自强、艰苦创业的意志品质和精神动力。在校时，要从土建类专业知识角度缓解新进校学生对专业认知苍白的焦虑，到大二对专业发展前景的迷茫和大三就业选择的躁动、惶恐与不安；以及整个高职三年学习过程中应对各种各样的挑战，如学业不顺、恋爱挫折、人际困境等；还要在整个教育过程中提前培养学生能够适应毕业后艰苦、寂寞、嘈杂、枯燥、孤独甚至荒凉的工作环境，要能够应对公司复杂的人际关系和人际环境，以及与其他单位和部门的人打交道的心理素质。土建类专业的毕业生，将来不论是做施工员、质量员、安全员、预算员、材料员、资料员、机械员、试验员或者标准员，都要与建设单位、设计单位、监理单位、材料供应商以及劳务人员打交道，反之亦然，高职土建类专业毕业生也可能管理劳务人员或者自己做监理人员，则每一类不同的人都要求不同的人际交往技巧，要面对不同的问题，需要强大的心理承受力。建筑行业也是一个安全事故高发的行业，没有强大的心理素质，就可能会出现严重的心理问题。

4.4.2.6 现场案例

高职土建类专业是操作性、实践性很强的专业大类，其中很多专业课程，如建筑施工技术、建筑施工组织、建筑工程质量事故分析与处理等，以及一些实践操作类课程如建筑工程工种实训等，很大一部分内容是来自于建筑行业一线的经验总结，这些来自于一线的现场案例就是高职土建类专业的课程思政必不可少的内容。现场案例真实、生动、借鉴性强，具有很强的榜样示范作用，对我们学生的思想认识、政治立场、道德判断、心理素质等都具有现实的影响力，可供学生借鉴参考。特别是关于招投标过程中的违法违规操作、施工过程中的安全事故等方面的案例，可以直接给我们的学生以警示作用。还有已毕业校友的成功案例，如"鲁班奖""詹天佑奖"获得者案例等，可以极大地激励我们的学生，激发他们对建筑行业的热爱和忠诚。参与港珠澳大桥、青藏铁路、上海世博园等现代建筑奇迹的建设工作的校友案例，可以激发学生的民族自豪感、专业自豪感和母校自豪感。

4.4.3　高职土建类专业的课程思政内容体系结构

为达到高职土建类专业的课程思政目的，即在专业课教学过程中完成适当的思想教育、政治教育、道德教育和心理健康教育，其内容应包括上述的专业知识、大政方针、法律法规、道德规范、心理健康和现场案例的教学，这些内容以一定的结构形成了高职土建类专业的课程思政体系。这些内容作为一个体系是相互融合、相互支持、相互促进的关系。

4.4.3.1　以专业知识教育为主干

作为高等职业教育，专业知识的教育必然是课程思政的主干。只有在专门的思想政治教育课的教学中，专业知识才居于枝叶的地位。我们强调全员、全方位、全过程育人，是强调思想政治教育的重要性，强调教书与育人应当相互支持、相互配合、协同进行，最终形成教育合力。而不能各行其是，甚至互相抵触、相互攻讦，也不能把所有课程都上成专门的思想政治教育课。在高职土建类专业教育中，虽然思想政治教育居于与专业知识教育同样重要的地位，但是无论是从高职三年培养的总学时来说，还是从每一学时中专业知识教学所占的时间长度来说，专业知识教育仍然占据了绝大部分。从这个层面来说，专业知识教育是高职土建类专业课程思政的主干。失去专业知识教育，或者专业知识教育失去主干地位，课程思政将显得苍白而生硬，毫无着力之处，最终也不会有令人满意的教学效果，不能达到思想政治教育的目的。以专业知识教育为主干的课程思政就是要求我们不是用思想政治教育挤占了专业教育的空间甚至以思想政治教育来代替专业教育，而是把思想政治教育的相关内容毫无痕迹地融入以专业知识教育为主的教育过程中，当然不是强行的嫁接，或者在专业知识教育完成之后再来画蛇添足地加入一段毫无联系的思想政治教育内容，那样的故作姿态反而会引起师生的反感，收到适得其反的效果。

4.4.3.2 以大政方针教育为先导

以大政方针教育为先导在于，只有率先注重大政方针教育，使学生明确政治方向，树立科学的世界观、人生观和价值观，在思想政治上为专业知识教育、法律法规教育、道德规范教育、心理健康教育和现场案例教学创造先决条件，明确学习方向。因为方向性错误是根本性错误，来不得半点含糊。高职土建类专业教育是培养施工一线的管理人才，学生是否能够成为合格的社会主义建设者和接班人重要的一部分，达到党和国家的要求，其思想观念和政治立场起着决定性作用。如果其思想观念和政治立场不正确，反而是危险的，就没有进行其他方面培养的必要了。

以大政方针教育为先导，就是率先用马列主义、毛泽东思想、邓小平理论、"三个代表"重要思想、科学发展观和习近平新时代中国特色社会主义思想武装学生的头脑，进行科学的世界观、方法论教育，进行政治理想、政治信念、政治方向、政治立场、政治观点、政治情感和政治纪律教育，先解决了高职土建类专业学生的对国家、民族、阶级、社会制度的立场和态度问题，理解了党的基本路线，正确认识了自己的权利义务，有较强的国家归属感和社会责任感，不会在思想政治方面犯方向性错误之后，才能进一步加强思想政治和专业的其他方面教育。

4.4.3.3 以法律法规教育为底线

以法律法规教育为底线，就是说教育土建类高职学生遵纪守法是思想政治教育的最低要求。这一方面是要求高职土建类专业的课程思政即使不能进行全面的思想政治教育，至少也要进行法律法规教育，促使学生知法守法；另一方面是要求学生即使不能达到思想政治教育的其他目标，至少也不能违反法律法规。守法是一个国家对自己公民的最基本要求，是一个合格公民的基本素质。只有完全遵守法律法规的高职土建类专业学生才有机会顺利接受完整的高职教育。高职土建类专业学生如果不能做到知法守法，就不能成为合格的大学毕业生，而其课程思政也就没有办法达到基本目标。一个大学生违法违规会让个人和社会都付出相当大的成本和代价，甚至可能威胁社会和谐稳定，造成社会资源内耗，延缓社会前进的步伐。因此，为了保证社会和谐和稳定，最大限度凝聚社会发展合力，促使中国特色社会主义共同理想早日实现，就必须保守高职土建类专业的课程思政的法律法规教育底线。

4.4.3.4　以道德规范教育为重点

以道德规范教育为重点是说，无论是对高职土建类专业学生还是他们毕业后成为土建从业人员，道德规范都对他们的行为起着最为经常性的、最普遍的调节作用，是与他们的学习、工作、生活时刻相伴，密不可分的。高职土建类专业学生的日常思想和行为都是在道德规范约束下的表现。作为职业教育，实践性是其非常重要的特征。而实践必须在各个层次道德规范的制约下来进行。无论是社会公德、职业道德还是家庭美德，都对高职教育起着重要的规范作用。特别是职业道德，更是高职土建类专业课程思政的重中之重。不能遵守职业道德的高职毕业生不能说是合格的毕业生，没有进行职业道德教育的高职教育也不是称职的高职教育。

同时，对于社会普遍现象来说，随着我国改革开放的进一步深入、社会信息化的进一步发展、经济全球化与逆全球化斗争的更加激化、中外文化在相遇与交流中的激烈碰撞，我国传统的道德体系也受到了西方拜金主义、享乐主义、功能主义等思潮的挑战，道德问题日益突出。要应对这个问题，一方面我们要构建新时代中国特色社会主义道德体系，另一方面要把道德规范教育作为思想政治教育的重点，在学生心目中内化新时代中国特色社会主义道德规范、形成新时代中国特色社会主义道德观念、明确新时代中国特色社会主义道德判断、培养新时代中国特色社会主义道德情操，从而规范学生的新时代中国特色社会主义道德行为，使他们的行为符合新时代中国特色社会主义核心价值观的要求。

4.4.3.5　以心理健康教育为基础

以心理健康教育为基础是说在思想政治教育中，心理健康教育是最初级的教育内容，思想政治教育的其他方面只有在学生心理健康的基础之上，才能进行。如前所述，由于高职土建类专业性质的特殊性，要求学生具有过硬的心理素质，即良好的个性、健全的人格、健康的情感、乐观的心态、坚强的意志，要有勇于进取、不怕挫折、自立自强、艰苦创业的意志品质和精神动力。如果学生没有这些素质，而是长期处于焦虑、彷徨、迷茫与不安之中，他就连最基本的生活自理可能都会成困难，还哪里有心思与精力来接受思想政治教育呢？因此，高职土建类专业的课程思政的实施，必须建立在学生具有健康的心理素质基础之上。为了避免学生出现严重心理问题，学会自我调适，形成良好心理素质，则需要进行适当的心理健康教育。在制定课程思政目标、实施课程思政教学计划时，必须建立在学生心理健康教育的目标和计划基础之上。

4.4.3.6 以现场案例教学为支撑

以现场案例为支撑就是说建筑行业的现场案例可以支撑高职土建类专业的课程思政的教育教学。现场案例是土建类专业从业人员思想政治实践活动的结果。从思想上，可以探知从业人员的世界观、人生观、价值观；从政治上，也可以看出他们的立场、观点、理想和信念等；从道德上，可以了解他们的道德观念、道德情感、道德判断、道德意志等；从心理上，可以确认他们有没有良好的个性、健全的人格、健康的情感、乐观的心态、坚强的意志，有没有勇于进取、不怕挫折、自立自强、艰苦创业的意志品质和精神动力等。现场案例一方面是我们以往课程思政成果的验证，另一方面也是我们进一步完善课程思政各个体系的现实依据。现场案例是我们课程思政教育内容中各种观点在现实世界中的重要事实论据和论点支撑，提供给了我们课程思政教学内容的有力例证。

总之，专业知识、大政方针、法律法规、道德规范、心理健康和现场案例构成了高职土建类专业课程思政比较完整的教学内容体系。这些内容，按照真实性、现实性、文化性、专业性和行业性要求，相互融合、相互支持、相互促进，可以为高职土建类专业的课程思政提供一个比较完美的教育平台，来传递我们中国特色社会主义思想政治文明。课程思政内容在和"两课"的配合过程中，应该做到优势互补，既要形成合力，又不能过多重复教学。"两课"注重思想政治教育的专门性和普遍性要求，而高职土建类专业的课程思政应该更加突出自己的专业性和行业性思想政治教育特征。

4.5 高职土建类专业的课程思政评价体系构建

课程思政是在全员全方位全过程育人要求下新的育人理念的实践，其评价体系不仅仅是对学生的学习过程和成果进行评价，也要对教师的教学过程、教学能力和教学效果进行评价。但是对课程思政的评价并非独立或者专门进行，而是融入或者附着在对教师或者学生的综合评价之中的。

4.5.1 评价体系构建的要求

4.5.1.1 评价体系要具有导向性

评价体系的导向性就是说评价要能够更加明确高职土建类专业的课程思政在未来的实施、发展和完善中的方向，提出具有创造性的指导意见，使高职土建类专业的课程思政的方法更加恰当，效果更明显。评价体系的构建以目标体系为标准，以内容体系为依据，评价结果又反作用于目标体系和内容体系，指导目标体系的更新和完善，并进一步修改和充实内容体系。评价在于发现以往课程思政实施过程中的问题和不足，为新一轮课程思政实施提供指导性意见和建议，也为思想政治教育查漏补缺提供实践依据。

评价体系是"三全"育人激励机制制定的重要基础和依据。评价体系要与学校激励机制相结合，能够激发师生参与的积极性、主动性。评价的结果要使师生及时了解自己的教学和学习成就，让他们有"成就感"，激发出他们未来进一步实施课程思政的强烈动机。这样的评价体系才具有实践意义，要避免陷入为了评价而评价的尴尬境地、评价过了就弃之于不顾的形式主义。

4.5.1.2 评价体系要具有发展性

评价体系的发展性要求评价体系具有开放性，而不是一个封闭的体系。这个体系应该可以随着培养目标的改变和具体化而不断完善，随着内容体系的更新而更新，随着时间的推移和时代的变化而不断完善，与时俱进。发展性要求评价体系能够做到一定程度的前瞻，能够预见课程思政发展的未来趋势，要能够考虑到在评价过程中可能会遇到的问题。评价体系的发展性还要考虑课程思政发展的规律和教师教学规律、学生学习规律以及学生身心发展规律。毕竟课程思政目前处于起始阶段，绝大多数师生都是刚刚接触，居于实验期间，也属于适应阶段。因此不宜使用要求过高的评价标准，也不适合做出课程思政失败的评价结论。评价体系的发展性要求评价给予其评价对象一定的发展空间和一定的宽容性，不要一棍子打死。

4.5.1.3 评价体系要具有效度和信度

评价体系的效度就是说这个体系必须具有有效性，能够评价到自己想要评价的内容，契合培养目标和教学内容，评价结果有效。评价的效度是评价的基本要求之一。

评价的信度也是评价的基本要求之一，是说这个体系在不同时间、不同场合评价性质相同的事物时应该取得基本相同的结果，而评价性质不同事物时应该得到不同的结果，而不是针对同样或者类似的评价对象，得到相差很大的结果。没有信度的评价一般来说就是无效评价。

4.5.1.4 评价体系要具有综合性

综合性是指评价体系的指标应该是全面的，涵盖多重目标，是一个综合性的评价体系，而不是只针对单个目标或者某个方面进行评价。课程思政是对专业知识传授、职业能力培养与思想政治教育进行实质性融合，而不是像传统土建类高等职业教育，进行专业基础课程、专业课程教学基本不涉及思想政治教育，而"两课"的教师也不太懂土建类专业知识，甚至不涉及其行业领域，也没有办法结合专业进行思想政治教育。而高职土建类专业的课程思政则要求两者有机结合，那么其评价体系理所当然应该是这两个方面的综合体。

同时，评价体系应该涵盖知识、能力和行为，不仅应该注重理论，更应该注重实践，而不能仅仅涉及其中某个方面。特别是实践行为，是一切思想政治教育的最终落脚点，是检验课程思政成果的根本依据，无论再高明的理论、再高超的能力，如果不能表现在良好的符合社会主义核心价值观的行为上面，可以说这个教育也是失败的。因此，评价体系涵盖对受教育学生行为的观察与追踪。

4.5.1.5 评价体系要具有可操作性

评价体系应该具有较强的操作性，就是要求评价体系与教学和评价实践相结合，符合高职土建类课程思政实施的实际情况，而不能仅仅停留在理论上或者想象中，也不能仅仅是抽象的理论或者办法，而停留在纸面上。评价体系的可操作性是对评价指标、评价方式、评价结果统计与应用的要求。

4.5.1.6 评价方法的多样性

由于课程思政本身就是极其复杂的教育教学过程，这一过程又受到教师、学生、高职院校和行业特征的影响，而无论哪一种评价方法，都有其自身的局限性。因此，我们在对课程思政过程、结果进行评价时，都应该注重方法的多样性。对高职土建类专业的课程思政的评价应该把过程评价与结果评价，定性评价与定量评价，自我评价与他人评价，诊断性评价、形成性评价与终结性评价等结合起来，做到评价结果的真实性和客观性。

4.5.2 评价的主体

4.5.2.1 教师为主体的评价

教师在高职土建类专业的课程思政中起着主导作用，如果要对课程思政进行全方位评价，他们也应该是评价的主体。当然，出于同样的原因，他们也是评价的对象。教师作为评价的主体，一方面可以进行自我评价，根据自己制定的培养目标、课时目标，判断自己在教学过程中的言语和行为是否符合课程思政的要求。根据学生在教学过程中的表现与课外的日常行为，判断自己的教学方法是否得当，以及评价课程思政教学效果如何，从而找到需要改进的地方和需要修正的路径。

教师作为课程思政的参与方之一，其作为评价主体的优势就是非常了解自己想要达到的目标，能够熟知自己在教学过程中的表现是否符合课程思政的要求。这是教师进行的反思性自我评价，具有真实性，但其客观性则可能会打折扣。

另一方面，教师作为评价主体最主要的责任，就是负责对学生学业成绩的评价，通过对学生日常课堂表现、问卷（包括作业、考试试卷、课堂提问等）、日常行为的观察等收集的关于学生思想政治态度、情感、意志、知识、能力和实践数据，了解学生的思想政治立场、观点、态度、情感、意志、信念、信仰，了解学生掌握课程思政知识的程度、能力的高低、行为是否符合社会主义核心价值观的要求等，然后得出学生学业（包括课程思政）成绩的评价结论。这一结论是学生评优、就业、毕业的主要依据。这种评价的真实性取决于观察的细致性和问卷的信度与效度。

4.5.2.2 学生为主体的评价

高职土建类专业学生在课程思政中起着主体作用，也是重要的评价主体。"将学生作为高校思想政治理论课评价体系实施主体是我们党的教育方针的要求。"❶

一方面，学生作为课程思政评价主体可以进行他人评价。学生作为课程思政的参与者和直接作用对象，他们深受课程思政的影响，对课程思政有着最直观的感受，对于课程思政的效果、实施方式、实施内容等都是最有发言权的。课程思政最终成功与否，决定权也是掌握在学生手中，教师、内容、方法、制度等都不过是影响课程思政效果的外在因素，而学生才是内因。因此，学生评价对课程思政起关键作用。

另一方面，学生对课程思政的实施需要作出自我评价。对标课程思政目标，对自己的思想政治立场、观点、态度、情感、意志、信念、信仰，自己掌握的课程思政知识的程度、能力的高低、行为是否符合社会主义核心价值观的要求等，作出自我评价，进行自我反思，思考并决定自我提升和改进措施，并付诸实践。教师和第三方对学生的评价都是通过间接的手段来进行的，是属于间接评价。而学生是最了解自己真实想法的人，是最了解自己的人，是直接评价。所以理论上说这种评价应该是最真实的，但是其难点在于评价的客观性不好把握。

4.5.2.3 第三方为主体的评价

无论是教师，还是学生，他们作为课程思政的直接参与方，所做的评价不可避免带有主观性，同时，教师和学生之间具有立场、经验、个性特征、性格、能力和亚文化差异，可能导致评价结论产生巨大差异甚至完全相反。这时候就需要第三方评价。理论上说，第三方应该由思想政治教育方面的专家组成，用科学的指标体系来进行。

---

❶ 贺金浦，刘姗姗. 论高校思想政治理论课的评价体系与实施主体［J］. 三峡大学学报人文社会科学版，2008，（2）：30.

因此，第三方评价具有真实性、客观性、理论性、前瞻性、权威性和指导性。

从评价主体来说，我们应该改变以往那种单方面评价的形式，把自我评价和他人评价相结合，从多方面、多角度对高职土建类课程思政进行更全面、更客观的评价。这有利于教师和学生对课程思政进行反思，从而进行自我调控、自我完善。

4.5.3　评价的对象与内容

评价对象包括教师、学生和课程思政教学过程，而内容则是教师和学生对课程思政的态度、情感、意志和他们所掌握的知识、形成的能力以及他们的实践行为。

4.5.3.1　以教师为对象的评价

作为课程思政实施的主导者，教师既是评价的主体，也是评价的对象。教师既是自我评价的对象，更是学生和第三方评价的对象。对教师的评价包括对教师实施课程思政教学的思想、态度、情感、意志和他们的知识、能力、教学实践过程的评价。

思想就是了解教师教育教学的想法和理念；态度就是评价他们内心对实施课程思政的真实想法和偏好，情感就是评价他们对课程思政是否热情；而意志则是考察教师在实施过程中如果遇到学生的冷淡或者其他阻力与困难时，他们是否有坚定推行和持续推进的毅力，这都影响着教师是否努力对学生进行了实实在在的课程思政教育。

知识评价包括教师对课程思政知识的掌握程度、教学理念的理解、教学方法的认识和掌握等。

教师教学能力评价是其中最为基础和最为重要的评价，是对教师评价最核心的部分，即教师有没有把自己掌握的课程思政知识运用于教学的能力，有没有恰当运用课程思政方法的能力，有没有把自己掌握的知识传授给学生的能力，总之一句话就是有没有实现课程思政目标的能力，以及能力高低的问题。

教师教学实践评价是对教师评价的关键部分，课程思政最终必须由教师来实施，如果他在教学过程中没有实施课程思政，那么他即使掌握了再多的知识，拥有再高超的能力，也是没有用的。教师教学实践评价即是对教师有没有实施课程思政、实施的方法是否恰当、专业知识与思想政治教育是否紧密结合、实施的效果怎样、所实施的课程思政是否为学生所接受、是否符合教育规律等的评价。

4.5.3.2　以学生为对象的评价

学生作为课程思政的主体和作用对象，更是课程思政评价的对象，是最重要最核心的评价对象。对学生的评价同样包含三个方面，即学生对课程思政知识掌握的情况，学生课程思政能力形成的情况和学生实践，即最终行为的情况。

知识评价就是对学生掌握什么是科学的世界观、人生观、价值观的评价；是对学生是否知道什么是正确的政治理想、信念、方向、立场、观点、情感、纪律的评价；是对学生是否掌握什么是美好的道德规范、道德情感、道德行为进行评价；是对学生是否了解什么是健康的心理素质、良好的个性、乐观的心态、积极的情感、坚强的意志等进行的评价。

对学生的能力评价就是针对学生经过课程思政的培养之后，所形成的能力的评价，包括能够判断和摒弃错误思想和错误行为的能力，正确认识世界和改造世界的能力，形成科学世界观、人生观和价值观的能力；坚定自己确立的政治理想、信念、方向、立场、观点的能力；正确处理政治情感、遵守政治纪律的能力；做出正确的道德判断的能力；克服错误道德观念、遵守道德规范；承受和疏解心理压力的、对抗心理疾病的能力等。

学生的实践行为是判断课程思政成功与否的唯一标志，对学生的实践评价就看经过课程思政教育培养的学生行为是否符合中国特色社会主义建设者和接班人的要求，这是课程思政的根本点和落脚点。如果学生的行为不能达到要求，甚至与我们的培养目标相背离，那么即使在评价中发现他们掌握了丰富的思政知识，具有非凡的思政能力，也是没有用的，这只能说明课程思政最终是失败。

4.5.3.3　对教学过程的评价

科学的评价体系需要把过程性评价和形成性评价相结合。我们对教师和学生的知识、能力与实践的评价，都是形成性评价。采用过程评价是因为根据教育的一般原理，任何人做过的事情，总会留下痕迹与影响，好的过程一定会产生一定的教育影响力，一般会有好的结果；努力做过的好的事情必定比没有做过更有效果。而好的教学过程是产生我们想要的结果的必然保障，没有教育过程就不会有教育效果。

课程思政的过程性评价主要是对课堂的评价，实际上就是教学评价，即评价教师在教学过程中是否确立了思政目标，是否采取措施意图实现思政目标，即是否在专业知识教学过程中融入了思想政治教育，融入内容是否恰当，融入程度如何，方法是否得当，学生的参与程度如何等。另一个方面，对于思想政治教育专任教师来说，则是评价他们是否在进行专门思想政治教育时涉及土建专业、行业知识或者案例，所举的例子、树立的榜样、感染的故事是否来自建筑行业或者与之相关。

对教学过程的评价是对教师评价与教学评价的结合，除了前述对教师进行静态评价，教学过程又是对教师的动态评价。

4.5.4 评价数据收集的方法

4.5.4.1 文献与资料分析

首先，收集和分析教师的教案，包括课时授课计划和讲稿。可以根据教案中是否设定思政目标、是否设计思想政治教育方法，教学过程设计是否设计思想政治教育内容等来评价教师在教学过程中是否实施了课程思政。其次，收集学生的作业和试卷并进行分析，通过对学生作业和试卷的分析了解课程思政目标是否实现。再次，可以通过日常了解到的师生发表的网络文章或者只言片语，包括师生发表在微博、QQ空间、微信朋友圈、网络购物平台评论的观点并进行分析，了解师生的态度、情感、立场、观点、理想、信念等倾向性，看看他们的观点是否符合课程思政的目标要求。

4.5.4.2 调查

调查也是获取一手材料的有效方式，也是测量师生态度、情感、立场、观点、理想、信念等倾向性的出色工具。首先是问卷调查。职业院校进行的网上评教，实际上就是问卷调查。我们只需要在问卷设计中加入适当内容调查课程思政即可。调查主要是第三方评价的数据收集方式，也可以是教师了解自己教学效果进行自我评价或者对学生进行学业评价的数据收集方式。问卷调查之前需要进行问卷设计和对样本进行抽样。问卷设计要考虑合适的问题形式，问题必须清楚，避免双重或者前后矛盾的问题，问题在受访者能力范围内，受访者必须愿意回答，问题应该中肯而且越短越好。❶对于样本，一般要求学生全员参与。其次是访谈调查。访谈是收集调查资料的

---

❶ 艾尔·巴比. 社会研究方法［M］. 邱泽奇译. 北京：华夏出版社，2005：237-241.

一种替代方法，这种方法不是让学生亲自阅读并填答问卷，而是由评价者（可以由每学期随堂听课的督导组专家组成）在听课间隙对学生进行口头提问，并记录学生的回答，一般以面对面的方式进行。督导组专家应该表明自己与学院对学生的考核成绩无关，才可能会得到最客观、最真实的答案。

4.5.4.3 观察

观察数据主要是评价主体通过对评价对象的言行进行观察、记录，并根据这些言行来推断评价对象所持有的态度、情感、立场、理想、信念等是否达到课程思政的目标要求，是否符合社会主义核心价值观的要求等。比如通过教学督导对课堂的观察记录，就可以了解教师该堂课是否实施了课程思政、课程思政目标是否明确、实施的方法是否恰当、内容是否合理等。通过观察学生的言行，就可以了解到课程思政实施的效果，了解这些学生是否持有正确的符合中国特色社会主义的立场、态度、情感、理想、信念，这些行为是否符合中国特色社会主义核心价值观的要求；判断这些言行是否符合中国特色社会主义道德规范的要求；了解这些学生是否有良好的人际关系、健全的人格、乐观的心态和坚强的意志等。教师评价学生时，要注意课堂观察，根据课堂观察到的学生言行做出适当的评价，作为学生平时成绩的重要组成部分，同时也为持续改进教师课程思政的实施方案提供依据。

4.5.5 课程思政评价操作体系

操作体系是对教师评价、学生评价和教学过程评价的操作化描述，进行部分评价量表设计。但是这里的量表仅供参考和选用，部分量表实际上是可以互相代替的。

4.5.5.1 自评体系

（1）教师自评。教师自评就是教师对自己的教学过程进行反思性评价。

第一，要求教师每上完一堂课后，对自己本节课进行反思性评价，要求在授课教案（表4-1）末尾写出教学反思。教师可以对自己在教学过程中的表现进行反思，反思自己在本节课教学过程中是否贯彻了课程思政的主题思想；对自己的教学效果进行反思，在反思自己是否实现本节课知识目标和能力目标的同时，也反思是否达成了德育目标。在总结经验的同时，也反思自己在教学过程中的不足，以便在以后的教学中改进。

授课教案 表4-1

班级名称				
日　期				
周次 / 星期 / 节次				
课时章节或授课题目				
课程思政主题				
教学目标	知识目标			
	能力目标			
	德育目标			

	复习要点或题目	教学方法	教学时间
教学设计			
	授课提纲及重难点分析	教学方法及课程思政设计	教学时间
		1. 教学方法设计	
		2. 课程思政设计	
	小结	教学方法	教学时间
	作业布置（预习、思考题、练习题、看参考资料等）		
教学反思	（对教学过程的优点与不足等进行反思总结）		

第二，要求教师在期中自查时进行自我评价（表4-2）。期中评价，可以反思自己本学期课程思政目标或者课程目标是否需要调整、前半期课程思政教学方法的有效性、教学内容是否需要调整、半期教学效果如何等，然后决定是否对学期目标或者课程目标进行调整，是否改变教学方法。可以根据前半期的教学进度，决定是否调整教学内容。然后根据对这些情况的反思做出自我小结，为后半学期改进教学提供依据。

_____年____期期中教学检查教师自查表　　　　　　表4-2

_____系（院、部）_____教研室　教师_____　　检查截至第___周

授课班级						
课程名称						
教学任务	计划章节					
	完成章节					
教案	计划堂数					
	实际堂数					
作业	布置题数					
	批改比例					
辅导次数						
听课学时						
调课次数						
是否起到示范作用	是					
	否					
方法是否需要调整	是					
	否					
目标是否需要调整	是					
	否					
内容是否需要调整	是					
	否					

续表

学风评价	好					
	一般					
	差					
效果评价	好					
	一般					
	差					
教学反思或建议 （可加页）						

第三，要求教师在每学期末进行自查与总结（表4-3）。在自查与总结中反思本学期自己是否在教学过程中对学生起到榜样示范作用、本学期教学目标是否实现、方法是否得当、内容是否合理、教学效果如何等。教师根据对这些情况的反思做出学期总结，为下一学期改进教学积累经验。

_____年___期期末教学检查教师自查表　　　　　　　　表4-3

_____系（院、部）_____教研室　教师_____　检查截至第___周

授课班级					
课程名称					
教学任务	计划章节				
	完成章节				
教案	计划堂数				
	实际堂数				
作业	布置题数				
	批改比例				

辅导次数						
听课学时						
调课次数						
是否起到 示范作用	是					
	否					
方法是否 得当	得当					
	基本得当					
	不太得当					
学期目标 是否实现	实现					
	基本实现					
	未实现					
内容选择 是否适当	适当					
	基本适当					
	不太适当					
学风评价	好					
	一般					
	差					
效果总评	好					
	一般					
	差					
教学反思或建议 （可加页）						

（2）学生自评

学生自评也是需要引导的，否则他们不会有自评动机。学院可以通过教务处和学生处制作问卷，在每学期末或者学年结束时，由辅导员发放给学生自评问卷，要求学生对自己这一学期的政治、思想、道德和心理进行反思。当然，问卷设计的问题只能具有适当代表性，而不可能面面俱到，学院责任部门或者辅导员可以根据学生实际情况随时进行调整。问卷填写完成后还要做一个学期自我总结或者学年自我总结，自评问卷可以根据教学内容和目标的不同，有所侧重，也可以重复使用。辅导员负责组织学生自评，对学生的自我反思和评价起辅助作用。辅导员可以只收回和分析具有代表性的学生的问卷，而不需要全部收回和分析，只要求学生自我分析，进行自我反思，自己保存答卷。这实际上是一个要求学生通过答卷进行自我教育的过程。

以下是几个问卷的示例。

大一学生自评问卷

1. 我热爱我的祖国。（　　　）

    A. 完全符合　B. 基本符合　C. 不能确定　D. 基本不符合　E. 完全不符合

2. 我有正确的人生观。（　　　）

    A. 完全符合　B. 基本符合　C. 不能确定　D. 基本不符合　E. 完全不符合

3. 我信仰马克思主义。（　　　）

    A. 完全符合　B. 基本符合　C. 不能确定　D. 基本不符合　E. 完全不符合

4. 我胸怀共产主义远大理想。（　　　）

    A. 完全符合　B. 基本符合　C. 不能确定　D. 基本不符合　E. 完全不符合

5. 我要做有理想有本领有担当的时代新人。（　　　）

    A. 完全符合　B. 基本符合　C. 不能确定　D. 基本不符合　E. 完全不符合

6. 我的言行符合社会主义核心价值观。（　　　）

    A. 完全符合　B. 基本符合　C. 不能确定　D. 基本不符合　E. 完全不符合

7. 我遵守社会公德。（　　　）

    A. 完全符合　B. 基本符合　C. 不能确定　D. 基本不符合　E. 完全不符合

8．我遵守法律法规。（　　）

    A．完全符合　B．基本符合　C．不能确定　D．基本不符合　E．完全不符合

9．我有坚强的意志。（　　）

    A．完全符合　B．基本符合　C．不能确定　D．基本不符合　E．完全不符合

10．我有积极、乐观、向上的人生态度。（　　）

    A．完全符合　B．基本符合　C．不能确定　D．基本不符合　E．完全不符合

大二学生自评问卷

1．我拥护中国共产党的领导。（　　）

    A．完全符合　B．基本符合　C．不能确定　D．基本不符合　E．完全不符合

2．我坚持科学的方法论。（　　）

    A．完全符合　B．基本符合　C．不能确定　D．基本不符合　E．完全不符合

3．我坚定支持中国特色社会主义制度。（　　）

    A．完全符合　B．基本符合　C．不能确定　D．基本不符合　E．完全不符合

4．我能够自觉做到"两个维护"。（　　）

    A．完全符合　B．基本符合　C．不能确定　D．基本不符合　E．完全不符合

5．我树立了"四个自信"。（　　）

    A．完全符合　B．基本符合　C．不能确定　D．基本不符合　E．完全不符合

6．我能够做到实事求是。（　　）

    A．完全符合　B．基本符合　C．不能确定　D．基本不符合　E．完全不符合

7．我有较强的国防意识。（　　）

    A．完全符合　B．基本符合　C．不能确定　D．基本不符合　E．完全不符合

8．我在日常生活中保持了节能环保。（　　）

    A．完全符合　B．基本符合　C．不能确定　D．基本不符合　E．完全不符合

9．我认为在建筑施工过程中团队协作很重要。（　　）

    A．完全符合　B．基本符合　C．不能确定　D．基本不符合　E．完全不符合

10．我有良好的人际关系。（　　）

    A．完全符合　B．基本符合　C．不能确定　D．基本不符合　E．完全不符合

大三学生自评问卷

1. 我努力做到为同学服务。（　　）

　　A. 完全符合　　B. 基本符合　　C. 不能确定　　D. 基本不符合　　E. 完全不符合

2. 我在积极追求工匠精神。（　　）

　　A. 完全符合　　B. 基本符合　　C. 不能确定　　D. 基本不符合　　E. 完全不符合

3. 我非常能够吃苦耐劳。（　　）

　　A. 完全符合　　B. 基本符合　　C. 不能确定　　D. 基本不符合　　E. 完全不符合

4. 我拥有良好的心理素质。（　　）

　　A. 完全符合　　B. 基本符合　　C. 不能确定　　D. 基本不符合　　E. 完全不符合

5. 我能够克服学习、生活、工作中遇到的各种困难。（　　）

　　A. 完全符合　　B. 基本符合　　C. 不能确定　　D. 基本不符合　　E. 完全不符合

6. 我给师弟师妹树立了良好的榜样。（　　）

　　A. 完全符合　　B. 基本符合　　C. 不能确定　　D. 基本不符合　　E. 完全不符合

7. 我是一名合格的"四有新人"。（　　）

　　A. 完全符合　　B. 基本符合　　C. 不能确定　　D. 基本不符合　　E. 完全不符合

8. 我做到了德智体美劳全面发展。（　　）

　　A. 完全符合　　B. 基本符合　　C. 不能确定　　D. 基本不符合　　E. 完全不符合

9. 我相信自己能够成为优秀的建筑施工一线管理人才。（　　）

　　A. 完全符合　　B. 基本符合　　C. 不能确定　　D. 基本不符合　　E. 完全不符合

10. 我会自觉反腐倡廉。（　　）

　　A. 完全符合　　B. 基本符合　　C. 不能确定　　D. 基本不符合　　E. 完全不符合

4.5.5.2　他评体系

（1）评价教师。评价教师一般可通过评价教师在教学过程中的表现来进行。首先，是由学院质量管理和控制部门委托教学督导专家来进行。教学督导专家通过深入课堂听课，观察并记录教师在教学过程中的言行、学生的课堂表现、查看学期教学计划和课时计划、对师生进行访谈等获取评价所需的第一手材料，通过量化表来对教师进行综合评价，量化表见表4-4。

课程思政教学过程评价指标（督导使用）　　　　　　表4-4

评价指标	评分内容	分值
教学设计	备课充分，精心设计教学各个环节，"工艺"精湛	10
	情境与活动设计指向问题解决；知识讲授符合教育学的育人规律	10
育人因素挖掘转化	具有良好的专业素养、科学精神、人文情怀和必要的马克思主义理论功底，善于提炼专业课程蕴含的育人因素，重难点突出	15
	理论联系实际，教学素材多样，鲜活生动，具有针对性和亲和力；善于将思想政治教育和专业知识传授融合，把思政教育巧妙渗透教学全过程，"配方新颖"，润物无声	15
教学方法	注重教学互动，突出学生主体地位，调动学生参与课堂积极性	10
	能综合运用现代信息技术手段和数字资源，教学内容呈现恰当，满足学生学习需求，"包装时尚"	10
教学效果	注重思想理论教育和价值引领，让学生感觉"营养丰富"	10
	教学感染力强，学生抬头听课率高，课堂氛围好	10
教师素养	教态大方，举止得体，精神饱满，教学投入；思路清晰，逻辑严谨，综合素质高；个人教学特色突出	10

　　其次是通过对教师所教授的学生进行问卷调查，可把学生问卷（表4-5）录入学校教务系统，在学生查询自己的期末成绩之前，要求学生根据教师教学实际情况对问卷做出自认为适当的回答，从而得到对教师的评价结果。这个量表也可以发给教师自评，或者用于教师之间进行互相听课，然后进行评价。

课程思政课堂评价量化表（师生共用问卷）　　　　　　表4-5

一级指标	序号	评价要素	分值	评分
教书育人	1	教风严谨，以身作则，榜样示范，遵守规定，严格要求，秩序良好	8	
	2	进行思想政治教育，内容恰当，有说服力	6	
	3	激发学生学习主动性和积极性，提高思想、政治、道德或者心理素质	6	
教学状态	4	熟悉教学内容，了解学生，了解行业，了解社会热点	8	
	5	板书清楚，绘图规范，布局合理，重点突出，难点突破，讲解清楚	6	
	6	互动良好，关注学生上课状态和反应，能积极引导学生	7	

续表

一级指标	序号	评价要素	分值	评分
教学方法	7	教学方法多样，有效，符合内容特点	6	
	8	教学手段运用得当，有效吸引学生注意力	7	
	9	案例或者知识点选取恰当，与专业知识结合紧密，能够引发学习兴趣	7	
	10	理论联系实际，对学生实践有指导作用	8	
教学效果	11	形成正确的世界观、人生观、价值观	8	
	12	学生能准确掌握教学基本知识	7	
	13	学生具有科学的思维、理性的判断、坚强的意志、过硬的心理	8	
	14	提高学生运用所学知识解决实际问题的能力	8	
意见和建议				
综合评分				

（2）评价学生

评价学生一般分为两个部分，一个方面是对在校学生的评价，另一个方面是对已经毕业学生的追踪评价。

对在校学生的评价，一方面是每学期由辅导员组织进行的操行成绩评定（表4-6），另一方面是由科任教师对学生的平时表现进行的评定（表4-7），评定结果作为学生平时成绩计入学生期末成绩，所占比例一般是30%。

学生学期操行成绩量化表　　　　　　　　　　　　表4-6

序号	学号	姓名	获奖加分	学习成绩加分	参加院系班活动加分	院系先进加分	全勤加分	乐于助人加分	劳动（寝室卫生）加分	综合素质提升加分	缺勤扣分	违纪扣分	卫生通报扣分	网络言行失当扣分	其他加分或扣分	学期综合得分	备注
1																	
2																	
3																	

续表

序号	学号	姓名	获奖加分	学习成绩加分	参加院系班活动加分	院系先进加分	全勤加分	乐于助人加分	劳动（寝室卫生）加分	综合素质提升加分	缺勤扣分	违纪扣分	卫生通报扣分	网络言行失当扣分	其他加分或扣分	学期综合得分	备注
4																	
5																	

填表说明：1. 加分和扣分根据学校操行学生操行评分细则执行。2. 综合素质加分指学生采用考取各种证书来提升自己的综合素质应该获得的加分。3. 其他加分或扣分指学生有不在学校规定的评分细则中的行为，班级操行评定小组认为应该加分或者扣分的

学生平时表现情况及成绩记录表　　　　表4-7

序号	学号	姓名	及时出勤记录（10分）	积极参与课堂讨论（10分）	发言具有正能量（10分）	听课状态好，精力集中（10分）	完成作业及时（10分）	作业答案正确率（10分）	上课积极向上（10分）	解决问题具有创造性（10分）	理论联系实际（10分）	综合表现（10分）	学期平时综合得分	期末考试得分	学期学科综合成绩	备注
1																
2																
3																
4																
5																

填表说明：1.教师平时上课需要做好学生出勤情况和平时表现情况的记录，期末再进行适当赋分。2.综合表现是教师对学生的总体印象评分。3.按照平时成绩30%加上末考成绩70%得到学期学科综合成绩

对在校生的评价，实际上是一种"即时效果"评价。由于教育教学效果显现的滞后性，学生的在校表现不能代表全部。我们还应该对已毕业学生进行追踪，根据已经毕业学生的工作表现和事业发展状况来评价当初学校教育包括课程思政的长期效果。对于这种评价，可委托第三方社会评价机构进行，同时，辅之以校友访谈、用人单位调查等方式综合判断。

4.5.5.3　校内评价的组织

高职土建类专业的课程思政的评价应该由学校统一组织。一般来说，对学生的评价由学生处负责为宜，对教师的评价则由质量管理办公室负责（没有质量管理办公室的学校由教务处负责）。

在课程思政全面铺开之前的教学改革实验阶段，可以由学院领导带领教务处、学工部、马克思主义学院、各教学系相关干部和督导专家、教师代表、学生代表等组成课程思政考核评价小组，对实验课程思政的学生、教师和教学过程进行考核和评价，也可以直接由课程思政教学改革课题组直接组成考核评价小组，负责考核和评价。

4.5.6　校内评价结果的应用

评价结果应该作为进一步完善课程思政实施方案的依据。对学生的评价结果可作为操行成绩计入学籍档案，直接和学生的评奖评优、就业推荐、毕业考核挂钩，学生的课堂表现也应该作为平时成绩，计入相应课程的学业成绩；对教师的评价结果应该作为教师评奖评优的参照标准之一，同时也应该作为教师承担课程任务分配、年度考核、职称晋升的依据。

4.6　高职土建类专业的课程思政方法体系构建

4.6.1　灌输法

灌输就是把我们认为正确的、符合人类一般价值的、与社会主义核心价值观相符合的思想政治观点和立场直接告诉学生，对它们进行符合逻辑的具有说服力的论证，以期在学生头脑中形成相同的观点和立场的思想政治教育方法。"灌输的过程，就是

用马克思主义的立场、观点、方法武装人民群众的头脑，引导人民群众树立科学的世界观和方法论的过程。"❶

灌输是德育的基本方法之一。思想政治教育和德育相互交融、相互支撑，其方法具有一致性。灌输是一种直接有效的方法，是在我们树立了道路自信、理论自信、制度自信、文化自信的基础之上，并在着力构建我们中国特色社会主义哲学社会科学话语体系的过程中，对学生直接阐明我们思想政治观点，用有力的论证和确凿的证据予以支撑，理直气壮地占领意识形态领地，在高职土建类专业学生头脑中构建社会主义核心价值体系，树立社会主义核心价值观，最终使他们成为中国特色社会主义事业的建设者和接班人。

灌输并不意味着把思想强行塞入学生的头脑。坚持灌输性和启发性相统一，历来是教育方法论所坚持的原则。因此把唯物主义世界观和方法论，把无产阶级人生观和社会主义核心价值观，把经过中国革命、中国建设和中国改革证明了的正确的中国特色社会主义思想政治观点、立场、理想、信念、态度、情感，把经过中国特色社会主义建设实践检验了的社会公德、职业道德和家庭美德以及高职土建类优秀人才必须具备的良好心理素质等传授给学生，以使他们减少在黑暗中摸索的时间和精力，在人生中少走弯路。这也是教育的本质要求。

灌输方法要求教师有比较深厚的思想政治教育理论基础，具有坚定的理想信念和牢固的思想政治立场，观点明确。教学时逻辑清晰，论据充分，论证有力，语言具有较强的感染力和说服力。

4.6.2　疏导法

疏就是疏通，导就是引导。疏导，一方面是通过对学生正确的世界观、人生观、价值观，以及思想政治观点、立场、情感、行为加以支持和肯定，使其在学生身上成为稳定的、日常的表现，或者进一步发展成为坚定的信念；另一方面是通过对学生不正确的思想政治观点、立场、情感、行为进行充分讨论，进行适当的说服和批评教育，使学生认识到错误，然后改正，回到正确、积极、健康的思想政治观点、立场、

❶　张耀灿，郑永廷，等. 现代思想政治教育学 [M]. 北京：人民出版社，2006：190.

情感、行为上来。

疏导可以分为不同类型。根据疏导内容的不同，疏导可以分思想疏导和心理疏导。根据疏导对象多少，疏导可以分为个别疏导和群体疏导。

疏导经常发生在师生讨论过程中。当学生对一些观点、立场、行为等产生疑惑、犹豫不决时，老师可以激励学生充分发扬民主，畅所欲言，发表自己的观点；在产生争论时，通过支持正确的观点和立场来引导学生树立正确的思想政治观点和立场。疏导时应当注意对持不正确观点学生的态度，要保护他们勇敢发表自己观点的积极性，不要过于严厉的批评，否则可能伤害学生的自尊心、自信心，导致以后大家都不敢公开发表自己的观点，表明自己的立场。

疏导要有耐心，要以理服人，而不能以自己教师的权力和权威来压人。

疏导之前的讨论，可以发现学生内心隐藏的真正想法、立场和观点，了解学生真实的思想状况，从而可以有针对性地从内心深处教育和引导学生。

4.6.3 比较法

比较法就是通过对正反两方的世界观、人生观、价值观和方法论，政治态度、情感、观点、立场等，道德观念、道德判断、道德情感、道德行为，心理素质、心理表现等进行对比和论证，得出正确的一方优于反方的结论，同时使学生树立符合中国特色社会主义要求的科学的世界观、人生观、价值观，培养正确的政治态度、政治情感、政治立场、政治观点，正确的道德观念、高超的道德判断能力、高尚的道德情操、优秀的道德行为，塑造过硬的心理素质的课程思政方法。

比较，一般选择人与人之间来进行，其中可以是历史人物之间的比较，也可以是现实人物之间的比较。最好是现实中行业典型人物的比较，甚至可以选取学生身边人物或者学生直接的比较。当然学生之间的比较要注意隐去真实姓名，做到不要伤害学生。通过对持不同世界观、人生观、价值观、方法论，政治态度、情感、观点、立场等，道德观念、道德判断、道德情感、道德行为，心理素质、心理表现等人的比较，用正确一方的成功事例来激励学生，引导学生选择正确的一方。

比较，可以分横向比较和纵向比较两种类型。横向比较又可以分为历史性比较、现实性比较和预测性比较。历史性比较是在已经发生的行业内具有典型意义的历史事件之间进行；现实性比较是就正在发生的事件或者现实中的人及其行为结果进行比较；预测性比较是针对建筑行业未来发展中可能出现的事件进行预测性比较，即告知学生错误的观点、立场、言行可能导致的后果。纵向比较是就同一个人或者同一类人在历史、现实和未来不同阶段持不同世界观、人生观、价值观、方法论，政治态度、情感、观点、立场等，道德观念、道德判断、道德情感、道德行为，心理素质、心理表现等，引发的或者可能引发的行为结果及其影响进行比较。

4.6.4 典型法

典型法就是通过引用建筑行业典型人物的案例，来引起学生共鸣的方法。典型有两种类型，一种是优秀人物典型，鼓励和引导学生自觉模仿优秀人物，这叫做榜样示范法；另一种是负面人物典型，引导学生引以为戒，从其行为和事件中吸取经验教训，自觉摒弃负面典型态度、情感、立场、观点、行为等的方法。典型法中有历史人物典型和现实人物典型，现实人物典型发生在学生身边，发生在建筑行业内，更能够引起学生共鸣，典型作用更强。比较法和典型法的区别在于，比较法总是成对呈现比较对象，而典型法总是单独呈现某个案例。比较法可能选取普通人物和案例，而典型法所选取的人物和案例更加具有代表性和典型性。另外，"三好"学生、优秀学生干部、各级奖学金的评定等，也都具有典型示范的作用。对违反校纪校规学生的通报批评、行政处分等等也是一种典型教育法。

4.6.5 感染法

感染法是一种间接的课程思政方法，是通过校园环境的渲染、课堂氛围的营造、学风班风的建设、故事的讲述等方式，潜移默化地影响学生思想政治态度、情感、观点、立场、言行等的方法。这种方法真正是"三全"育人的具体集中体现。要感染学生，就需要在校园文化建设上下足功夫，宣传栏、标语、悬挂物、校训、系训等都应该富含思想政治教育内容。学院领导干部、管理人员特别是专任教师和辅导员的言行，表现出的人格魅力、对学生的态度等都可以对学生起到感染作用。这种感染是一种隐性的思想政治教育，而坚持显性教育与隐性教育相结合，也是思想政治教育的方法论原则之一。而所谓"近朱者赤，近墨者黑"正是感染法效能历史经验的总结和形象表达。感染在大学生思想政治教育过程中具有重要作用，实效性很强，是教育不可或缺的方法之一。

4.6.6　团队力量法

团队力量法就是教师有意识运用团队的力量去影响团队成员的课程思政方法。高职土建类专业教学过程中常涉及分组问题，如各种实验、实训、实习课程设计等，每一个小组需要团结协作完成任务，这就形成一个个团队。我们相信每一个班级的多数学生都具有科学的世界观、人生观和价值观，有正确的思想政治态度、情感、立场、观点、方法和言行，有良好的道德品质和过硬的心理素质，但是也有部分学生在这些方面存在不足。因此高职土建类专业教师就要积极会同辅导员干预分组，要做到先进、中等和后进学生搭配，把班团干部和普通学生相互搭配，而不能使优秀学生、班团干部集中在一个或者几个组，而普通学生或者后进的学生集中在另外一个或者几个组。团队力量法就是专业教师或者实习实训指导老师抓住优秀的学生和班团干部，让他们逐渐扩大自己的影响，去帮助和教育自己领导的团队中后进的学生，充分发挥团队的力量，这也是一种学生之间的相互教育和自我教育。

4.7　高职土建类专业的课程思政保障体系

高职土建类专业的课程思政的保障体系就是高职院校通过政治引领，以国家和学校制度落实为保证，提供足够符合要求的人力、物力和财力，保障课程思政的顺利实施并达到目标的一种学校内部运行机制。是否有完善的保障体系决定着课程思政运行的顺畅程度和效率，决定着课程思政实施的成败。保障体系主要由政治保障、制度保障、人力资源保障和物质保障构成。

4.7.1 政治和组织保障

4.7.1.1 国家政治上高度重视

发挥思想政治教育的巨大作用，是中国共产党和中国特色社会主义制度的优良传统和政治优势。思想政治教育是培养学生的有效手段，也是治国理政的主要手段，党的历代领导集体都对思想政治教育做出了重要指示和科学阐述。这些指示和阐述表明党中央对思想政治教育的高度重视，同时为我们实施课程思政提供了强大的政治保障。高职土建类专业院校党委应该落实这些指示精神，在政治上引领，学校党委书记、校长要带头走进课堂，做好课程思政的榜样，保证课程思政的顺利推进。

4.7.1.2 组织上重点保证

为贯彻落实"三全"育人理念，高职土建类专业院校应该组织专门的课程思政实施领导机构，可以由分管学院领导牵头，由学院教务处、学工部、马克思主义学院及各教学系主要领导干部等组成的课程思政实施推进小组及其监督、考核小组，负责落实课程思政的具体实施、过程监督和效果考核，从而在组织上保证课程思政的顺利推进。

4.7.2 制度保障

制度保障是课程思政的长效机制和基本保障，是防止课程思政形式化、空洞化的基本举措，也是防范因学院领导人的改变而改变的重要措施。用制度为大学生思想政治教育各项活动的开展提供强有力的支持和保障，与时俱进地将大学生思想政治教育内容及操作规范化、法制化、常规化，可以树立起大学生思想政治教育的权威性，可以提高人们对大学生思想政治教育的重视程度，可以为高校大学生思想政治教育活动的开展提供有力的人、物、力的支持，进而为大学生思想政治教育营造良好的校园文化氛围。❶2020年5月28日，国家教育部印发《高等学校课程思政建设指导纲要》的通知，为我们高职院校落实高职土建类专业的课程思政制定各种制度提供了国家层面的依据。

4.7.2.1　国家制度的具体化落实

1987年，中共中央发布了［1987］18号文《关于改进和加强高等学校思想政治工作的决定》；1994年，中共中央发布［1994］9号《关于进一步加强和改进学校德育工作的若干意见》，成为当时大学生思想政治教育的纲领性文件和基本依据。21世纪，为适应中国特色社会主义经济社会发展的新需要，2004年中共中央、国务院发布《关于进一步加强和改进大学生思想政治教育的意见》。文件全面部署了高校思想政治教育的各项工作，成为党的十六大以来加强和改进高校思想政治教育工作的纲领性文件。2016年12月8日，全国高校思想政治工作会议明确提出全过程、全方位育人理念；2017年2月27日，中共中央、国务院印发《关于加强和改进新形势下高校思想政治工作的意见》，提出了坚持全员全过程全方位育人的思想政治教育原则；2020年5月28日，教育部印发《高等学校课程思政建设指导纲要》的通知。这些都是实施课程思政的最重要的政策依据和制度保障。

高职土建类专业应该充分落实这一系列文件精神，保证课程思政顺利实施。

4.7.2.2　校内制度的制定与完善

为了保证课程思政顺利有序开展，高职土建类院校应该根据教育部、省市教育行政部门相关文件精神，制定并完善相关制度。如"课程思政实施方案""教师课程思政考核办法""课程思政督导办法""课程思政师资培训、进修和奖励办法"等。修订"学生学业管理办法""学生学籍管理办法""学生操行评定办法"等，加入课程思政的相关内容。

---

❶ 张文学. 高校大学生思想政治教育制度化研究［D］. 中国地质大学，2012：30.

4.7.3 人力资源保障

4.7.3.1 教师资源的储备

教师是课程思政的实施者、主导者，教育的关键在教师。"教师是人类灵魂工程师"，在现代社会，教师是教育必不可少的基本条件，没有教师，培养人才是难以进行的。

目前，土建类高职院校大多数思政课教师都有很深的教育情怀，具备一定的新思维，拥有广阔的视野、健全的人格，对自己也有严格的要求。问题在于实施课程思政，90%的主导权应该是掌握在土建专业基础课和专业课教师手中，但是目前的这部分教师具备多少课程思政知识、课程思政意识的强弱和课程思政能力的高低值得怀疑。因此我们首先要对这部分教师进行培训，让他们理解课程思政理念，掌握思想政治的基本知识、基本方法和技巧，使他们具备实施课程思政的基本能力。

从另一个方向来说，课程思政是"三全"育人的具体化，与思想政治教育专任教师所进行的"两课"教育应该相互支持，密切配合，彼此印证，形成教育合力。这就要求思政课专任教师了解土建专业的基本常识、行业特征、行业文化，特别是要收集建筑行业的案例，把这些案例融合在自己的思想政治教育教学内容中。

4.7.3.2 教学管理人员的配备

课程思政和传统高职土建类专业教育有所区别，则在教育教学管理方面也应该做出相应的调整。课程思政应该培养专门的管理人员，负责课程思政的日常管理、教学资料的收集和整理，负责监督专业课教师是否实施课程思政，评价实施的效果，对照课程思政目标对结果进行考核等。

4.7.4 物资保障

4.7.4.1 教材的改版与完善

考察目前高职土建类专业教材，专业基础课和专业课教材基本不包含思想政治教育的内容。因此，要保证课程思政顺利实施，让专业课教师进行课程思政教学有基本的遵循，在这部分教材中加入适当的思政元素、对专业基础课和专业课教材进行改编与完善势在必行。同时，对于全国统一"两课"教材也应该在教研室层面增加校本内容，适当加入土建类专业知识，特别是具有建筑行业特征的政策、文化、法规，以及与此紧密联系的案例。

4.7.4.2 课件准备

不管是专业基础课、专业课还是公共思政课教研室，都应该积极组织集体备课，针对每一门课，在平行班级、平行课程上准备相对差异较小的适合这门课的课件。在专业基础课和专业课课件中融入思想政治教育元素，而在思政课课件中也融入专业和行业元素。

4.7.4.3 经费预算

经费是最基本、最重要的后勤保障。无论是教材的改版、校本教材的编写、集体课件的准备，都需要经费支持。因此高职土建类专业院校应该在学院开支中对课程思政的实施开通专门预算，拨付专门的经费，以保证课程思政建设顺利进行。

5

高职土建类
专业的课程思政
实施路径

5.1 课程思政实施的原则 ❶

为认真学习贯彻党的十九大精神，进一步把贯彻落实全国高校思想政治工作会议和中共中央、国务院《关于加强和改进新形势下高校思想政治工作的意见》精神引向深入，大力提升高校思想政治工作质量，教育部于2017年12月制定了《高校思想政治工作质量提升工程实施纲要》，要求把思想政治工作贯穿教育教学全过程，推动"思政课程"向"课程思政"转变，挖掘梳理各门课程的德育元素，完善思想政治教育的课程体系建设，充分发挥各门课程的育人功能，实现三全育人的格局，实施原则主要体现在以下几个方面。

5.1.1 政治性原则

大思政背景下的课程思政教育体系，必须坚持正确的政治方向，坚持育人导向，突出价值引领。全面统筹办学治校各领域、教育教学各环节、人才培养各方面的育人资源和育人力量，推动知识传授、能力培养与理想信念、价值理念、道德观念的教育有机结合，建立健全系统化育人长效机制，育人为根本。

事关政治认同、国家意识、历史文化、社会发展等大是大非问题，必须旗帜鲜明，与党中央保持一致。涉及专业概念、学术理论、学术观点、学科文化等学术问题，理性分析、客观评价。因此，政治性原则是实施课程思政的首要原则，面对培养什么样的人，怎样培养人，以及为谁培养人的问题，高职院校必须坚持全面发展的育人目标，将思想政治教育贯穿始终，并坚持新时代中国特色社会主义办学理念。

---

❶ 赵鸣歧. 高校专业类课程推进课程思政建设的基本原则、任务与标准［J］. 思想政治课研究，2018（10）：86-90.

5.1.2 协同性原则

5.1.2.1 课程协同

长期以来高职院校专业课程与思政课程在价值引领和育人导向上存在一定的"两张皮"现象。有的专业课程过于偏重专业的知识传授与技能培训，忽视了价值引领和育人导向这一教学的核心要素，有的为了与国际接轨，完全使用国外原版教材，从概念、内容、方法、范式、观点等方面自觉或不自觉地受到西方的影响。因此，高职院校所有课程都要与思想政治理论课相互配合，在价值引领和育人导向上保持目标和方向的一致，在传授专业知识、培养专业能力的同时，要挖掘其中蕴含的思政元素，对学生进行思想教育和价值引领，实现全员育人、全程育人、全方位育人。高职院校要培养德智体美劳全面发展的社会主义事业建设者和接班人，各门课都要守好一段渠、种好责任田。思想政治理论课要充分发挥在立德树人中的主体作用，其他各门课程要与思想政治理论课同向同行，形成课程协同效应。

5.1.2.2 教师协同

长期以来大学生思想政治的培养，被认为是思想政治工作者的事情，专业课教师的参与度相对不足。"课程思政"将立德树人作为教育的核心，必须围绕学生、关心学生、服务学生，以学生为中心，实现全员、全程、全方位育人，在这一理念的指导下要求所有教师都要同向同行、协同育人，尤其要不断加强专业课教师在提高育人质量和效果方面的重要作用。

5.1.2.3 教学环节协同

思想政治理论和课程思政元素从知识学习角度上是需要记忆的，但如果仅仅停留在头脑中而不能转化成行为，立德树人的教育宗旨则难以落实。思想政治教育内容来源于对实践的总结和提升，具有强烈的时代性和体验性，课堂宣贯的教学模式只能让学生形成知识记忆，与内化为思想和行动的实效性要求相去甚远。实践中萃取的宝贵精神财富一定要用实践性教学模式进行还原，将各个课程环节进行协同，在潜移默化中感染、熏陶、教育学生"内化于行"，提高学生未来的岗位适应能力和职业素养。也就是在抓好思想政治理论课主渠道教学与其他课程双向有机协同的同时，开展形式多样、健康向上、格调高雅的第二课堂，加强文化育人；通过讲座、调研、辩论、研讨等课下教学活动把课上思想政治理论、方法、原理学以致用；将校内学到的知识、形成的认识与校外的实践活动进行协同，通过参观、游览、实习等活动，把知识和认识转化为行为，达到知行合一的教学效果。

5.1.3 求实性原则

不同层次高校，不同学科专业，不同类型课程甚至同类型课程中的不同具体课程，其特点都不完全相同，这就要求我们因"课"制宜，因事而化、因时而进、因势而新，从学校实际出发，探索课程思政建设的特色性。每所学校都有自己独特的发展历程、办学特色和人才培养定位，高职土建类专业要在坚持正确的政治方向，遵循思想政治工作规律、教书育人规律和学生成长成才规律的同时，通过加强课程思政工作，凸显学校在课程体系建设、具体课程打造、师资队伍建设等方面的办学特色，并且围绕特色人才培养目标，以课程思政特色促进办学特色，以专业思政特色突出人才培养特色，进而彰显学校思想政治工作的特色。

5.1.4 相融性原则

课程思政的理念就是把育人与育才相结合，其精髓在于将思政元素有机地融入专业课程教学之中，达到思想政治教育和知识传授相融共进、不留痕迹、润物无声的效果，而不是增加课程或者生硬地增加无关的教学内容。

课程思政的难点在于所有课堂都要发挥育人功能，让全部课程都成为思想政治教育的主渠道。这就需要将课程思政融入课堂教学建设，作为课程设置、教学大纲核准和教案评价的重要内容，落实到课程目标设计、教学大纲修订、教材编审选用、教案课件编写各方面，贯穿于课堂授课、教学研讨、实验实训、作业论文各环节；要创新课堂教学方法和手段，充分发挥信息技术在课程思政教学中的应用，激发学生学习兴趣，引导学生深入思考；要健全课堂教学管理体系，改进课堂教学过程管理，提高课程思政融入课堂教学的水平；要综合运用第一课堂和第二课堂，组织开展系列讲堂，深入开展社会实践、志愿服务、实习实训活动，不断拓展课程思政建设方法和途径，教师要与自己学校的特点相结合,从政治认同和国家意识、品德修养和人格养成、学业志向和专业伦理三个层面进行价值引领,通过课程思政教学设计实现与正常教学活动的有机融合,提高教师在立德树人过程中的引领效果,达到培养中国特色社会主义建设者和接班人,培养担当民族复兴大任的时代新人的目的。

5.1.5 创新性原则

结合建筑行业属性和土建类专业特色,深入挖掘建筑"鲁班文化",做到思政教育易开展、接地气、有成效。突出前瞻性、可行性和协同性要求,注重统筹思政理论课、专业理论课和专业实践课的育人作用。明确各类课程思政教学改革思路、内容和方法,分类分步有序推进工作。

坚持遵循规律,勇于改革创新。遵循思想政治工作规律、教书育人规律和学生成长规律,坚持以师生为中心,把握师生思想特点和发展需求,优化内容供给、改进工作方法、创新工作载体,激活思想政治工作内生动力,以习近平新时代中国特色社会主义思想为指导,坚持知识传授与价值引领相结合,运用可以培养大学生理想信念、价值取向、政治信仰、社会责任的题材与内容,全面提高大学生缘事析理、明辨是非的能力,让学生成为德才兼备、全面发展的人才。

5.2 课程思政实施的路径 ❶

5.2.1 教育观念转变为先导

思想是行动的先导。马克思曾指出,要从实践活动中理解人,要在人的复杂的社

---

❶ 谭晓爽. 课程思政的价值内涵与实践路径探析 [J]. 思想政治工作研究,2018,04:44-45.

会关系和生活世界中去认识人的本质。从人与社会、教育的三维互动的前提出发，克服片面思维模式，建立系统的、普遍联系、相互影响的协同合作观。教育活动，尤其是思想政治教育，是一项系统工程，需要各门课程和所有教育教学环节发挥协调作用，需要所有教育者转变传统教育教学观念。一是必须确立协同教育的理念，各门课程、各个环节都应围绕立德树人开展工作。二是确立整体教育理念，全面透视思想政治教育和人的思想政治品格的形成与发展，需要思想政治教育的组织与实施各环节各要素的整合。要充分挖掘各门课程中的思想政治教育资源，所有课程教学要与思想政治理论课同向同行，是所有课程教学的基础内涵和基本要求。

5.2.2　顶层系统谋划为根本

课程思政是高职院校育人的一项系统工程。高职院校专业分工越来越细，土建类专业本身也有自己独特的行业属性、学科属性和知识体系。需要从体制机制上探索课程思政的建设规划和保障，解决培养目标、专业设置、学科发展、课程设计、教学评价、教育效果等一系列问题。课程思政的建设要抓好顶层设计、统筹规划，建立正常有效的领导机制、管理机制、运行机制和评价机制。院校党政领导干部应深入课程思政的前沿阵地，亲自听课，指导课程思政的建设。院校教务部门要统筹教育资源，制定思想政治教育课程建设方案、建设标准和评价标准；人事部门应制定相应的激励机制，在人才引进、师资培训、职称评审等方面适度倾斜。

结合新时代德智体美劳全面发展的人才培养要求和各专业人才培养规格需要，全面修订人才培养方案，优化课程设置，将立德树人目标作为制定培养方案、设置课程的主要依据，充分发挥各课程的育人功能。要优化公共选修课的设置与管理，侧重开设和建设有益于提升学生思想品德、人文素养、认知能力的哲学社会科学与人文学科课程，不断开拓学生跨专业视界，全面提高学生综合素质。

进一步规范教材选用制度，二级教学单位要严把教材选用的政治关，确保选用教材价值导向正确。思想政治理论课教材要统一使用马克思主义理论研究和建设工程重点教材，其他课程教材均应该优先在国家公布的教材目录中选用。

各专业要制定课程思政建设方案，探索课程思政建设的内容、途径、方法及有效载体。要加强课程思政示范专业、示范教学团队建设，推动形成课程思政建设的有效机制。要以教研室为单位，组织开展课程思政教研教改，深入挖掘专业课程、专业教育蕴含的思政元素，建设与思想政治有机结合的优质教学资源。要促进专业负责人增强责任意识，主动承担起课程思政建设的责任，提高相关业务能力和水平，发挥示范引领作用。

围绕课程思政目标，通过积极培育和践行社会主义核心价值观，运用马克思主义方法论，引导学生正确做人和做事，各课程和教育活动，应结合以下内容进行教学设计。

5.2.2.1　师德风范

学高为师，身正为范。教师是人类灵魂的工程师，承担着神圣使命。传道者自己首先要明道、信道。教师要坚持教育者先受教育，努力成为先进思想文化的传播者、党执政的坚定支持者，更好担起学生健康成长指导者和引路人的责任。要以德立身、以德立学、以德施教，为学生点亮理想的灯、照亮前行的路。

5.2.2.2　政治导向

教师应坚持正确的政治方向，要"坚持教书和育人相统一，坚持言传和身教相统一，坚持潜心问道和关注社会相统一，坚持学术自由和学术规范相统一"，坚守"学术研究无禁区，课堂讲授有纪律"的规矩，不在课堂上传播违反中华人民共和国宪法，违背党的路线、方针、政策的内容或言论，使课堂成为弘扬主旋律、传播正能量的主阵地。

5.2.2.3　专业伦理

专业伦理教育是对未来从业人员掌握并遵守的人与人之间的道德准则和职业行为规范的教育活动。教师要针对不同专业的大学生，即行业未来的从业人员，在传授专业知识的过程中，明确将专业性职业伦理操守和职业道德教育融为一体，给予其正确的价值取向引导，以此提升其思想道德素质及情商能力。

5.2.2.4　学习伦理

学习伦理是人们在学习活动中建立起来的人伦关系和处理这些关系应遵守的法则，是基于对类、群的伦理性认识和对学习内涵、价值、内容等方面的伦理反思和构建。课程思政功能的实现需要师生双方的共同努力，大学生应有良好的学习伦理，尊师重教、志存高远、脚踏实地、遵守纪律，在学习过程中体悟人性、弘扬人性、完善修养，培育理性平和的心态，让勤奋学习成为青春飞扬的动力。

5.2.2.5　核心价值

核心价值观，承载着一个民族、一个国家的精神追求，体现着一个社会评判是非曲直的价值标准。教师要在课程教学过程中，结合理工、经济、人文、艺术等各专业门类的特点，将社会主义核心价值观的基本内涵、主要内容等有机、有意、有效地纳入整体教学布局和课程安排，做到专业教育和核心价值观教育相融共进，引导学生做社会主义核心价值观的坚定信仰者、积极传播者、模范践行者。

探索课程思政多元化教学方法，将价值引领与知识传授相融合，采用专题式、案例式等多种教学方法，潜移默化地将课程思政教学目标融入教学设计中，融入学生学习任务中，注重改革课程考核方式方法。根据教学大纲制作能体现课程思政特点的教案、课件，同时注意收集、丰富本课程开展课程思政改革中的典型案例（含视频、照片、文字等多种形式）、学生反馈与感悟等可体现改革成效的相关材料。

5.2.3　思政元素挖掘为关键

根据高职土建类专业特点，把握好所要挖掘拓展的重点。思政课程要突出体现马克思主义中国化的最新理论成果，重视价值引导和优秀传统文化的传承，引导学生自觉弘扬和践行社会主义核心价值观，不断增强"四个自信"，帮助学生树立起文化自觉和文化自信。通识课程要突出培育科学精神、工匠精神，突出培育高尚的文化素养、健康的审美情趣、乐观的生活态度，注重把爱国主义、民族情怀贯穿渗透到课程教学中，注重把辩证唯物主义、历史唯物主义贯穿渗透到专业课教学中，引导学生增强人与自然环境和谐共生意识，明确人类共同发展进步的历史担当。

在专业课程教学过程中，充分发挥专业课程的育人功能，重点培育学生求真务实、实践创新、精益求精的精神，培养学生踏实严谨、吃苦耐劳、追求卓越等优秀品质，使学生成长为心系社会并有时代担当的技术技能人才。将价值导向与知识传授相融合，明确课程思政教学目标，在知识传授、能力培养中，弘扬社会主义核心价值观，传播爱党、爱国、积极向上的正能量，培养科学精神。将思想价值引领融入教学计划、课程标准、课程内容、教学评价等。

虽各门课程教学内容、教学方法、教学目标有所差异，但是课程思政应立足课程，整体把握，可将各门课程的德育教学目标作为课程思政教育的融入点。例如工程建设法规课程的德育目标为：通过学习培养学生工程建设的法律意识，具有严谨的工作态度，具有良好的职业道德和敬业精神，可以与思想道德修养与法律基础课程教学相结合，同时引导学生将社会主义核心价值观的理念融入学习讨论之中。

5.2.4　课程思政教学设计为重点

课程思政不是每堂课都要机械、教条地安排思想政治教育内容，而是根据各门课程特点，做好课程思政教学设计。因此，课程思政教学设计的基本要求如下：

5.2.4.1　灌输与渗透相结合

灌输应注重启发，是能动的认知、认同、内化，而非被动的注入、移植、楔入，更非填鸭式的宣传教育。渗透应注重贴近实际、贴近生活、贴近学生，注重向社会环境、心理环境和网络环境等方向渗透。灌输与渗透相结合就是坚持春风化雨的方式，通过不同的选择，从被动、自发的学习转向主动、自觉的学习，主动将之付诸实践。

5.2.4.2　理论与实际相结合

课程思政教育元素，不是从抽象的理论概念中逻辑地推论出来的，而是应从社会实际中寻找，从各学科的知识与社会实践结合度中去寻找，不是从理论逻辑出发来解释实践，而是从社会实践出发来解释理论的形成，依据实际来修正理论逻辑。

5.2.4.3　历史与现实相结合

历史是过去的现实，是现实的前身，现实是历史的延伸，是未来的历史。课程思政的教学设计，从纵向历史与横向现实的维度出发，通过认识世界与中国发展的大势比较、中国特色与国际的比较、历史使命与时代责任的比较，使课程思政教育元素既源于历史又基于现实，既传承历史血脉又体现与时俱进。

5.2.4.4　显性教育与隐性教育相结合

课程思政教学设计,应坚持显性教育与隐性教育的结合。显性教育和隐性教育二者不是一种具体、单个方法的名称,而是一种类型的方法称谓。其中,前者指的是教师组织实施的、直接对学生进行公开的道德教育的正规工作方式的总和。后者指的是引导学生在教育性环境中,直接体验和潜移默化地获取有益学生个体身心健康和个性全面发展的教育性经验的活动方式及过程。在此,通过隐性渗透、寓道德教育于各门专业课程之中,通过润物细无声、滴水穿石的方式,实现显性教育与隐性教育的有机结合。

5.2.4.5　共性与个性相结合

任何事物的发展都是共性与个性的结合、统一性与差异性的融洽。就思想政治教育而言,教育目的的价值取向是一种共性、统一性,个体的独特体验则是事物的个性、差异性。课程思政教学设计,必须遵循共性与个性相结合的原则,既注重教学内容的价值取向,也应遵循学生在学习过程中的独特体验。

5.2.4.6　正面教育与纪律约束相结合

正面说服教育是指通过摆事实、讲道理,使学生明辨是非、善恶,提高认识,形成正确观念和道德评价能力的一种教育方法。课程思政教育和教学,必须坚持以正面引导、说服教育为主,积极疏导,启发教育,同时辅之以必要的纪律约束,引导学生品德向正确、健康方向发展。

教师通过合理的课程思政教学设计,在知识传授中强调价值引领,在价值传播中凝聚知识底蕴,着力把社会主义核心价值观融入课程教学的全过程。

5.2.5　保障条件建设为基础

5.2.5.1　学校党政重视

建立工作机构。成立由学院党委书记和院长任组长,思想政治工作和教学工作分管院领导及有关部门负责人为成员的课程思政工作领导小组,统筹推进全院课程思政教育教学改革工作。强化顶层设计,完善学院思想政治工作的制度和体制机制,将

"三全育人"理念融入学院发展规划和发展战略。

健全工作机制。建立教务处、宣传部、人事处、质控办、科技处、学生工作部（学生处）、团委、马克思主义学院等职能部门和二级教学单位各履其职、协同配合的课程思政教育教学改革工作机制，定期召开课程思政建设工作会，重点研究制定挖掘各门课程思想政治教育元素的政策措施，协调解决课程思政建设中面临的相关问题。

强化工作落实。学院党政工团，教学、科研、管理、后勤服务等单位和部门要在年度工作计划、实施与考核中落实立德树人责任，全面提高"三全育人"的能力和水平。二级教学单位党组织要自觉把立德树人纳入日常工作，进一步发挥好教学单位、教师党支部在课程思政建设中的推动作用。

5.2.5.2　教学资源建设

根据土建类专业特点，重点收集我国现代工业体系建设、科学技术发展、城市规划、基础设施建设、交通工程规划和建设以及对外承建的项目等方面的案例和教学资源，建设课程思政示范教学课件、教学案例和教学资源库。

5.2.5.3　师资队伍培训

努力建设政治素质过硬、业务能力精湛、育人水平高超的高素质教师队伍。

把好新进人才的思想政治关。新进人才，除要加强对其专业知识与技能、教学能力水平、身心状况等方面的考核外，还要严格把握政治要强、自律要严、人格要正的标准，确保教师队伍"根正苗红"。

加强教师思想政治教育，增强"四个自信"，提高育人意识，切实做到爱学生、有学问、会传授、做榜样。转变教师重知识传授、能力培养，轻价值引领的观念，通过多种方式，引导广大教师树立课程思政的理念，以思想引领和价值观塑造为目标，带动广大教师既要当好"经师"，更要做好"人师"。充分运用交叉学科教师团队集体智慧，开展思想政治教育技能培养，充分运用入职培训、专题培训、专业研讨、集体备课等手段，强化课程思政教学改革工作，让广大教师能利用课堂主讲、现场回答、网上互动、课堂反馈、实践教学等方式，把知识传授、能力培养、思想引领融入每门课程教学过程之中。

5.3 不同类型课程的课程思政实施特点

目前高职土建类专业门类众多，各有特色，各专业在人才培养教学体系设计中通常将课程体系分为公共基础课程、专业理论课程和专业实践课程。所有课程都蕴含着丰富的课程思政教育元素，都要发挥思想政治教育功能，但不同类型的课程在课程思政教育目标（德育目标）、教学内容和具体实施方法等方面有着不同的特点。

5.3.1 公共基础课程

公共基础课程的德育目标主要是培养学生以科学的世界观、人生观、价值观、高尚的道德观和正确的法制观为指引，形成对自身、家庭、职业、社会、国家的责任感和荣誉感，树立正确的价值导向。在土建类专业的公共基础课程教学中，以思想道德修养与法律基础、毛泽东思想和中国特色社会主义理论体系概论等思想政治理论课程为载体直接进行思想政治教育，需要注重在潜移默化中坚定学生理想信念、厚植爱国主义情怀、加强品德修养、增长知识见识、培养奋斗精神，提升学生综合素质，把坚持党的基本理论、基本路线、基本方略作为教学基本要求，以社会主义核心价值观为引领。打造有特色的体育、美育类课程，帮助学生在体育锻炼中享受乐趣、增强体质、健全人格、锤炼意志，在美育教学中提升审美素养、陶冶情操、温润心灵、激发创造创新活力，同时深入挖掘其他公共基础课程中的思政元素，使其与思政政治理论课程形成有机联动，让学生掌握科学的世界观和方法论，为学生成长发展奠定坚实的思想基础。

公共基础课程是思想政治教育的主渠道，具有鲜明的显性教育色彩，其特征是教学目的和教学内容主要以正面、直接的宣讲为主，以塑造和提高大学生的思想政治觉悟和道德素质为根本目的，以使大学生的情感、意志和行为符合国家的要求和规范。公共基础课程为专业课程提供了价值导向，确保了人才培养的方向性，事关政治认同、国家意识、历史文化、社会发展等大是大非问题，必须旗帜鲜明，与党中央保持一致。

5.3.2　专业理论课程

专业理论课程的德育目标主要是培养学生具有良好的环保意识、质量安全意识、工程终生负责制意识、形成遵守规则意识、诚实守信的习惯等。

专业理论课程是课程思政建设的基本载体。要深入梳理专业课程教学内容，结合不同课程特点、思维方法和价值理念，深入挖掘思政元素，有机融入课程教学，达到润物无声的育人效果，土建类专业课程要在课程教学中把马克思主义立场观点方法的教育与科学精神的培养结合起来，提高学生正确认识问题、分析问题和解决问题的能力，注重强化学生工程伦理教育，培养学生精益求精的大国工匠精神，激发学生科技报国的家国情怀和使命担当。

在土建类专业的专业理论课程教学中，对专业理论课程教师提出了更高的要求，除了需要具备基本的职业道德素养外，还需进一步与时俱进，自觉不断深入开展学习，要根据土建类专业的特色和优势，深入研究土建类专业的育人目标，深度挖掘提炼土建类专业知识体系中所蕴含的思想价值和精神内涵，特别是典型人物不畏艰苦、勇攀高峰的精神和追求卓越、不懈奋斗的光荣历程，科学合理拓展专业课程的广度、深度和温度，从课程所涉专业、建筑行业、国家、国际、文化、历史等角度，增加课程的知识性、人文性，提升引领性、时代性和开放性，提高思想政治教育的教学能力，强化当好学生引路人的责任和使命。

专业理论课程通过思政元素的引入、评价方式的变化，使思想政治教育在专业理论课程教学中进一步延伸，实现思想政治教育永远在路上的目的。

专业课程多具隐形教育的属性，其教学目的和教学内容主要以隐蔽、间接的传播为主，使学生在没有意识到自己在受教育的过程中，不知不觉地接受教育，并转化为自己的思想品质、道德行为，从而达到潜移默化的教育效果。专业课程又为公共基础课程提供了知识依据，突显了人才培养的科学性，专业课教师需要积极主动地挖掘学科文化中的育人资源，做到科学性与价值性、知识性与思想性的辩证统一。在推进课程思政时，显性教育与隐形教育各具特色、功能互异，既相互独立，又相互联系，互为补充，互为渗透，应注重显性教育与隐形教育的有机结合。

5.3.3 专业实践课程

实践课程的德育目标主要是培养学生养成吃苦耐劳、团队协作意识、理论联系实际的意识等，具有良好的专业工匠精神的基本职业素养，引导学生自觉实践建筑行业的职业精神和职业规范，增强职业责任感。

在土建类专业的专业实践教学中，是学生以吃苦耐劳、团队协作、工匠精神为主要职业素养的直接体现，是检验思想政治教育成效的重要载体之一，因此，土建类专业实践课程要注重学思结合、知行统一，增强学生勇于探索的创新精神、善于解决问题的实践能力。创新创业教育课程，要注重让学生"敢闯会创"，在亲身参与中增强创新精神、创造意识和创业能力。社会实践类课程，要注重教育和引导学生弘扬劳动精神，将"读万卷书"与"行万里路"相结合，扎根中国大地了解国情民情，在实践中增长智慧才干，在艰苦奋斗中锤炼意志品质，通过教师对学生的言传身教，引导学生在职业生涯中做一个卓越的建设者。

同时，通过形式多样、健康向上、格调高雅的校园文化活动和各类社会实践等方式，在潜移默化中感染、熏陶、教育学生，提高学生未来的岗位适应能力和职业素养。

总之，培养什么人、怎样培养人、为谁培养人是教育的根本问题，立德树人成效是检验一切工作的根本标准。落实立德树人根本任务，必须将价值塑造、知识传授和能力培养三者融为一体、不可割裂。全面推进课程思政建设，就是要寓价值观引导于知识传授和能力培养之中，帮助学生塑造正确的世界观、人生观、价值观，这是人才培养的应有之义，更是必备内容。要紧紧抓住教师队伍"主力军"、课程建设"主战场"、课堂教学"主渠道"，让所有高职院校、所有教师、所有课程都承担好育人责任，"守好一段渠、种好责任田"，使各类课程与思政课程同向同行，将显性教育和隐性教育相统一，形成协同效应，构建全员全程全方位育人大格局。课程思政的实施实现了思想政治教育主要依赖思政课程向"三全"育人的转变，实现了专业课程思想政治教育的全覆盖，提高了思想政治教学成效，使学生在掌握专业知识和技能的同时，具备职业基本素养和良好的职业道德，具备积极向上的职业思想和职业行为习惯，提升了土建类专业人才未来岗位的适应能力。

6

实践案例

6.1 四川建筑职业技术学院课程思政实践模式

6.1.1 课程思政在四川建筑职业技术学院的缘起

土建类专业的任务是为住房和城乡建设事业培养合格的后备军。由于建筑行业的特殊性，建筑企业历来重视毕业生的思想品德，尤其是近年来，对毕业生思想品德的关注甚至超过了对学业成绩的关注。调查结果表明，用人单位对"最关注毕业生素质"的回答排名前三的依次是：职业道德、个人修养、团队合作能力。

站在培养又红又专、德才兼备、全面发展的中国特色社会主义合格建设者和可靠接班人的高度，党和国家历来十分重视高校思想政治教育工作。特别是党的十八大以来，以习近平同志为核心的党中央把高校思想政治工作摆在突出位置、作出一系列重大决策部署，指出要"充分挖掘和运用各学科蕴含的思想政治教育资源""把思想价值引领贯穿教育教学全过程和各环节。"[1]教育部也多次发文，强调加强对高校思想政治教育的宏观指导和统筹协调，进一步规范高校思想政治教育的组织管理、教学管理和队伍建设等，明确了课程思政建设任务和要求。

在学校层面，绝大多数院校都十分清楚培养学生高尚思想品德的重要性，并强调把立德树人作为学校的根本任务，要求教师要履行教书育人的职责。但是，在人才培养实践中，由于部分教师育人目标不明，育人责任不清，"三全"育人难以落地落实，教书育人效果差强人意。一方面，部分专业课教师只是在意专业知识和技能的传授，不注重学生思想品德和政治素质的培养与提高，更有甚者只是在意自己认为该讲什么，而不在意学生在学什么、学没学、学多少的问题，有的教师连学生迟到早退、旷课或者在课堂睡觉、玩手机都不管，或者是管不了。他们甚至认为班级上课学生纪律不好、学生迟到旷课都应该是辅导员的责任，是辅导员没有把班级管理好。虽然有

---

[1] 中共中央　国务院印发《关于加强和改进新形势下高校思想政治工作的意见》[N]. 人民日报，2017-2-28.

的专业课中有一定的思想政治教育和潜移默化的影响，但是缺少目的性和系统性，很难起到实质性作用。另一方面，大部分思想政治理论课教师和辅导员不懂高等职业教育的专业知识，对行业的了解也不深，而导致思想政治理论课教学和思想政治工作脱离学生的专业、就业和职业实际，显得苍白而空洞，很难引起高职学生的兴趣。这些问题的存在，致使毕业生不同程度地存在知识技能"腿长"而思想品德"腿短"的现象，难以完全满足企业德智体美劳全面发展的人才需求，一定程度影响了建筑行业健康持续发展。

为了从根本上解决这些问题，真正实现各类课程与思想政治理论课同向同行、形成协同效应，我院在借鉴"上海经验"基础上，开展了课程思政的实践探索。

6.1.2　四川建筑职业技术学院"5443"课程思政实践模式

"5443"课程思政实践模式的内涵是："5"指五层责任主体，即党委、部门、系部、专业、教师五个层次的课程思政实施责任主体；"4"指四个实施步骤，即课程思政的实施按照先研究、后培训、再试点、最后全面推开的步骤；"4"指四类课程协同，即思想政治理论课程、公共基础课程、专业理论课程和专业实践课程相向协同，形成课程思政强大育人合力；"3"指三大推进策略，即实施三大课程思政推进策略，保证课程思政实施效果。

6.1.2.1　五层课程思政实施责任主体

党委、部门、系部、专业、教师为课程思政实施的五层责任主体，其职责分别为：党委引领、部门推进、系部组织、专业设计、教师执行，五位一体共同推进课程思政建设。

第一，党委引领，顶层设计，布局"三全"育人，完善"大思政"育人体系。

党委是课程思政实施的领导力量。高校党委对学校工作实行全面领导，承担管党治党、办学治校主体责任。学院党委对课程思政高度重视，进行顶层设计，成立了课程思政建设领导小组，学院党委书记和院长共同担任组长，分管教学工作的副院长和意识形态工作的副书记为副组长，小组成员有党委宣传部、党委教师工作部（人事处）、党委学生工作部（学生处）、教务处、质量控制办公室、团委、马克思主义学院和教学系部负责人，领导小组办公室设在教务处。这从思想上和组织上高度重视并保证了课程思政建设有序高效开展。通过顶层设计，在全院构建起全员全程全方位的育人格局，完善了"大思政"育人体系，在整个课程思政建设体系中起到引领和先导作用。

第二，部门推进，发挥管理职能，贯彻党委行政意图。

为了贯彻学院党委行政实施课程思政教学改革的意图，学院教务处、人事处、质控办等部门充分发挥行政管理职能，协同推进课程思政建设。职能部门推进是课程思政实施的决定性措施，是有目的、有组织、有秩序地进行课程思政建设，而不是依靠个别教师的自发和单打独斗。学院只有由行政职能部门强力推进课程思政的改革实施方案，才能有所成就。为此，四川建筑职业技术学院由教务处牵头，制订课程思政相关制度、修订教学评价体系，并设计教案样式等。

第三，系部组织，承上启下，实施行政措施，把课程思政建设落到实处。

系部组织是课程思政实施的桥梁和枢纽，承上启下，上对学院党委行政负责，下对教师进行监督和指导。教学系部作为人才培养计划的具体实施部门，在学院行政职能部门指导下开展工作，是负责落实学院政策的责任单位。教学系部负责组织和督促本单位的教研室以专业为单位修订和实施课程思政教学计划、课时计划、授课教案等。

在课程思政教学改革过程中，教学系部对本部门教师的授课计划、期中自查表、期末自查表等进行收集和检查；同时组织学生填写自查问卷，并督促学生在教务处网站对教师的教学过程进行评价。最后把结果向教务处、质控办报告。

第四，专业设计，把握课程思政规律，制订课程思政实施方案。

专业设计是教师课程思政实施的依据。专业是最小人才培养单元。每个专业都拥有一个彼此独立的人才培养体系，有独立的教学计划，以实现专业的培养目标和要求。专业设计就是明确专业带头人负责，按照学院统一要求修订人才培养方案和课程标准，明确课程思政要求，在此基础上，召集本专业的任课教师（包括思想政治理论课教师和辅导员），研究制定本专业的课程思政的实施方案。根据本专业的培养目标和发展实际，结合课程思政的实施规律，集中备课，挖掘出蕴含在本专业知识中的思政元素，明确课程思政的目标体系、重构教学内容体系、选择适当的方法，以此指导每一位教师进行课程思政的具体探索和实践。

第五，教师执行，实施课程思政教学计划，占领课堂教学主阵地。

实施课程思政，教师是关键，也是最基本的依靠力量，是完成课程思政的基本保障。教师是课程思政建设实施的重要成员，占领着课堂教学这个思想政治教育的主阵地。教师执行是课程思政实施的基础，没有了教师的执行，课程思政只能是空中楼阁。

教师负责落实各专业教研室设计好的课程思政方案。在落实方案的过程中，教师可以根据自己的能力特征、知识体系和实践经验，根据自己任课班级的学生知识水平和能力实际，在保证完成课程思政任务和达到课程思政目标的前提下，对方案可以做适当的修改。

6.1.2.2　四个实施步骤

为了使课程思政建设扎实推进，课程思政的实施过程循序渐进、步步为营，按照研究→培训→试点→全面推开的"四步走"推进战略。

第一步，研究先行，挖掘思政元素，以理论指导实践。

教学改革必有所本，而不能盲目进行。在课程思政实施之前，学院在课程思政建设领导小组下设了教学改革课题研究小组，对课程思政的相关理论和"上海经验"进行了学习和研究，通过研究构建起课程思政新的目标体系、内容体系评价体系和方法体系。在研究过程中重点挖掘高职土建类专业课程蕴含的科学的世界观和方法论，要求学生思维严谨、符合逻辑，把辩证唯物主义、历史唯物主义贯穿其中，如建筑施工技术课程蕴含着爱岗敬业、诚实守信、服务群众、奉献社会等道德教育的内容，蕴含着求真务实、实践创新、精益求精的工匠精神；工程建设法规课程就蕴含诸多遵纪守法教育、道德教育等元素；建筑节能技术课程就蕴含绿色节能环保意识、"绿水青山就是金山银山"理念；建筑施工组织课程注重团队协作、责任分担、时间观念等的教育；建筑工程施工安全管理课程就蕴含安全、质量、诚信等思政元素；建筑工程质量事故分析与处理课程可以教育学生必须做到安全第一、质量为先，教育学生要不怕挫折、勇于进取等。通过对已有经验的研究，进行成果提炼，形成高职土建类课程思政特定的理论体系，然后用理论来指导课程思政实践。

第二步，培训引领，多途径培训教师，为课程思政实施奠定基础。

有没有政治素质过硬、业务能力精湛、育人水平高超的教师队伍是课程思政建设成败的关键。在当前面对百年未有之国际大变局、意识形态领域斗争日益复杂的情况下，一方面要求专业课教师有实施课程思政的意识，知道教书育人是自己的责任，立德树人是教育的根本任务；要求教师要有实施课程思政的能力，不仅仅要熟知专业知识，还要牢固掌握思想政治知识及其教学方法。另一方面要求思政课教师在思想政治理论课主渠道教育和辅导员的日常思想政治教育中，结合专业设计的课程思政方案，进行强化和延伸教育。这样保证课程思政形成合力，保证思想政治教育的一致性，使专业课和思想政治理论课相互印证。因此，领导小组邀请了知名思想政治教育专家对参与课程思政课题组和参与实验的教师进行了思想政治、道德素养、心理健康知识培训，让老师们深刻了解国际国内形势和一般思想政治教育的要求。邀请课程思政专家对课程思政方法进行示范性教学，要求每一位参加课程思政教学改革的教师正式上课前，都要进行一次模拟教学，经专家小组考核合格后方可把课程思政教学方案用于真正的课堂教学。

第三步，局部试点，探索课程思政课堂教学模式。

学院选择建筑工程技术专业部分课程进行课程思政建设试点。

第一，明确目标体系。具体化、操作化目标体系。确定目标体系时，注意满足如下要求：目标一致性、目标可操作性、目标可考核性、目标适量性、目标差异性和目标层次性。要求每一位承担试点任务的教师，在制订学期计划和课时计划的时候，除了明确专业目标，还要分别明确课程思政目标和课时思政目标，为培养目标服务。

第二，重构教学内容体系。学院注重建筑工程技术专业、行业历史文化的挖掘、传承与创新，把专业知识与国家民族文化、区域文化、行业文化相结合，把专业知识、实践训练、榜样案例与国家大政方针、法律法规、道德要求、校园文化等方面进行有机结合，要求知识呈现做到生动活泼、图文并茂，思想政治、道德修养、精神文明感染和渗透潜移默化，从内心深处打动学生。对已有的成体系的教材知识中所蕴含的思政元素进行挖掘，找到专业课中蕴含的思想政治教育元素，加以突出和强化。

第三，试点课程思政方法。根据专业课程和教学内容实际，选择运用灌输法、疏导法、比较法、典型法、感染法和团队力量法等进行不同的组合，相互支持，取得较好的育人效果，达到育人目标。

第四，修订评价体系。修订教学评价体系，把课程思政评价体系纳入对师生的评价之中。

第四步，全面推开，形成全员全方位全过程育人格局。

在总结试点经验基础上，在全校推行课程思政教学改革。为了教师能掌握课程思政技能，学院组织了课程思政观摩课，由承担试点任务的教师示范，其他教师进行教学观摩。同时，充分运用入职培训、专题培训、专业研讨、集体备课等手段，强化课程思政教学改革工作，让广大教师能把知识传授、能力培养、思想引领融入每门课程教学过程之中。

全面推开实施课程思政教学改革，全员参与是必然要求。全员育人是全过程全方位育人的实施主体和根本保障，全过程全方位育人都是依赖于全员参与。这里的全员参与不仅仅指学院党委及其他领导干部，也不仅仅是任课教师和辅导员，还包括学院其他工作人员，比如一般行政管理人员和教学辅助人员、后勤辅助人员，特别是学生社团组织中，要求学院团委相关指导教师积极参与指导学生社团活动，积极占领学生的第二、三课堂。要求所有工作人员在与学生的接触过程中或者其他的日常工作中，做好言传身教，自己待人接物的一言一行，都要符合育人原则，对学生起到潜移默化的榜样示范作用。要求他们在日常工作中践行社会主义核心价值观，体现出正确的政治理想、政治信念、政治立场、政治观点；能够实实在在地践行爱国守法、明礼诚信、团结友善、勤俭自强、敬业奉献等基本道德规范；做到维护公共财物、遵守公共秩序、爱护公共环境、参与公益事业等社会公德；严格遵守爱岗敬业、诚实守信、办事公道、服务群众、奉献社会等职业道德规范；表现良好的个性、健全的人格、健康的情感、乐观的心态、坚强的意志，有勇于进取、不怕挫折、自立自强、艰苦创业的意志品质和精神动力等。

同时，学院校园文化建设也必须符合课程思政教育原则。学院的一草一木，一花一树，亭台楼阁的设计，标识、展板、横幅、宣传栏的内容，都蕴含思想政治教育元素，起到潜移默化的隐性教育作用，让环境熏陶与课堂教育相互支持、相互印证，达到思想政治教育合力最大化的目的，最终在全院形成全员、全过程、全方位育人格局。

6.1.2.3　"四类课程"协同，形成课程思政强大育人合力

《高等学校课程思政建设指导纲要》把课程分为公共基础课程、专业教育课程和实践类课程三大类。鉴于思想政治理论课程和其他公共基础课程既相联系又有区别，

我们采用了"四类课程"的提法，即思想政治理论课程、公共基础课程、专业理论课程和专业实践课程。如果说各类课程的教学组成育人的大合唱，其中思想政治理论课程就是主旋律，其思想文化贯穿于整个人才培养全过程；公共基础课程就是前奏曲，打下育人基础，引导学生进入思想政治教育轨道；专业理论课程就是高潮，全面推开课程思政育人理念和育人思想；专业实践课程就是尾声，是对育人主题的回顾，对育人效果进行巩固与强化。

思想政治理论课程是专门的思想政治理论教育课程，是思想政治教育的主渠道和主阵地。思想政治理论课程的根本任务和目标，就是要引导和帮助学生掌握马克思主义的基本立场、观点和方法，树立正确的世界观、人生观、价值观，确立为建设有中国特色社会主义而奋斗的理想信念，坚持党的基本理论和基本路线不动摇，打下坚实的思想理论基础，并培养他们良好的道德品质和文明习惯。❶思想政治理论课程目标明确、旗帜鲜明地对大学生进行思想政治教育，开门见山奏响思想政治教育主旋律。同时注意拓展课程的广度和温度，增加课程的人文性，提升引领性和时代性。思想政治理论课程虽然不能在高等职业教育三年都开设，但是其主题却是贯穿教育始终。因此，我们是以思想政治理论课程引领整个高职土建类专科教育阶段思想政治教育主题，提高大学生的思想道德修养，坚定学生理想信念，厚植爱国主义情怀，奠定课程思政主基调。

公共基础课程是培养学生综合素质的基础和前提，是学生学好专业知识、掌握专业技术、提升专业能力的前哨站，为专业理论课程和专业实践课程实施课程思政奠定基础，搭建平台。通过公共基础课程的严格教学和严格考核能磨炼大学生的意志，提升学生的人文素质和认知能力，增长知识见识，提高审美素养、陶冶情操、温润心灵。因此，我们在实施课程思政的时候把公共基础课程作为学生思想政治教育这首大合唱的前奏曲。

高职土建类专业教育课程在高职土建类专业学生培养计划中，所占课时最多，教学内容最丰富，任课教师在学生心目中最权威。专业知识与学生未来的工作和生活联系最紧密，掌握专业知识是绝大部分学生目标兴趣和职业理想，是高职土建类毕业生安身立命之所在。同时，《高等学校课程思政建设指导纲要》也要求：专业教育课程要

---

❶ 李德才. 充分认识"两课"在素质教育中的地位与作用 [J]. 思想理论教育导刊，2000，（8）：52.

根据不同学科专业的特色和优势，深入研究不同专业的育人目标，深度挖掘提炼专业知识体系中所蕴含的思想价值和精神内涵，科学合理拓展专业课程的广度、深度和温度，从课程所涉专业、行业、国家、国际、文化、历史等角度，增加课程的知识性、人文性，提升引领性、时代性和开放性。❶由此可见，专业教育课程在思想政治教育中的作用和意义。因此我们把专业教育课程作为思想政治教育这首大合唱的高潮，来演绎课程思政的最重要部分。

《高等学校课程思政建设指导纲要》指出：专业实验实践课程，要注重学思结合、知行统一，增强学生勇于探索的创新精神、善于解决问题的实践能力。社会实践类课程，要注重教育和引导学生弘扬劳动精神，将"读万卷书"与"行万里路"相结合，扎根中国大地了解国情民情，在实践中增长智慧才干，在艰苦奋斗中锤炼意志品质。❷在高职土建类专业人才培养过程中，一般是先进行理论课程的教学，然后再进行与理论相对应的实践类课程教学。因此，我们把专业实践课程作为高职土建类专业的课程思政的尾声。尾声与前奏和高潮同样重要，围绕同样的主旋律，体现同样的主题。专业实践课程就是对所学习理论的验证和演练，其中也包括思想政治教育的知识，在思想政治理论课程、公共基础课程、专业理论课程学习过程中所形成的世界观、人生观、价值观、方法论等，都会在专业实践课程教学过程中表现出来。如砌体结构工程综合实训课程就是对多门理论课程所学理论知识和能力的综合训练，这种训练也是对学生之前所接受的思想政治教育成果的检验，看看学生在实践中表现出来的言行是否符合课程思政教学的预期，是否达到课程思政日标，同时也在训练中查漏补缺，在实践类课程中加强对学生的思想政治教育，也是对之前学生在思想政治理论课程、公共基础课程和专业理论课程中所受到思想政治教育不足的弥补，这同样是一种教育主题的反复。尾声也是终曲，通过专业实践课程的检验、弥补和锤炼，课程思政可以达到目标，圆满收官。

---

❶ 中华人民共和国教育部. 教育部关于印发《高等学校课程思政建设指导纲要》的通知［EB/OL］. http://www.moe.gov.cn/srcsite/A08/s7056/202006/t20200603_462437.html.

❷ 同上。

6.1.2.4 采取三大推进策略，确保课程思政实施效果

为确保课程思政实施效果，学院主要采取三大推进策略。

一是组建混合团队，取长补短弥补彼此不足。思政课教师分到系部，形成思政课教师、专业课教师的混合团队，弥补专业课教师思想政治素养的不足和思政课教师专业知识的缺陷。思政课教师参与专业课程教学活动设计、教学活动实施等环节，确保课程思政元素有效挖掘与呈现，确保课程思政实效。

二是强化评价导向，保证课程思政落地落实。强化课程思政的评价，并建立基于评价结果的激励机制，保证课程思政扎实开展，"不走样，不放水"。比如学院更新了《四川建筑职业技术学院授课教案》模板，增加需要填写的课程思政相关内容；更新《期中教学检查教师自查表》和《期末教学检查教师自查表》，要求加强课程思政实施情况的自我检查和反思；改进《课程思政教学过程评价指标（督导使用）》和《课程思政课堂评价量化表（师生共用问卷）》，把指标体系导入学院网上评教系统，加强对教师课程思政实施的评价体系建设。

三是完善管理制度，形成课程思政长效机制。坚持党委全面领导，制定学院课程思政建设方案和规划，统筹做好顶层设计。教务处等职能部门充分发挥管理与业务指导职能，负责具体推进相关工作。教学系部负责组织和实施，相关专业通过集中备课，做好教学设计，为教师实施做好指导和规范。学院质量控制部门负责过程监督和结果考评等。比如学院出台了《四川建筑职业技术学院教职工院级荣誉制度》，修订《四川建筑职业技术学院专业技术职务评聘办法》《四川建筑职业技术学院教职工年度考核办法》《四川建筑职业技术学院年度目标管理考核奖励办法》等，规定在年度考核、评先评优、晋级和职称评定方面，将师德师风、育人质量、教学效果等纳入考评范畴，同等条件下优先推荐实施课程思政效果优良的一线教师。这样就激发了教师主动实施课程思政教学改革的积极性，把自发行为和被动行为转化为自觉行为，从而构建形成了课程思政的长效机制。

6.2 课程思政设计案例 ❶

本节为四川建筑职业技术学院建筑工程技术专业部分课程中课程思政设计案例。

6.2.1 公共基础课程

以高等数学课程为例。

一、课程信息

课程名称：高等数学。

课程性质：公共基础课。

参考教材：《高等数学》，同济大学数学系主编，高等教育出版社，2014。

《高等数学》，黄非难主编，高等教育出版社，2014。

二、教学目标

（一）知识目标

1. 了解高等数学的基本理论和概念为后续专业课程学习的基础性作用。

2. 掌握一元函数微积分及其应用、向量代数与空间解析几何、多元函数微积分及其应用、无穷级数与常微分方程等方面的基本概念、基本理论、基本方法和基本运算技能。

（二）能力目标

1. 对于简单的工程数学问题，具有数学建模能力和能够应用高等数学的知识进行分析和解决的能力。

2. 培养学生具有抽象思维能力、逻辑推理能力、空间想象能力和自主自学能力。

（三）德育目标

1. 学生养成严谨的工作态度和基本的职业素养。

---

❶ 本节所有"典型思政案例"引自公开文献。

2. 学生具有良好的理论联系实际的意识。

3. 学生形成敬畏科学、诚实守信的良好习惯。

三、课程思政实施要点（表6-1）

课程思政实施要点❶   表6-1

序号	教学任务	课程内容	课程思政实施			
			课程思政元素	课程思政切入点	教学方法或活动	课程思政目标
项目1	极限与连续	1.1 函数的概念 1.2 极限的概念 1.3 无穷小量与无穷大量 1.4 极限运算法则 1.5 极限准则与两个重要极限 1.6 无穷小比较 1.7 函数连续性 1.8 极限计算技巧及应用	1. 爱国主义 2. 辩证思维	1. 通过中华民族上下五千年在数学领域的探索和取得的成就，激发学生自豪感。 2. 通过极限的概念阐述量变到质变的关系	讲授法 讨论法 案例教学法	1. 培养学生的爱国情怀。 2. 培养学生树立事物由量变到质变的辩证思维意识
项目2	导数与微分	2.1 导数的概念 2.2 导数的运算 2.3 隐函数的导数与高阶导数 2.4 变化率问题 2.5 函数的微分及其应用	1. 辩证思维 2. 严谨务实	1. 通过近似值与精确值之间的转换，阐述对立统一的关系。 2. 导数的运算过程中要求认真仔细、精益求精	讲授法 讨论法	1. 让学生形成对立统一的辩证思维。 2. 帮助学生形成严谨、认真的工作态度
项目3	导数的应用	3.1 微分中值定理 3.2 洛必达法则与函数单调性 3.3 函数极值与最大值、最小值 3.4 曲线的凹凸性与作图 3.5 曲率	辩证思维	通过导数性质和导数与函数图像的联系，阐述普遍联系的辩证观点	讲授法 讨论法	帮助学生形成科学看待问题的意识，建立普遍联系的辩证观点
项目4	定积分及其应用	4.1 定积分的概念 4.2 原函数与不定积分 4.3 微积分基本定理 4.4 不定积分的计算技巧 4.5 定积分的计算技巧 4.6 反常积分 4.7 定积分的微元法 4.8 定积分在几何上的应用 4.9 定积分在物理上的应用	1. 辩证思维 2. 严谨务实	1. 通过定积分的概念，阐述整体与个体的辩证关系。 2. 不定积分计算过程中要求认真仔细	讲授法 讨论法 案例教学法	1. 让学生形成整体与个体内在联系的辩证观点，培养学生集体主义精神。 2. 帮助学生形成严谨、细致的工作态度

---

❶ 感谢四川建筑职业技术学院黄磊老师对本要点的支持。

序号	教学任务	课程内容	课程思政实施			
			课程思政元素	课程思政切入点	教学方法或活动	课程思政目标
项目5	常微分方程	5.1 微分方程的基本概念 5.2 一阶微分方程的基本解法 5.3 微分方程的换元求解 5.4 二阶线性微分方程 5.5 微分方程的应用	辩证思维	通过微分方程建立数学模型，培养分析和解决实际问题的能力	讲授法讨论法	培养学生理论联系实际，分析和解决实际问题的能力
项目6	级数	6.1 常数项级数 6.2 数项级数的收敛性判定 6.3 幂级数 6.4 函数的幂级数展开 6.5 傅立叶（Fourier）级数	辩证思维	通过函数与级数的转换，阐述现象与本质存在内在联系	讲授法讨论法案例教学法	让学生透过现象看本质，形成现象与本质存在辩证联系的观点
项目7	空间解析几何	7.1 空间曲面 7.2 空间平面 7.3 空间曲线 7.4 空间直线 7.5 向量值函数与应用杂例	辩证思维	通过函数的方法处理空间图形	讲授法讨论法	培养学生抽象思维能力，强化普遍联系的辩证观点
项目8	多元函数微积分学	8.1 多元微分学 8.2 多元积分学	辩证思维	一元函数与多元函数的区别与联系	讲授法讨论法案例教学法	培养学生归纳演绎能力，建立特殊到一般的辩证思想

四、典型思政案例

[案例1] 爱国主义

中华民族上下五千年在数学领域的探索和取得的成就令国人自豪，为了激发学生对中国历史、中国文化的认同感和自豪感，非常有必要在高等数学教学中巧妙运用光辉的数学史和生活实例增强学生爱国的时代使命感与社会责任感。我们有一大批优秀的数学家，古有庄子、刘徽的极限思想等，今有华罗庚、苏步青、陈省身、陈景润等，他们在相应领域的数学造诣令人赞叹。然而在教学中也应引导学生理性客观地看到高等数学内容中几乎看不到以中国人命名的公式和定理等，进而激发学生的学习热情，增强学生的爱国意识、忧患意识、使命感和时代责任感。

同时，通过生活实例引入高等数学概念。例如，通过天气预报、每月生活费、阶梯水费等案例，抽象出函数概念，分析函数概念实质是一个变量变化引起另外一个变量按照一定的规律发生变化，引申为每一个学生都是一个变量，学生的行为会代表学校的名誉。学生好了，学校自然就好了，国家也就好了。由此告诉学生，每个人都要爱家爱校爱国。这样将显性教育与隐性教育相结合，学生容易接受。以函数的有界性为例，可告诫学生做人也要有底线，要遵守法规和校规，以法律标准与道德标准做人处事。

[案例2] 科学思维

定积分的概念包含四个步骤：分割、近似、求和、取极限，这一概念包含的思想，启发我们在实际生活中要将大问题尽可能分割成小问题，化整为零，充分利用我们的智慧理性、平和地去分析问题。在应用分部积分法求解定积分时我们需要按照一定的原则进行凑微分，再利用分部积分实现由难到易的转化，这一方法可以让我们在教学中引导学生在实际生活中凡事都需要遵循一定的原则，如果最开始的决策是错误的，那事情很可能发展得越来越复杂，越发不可收拾，在能预见这一后果时就应该及时改变思路，进而化繁为简，大事化小。

[案例3] 创新思维

高等数学课程中有一元到多元的推广，有定积分到微元法的抽象，这对学生理解相应知识、方法，提升解决问题能力方面都有很好的促进作用，更能锻炼学生的逻辑推理能力，培养学生创新意识。

[案例4] 学用结合

高等数学的学习不仅能够提升自身的思维能力，且能借助数学模型实现数学在实际生活中的应用。很多同学在学习数学过程总是觉得数学枯燥无味，实际上很多问题都可以转化为对应的数学模型进行求解，小至生活中的点点滴滴，大至军事、经济及自然科学等。为了提高学生学用结合能力，我们应在高等数学教学中努力将数学建模思想渗透于授课内容，以提高学生的数学建模意识，着重培养学生敏锐的洞察力和丰富的想象力，从高等数学的应用角度选择和设计一些实际问题或社会热点问题，增强学生运用科学的手段解决实际问题的能力，激发学生追求学问、铸练本领的学习内生动力，强化学生社会实践能力的培养，引导学生勇于实践。

6.2.2 专业理论课

6.2.2.1 建筑结构

一、课程信息

课程名称：建筑结构。

课程性质：专业理论课。

参考教材：《建筑结构》，胡兴福主编，中国建筑工业出版社，2017。

二、教学目标

（一）知识目标

1. 了解建筑结构计算基本原则、混凝土基本构件的基本理论和概念。

2. 掌握钢筋混凝土结构、预应力钢筋混凝土结构、砌体结构、钢结构构件设计计算方法。

3. 掌握结构施工图识读方法。

（二）能力目标

1. 对于简单的建筑工程，能够进行一般建筑结构构件（受弯、受压等构件）截面设计及施工图绘制的能力。

2. 对已有建筑物，可以进行结构构件的承载力复核，具有正确识读建筑结构施工图的能力。

3. 提高学生的口头与书面表达能力、沟通协调能力，能与建筑企业各类人员建立良好的合作关系。

4. 学生掌握土建类专业在施工中需要具备的实际技能。

（三）德育目标

1. 学生具有良好的质量安全意识、工程终生负责制意识。

2. 学生具有良好的心理素质和工作责任感。

3. 学生形成自觉遵守规则、诚实守信的良好习惯。

4. 学生养成尊重宽容、团结协作的合作意识。

三、课程思政实施要点（表6-2）

课程思政实施要点❶   表6-2

序号	教学任务	课程内容	课程思政实施			
			课程思政元素	课程思政切入点	教学方法或活动	课程思政目标
项目1	绪论	1.1 建筑结构的基本概念 1.2 建筑结构的发展概况 1.3 建筑结构课程概述	1. 爱岗敬业 2. 终身学习 3. 爱国主义	1. 通过对专业的了解，培养学生认真对待自己的职业，热爱自己的专业。 2. 从学过的知识过渡到新知识，要求学生不断学习不断进步。 3. 通过我国建筑结构发展成就的了解，激发学生热爱祖国，增强民族自信	讲授法 讨论法 现场教学	1. 培养学生干一行爱一行，爱一行钻一行，不怕苦不怕累，尽职尽责的工作态度。 2. 培养学生养成良好的学习习惯，培养终身学习的教育思想。 3. 增强作为中国人和建筑人自豪感，坚定"四个自信"
项目2	建筑结构计算基本原则	2.1 作用与作用效应 2.2 建筑结构概率极限状态设计法 2.3 建筑抗震设计基本原则	1. 规范意识 2. 严谨务实 3. 辩证思维 4. 质量意识 5. 安全意识	1. 严格按照相关规范进行建筑结构荷载的计算。 2. 荷载计算过程中要求科学规范，认真仔细，一丝不苟。 3. 对比不同情况下荷载计算公式的区别，要求能举一反三，以辩证的思维发现其规律性。 4. 从地震震害出发，要求学生对工程质量严格把关，不为自身和小团体的利益而降低对工程质量的要求。 5. 从地震震害出发，树立安全意识，明确安全第一的原则	讲授法 讨论法 案例教学法 视频教学	1. 培养学生在工程建设全过程中，严格遵循有关标准、规范、规程、管理规定等的意识。 2. 培养学生在计算过程中时刻保持认真负责的态度，科学严谨、一丝不苟、严格要求的态度。 3. 培养学生以联系的、发展的、辩证的观点来认识事物的理念。 4. 培养学生在工程建设中要精心组织，严格把关，对工程质量终身负责的意识。 5. 培养学生在工程建设中不违章指挥、不违章操作、不偷工减料、把安全放在第一位的意识

---

❶ 本要点主要由四川建筑职业技术学院李珂老师编写。

续表

序号	教学任务	课程内容	课程思政实施			
			课程思政元素	课程思政切入点	教学方法或活动	课程思政目标
项目3	混凝土基本构件	3.1 混凝土结构材料 3.2 钢筋与混凝土共同工作 3.3 钢筋混凝土受弯构件 3.4 钢筋混凝土受压构件 3.5 钢筋混凝土受拉构件 3.6 钢筋混凝土受扭构件 3.7 预应力混凝土构件	1. 规范意识 2. 安全意识	1. 严格按照相关规范进行混凝土结构构件计算和构造处理。 2. 要求学生在混凝土结构材料选材过程中不偷工减料，不违章操作，明确材料选择不当对结构安全会造成很大影响	讲授法 讨论法 案例教学法 习题	1. 培养学生在工程建设全过程中，严格遵循有关标准、规范、管理规定的理念。 2. 培养学生在工程建设中不违章指挥、不违章操作、不偷工减料、不乱用材料、安全第一的思想意识
项目4	钢筋混凝土梁板结构	4.1 楼盖的类型 4.2 现浇钢筋混凝土单向板肋形楼盖 4.3 现浇钢筋混凝土双向板肋形楼盖 4.4 钢筋混凝土无梁楼盖 4.5 装配式混凝土楼盖 4.6 钢筋混凝土楼梯	1. 规范意识 2. 创新精神 3. 辩证思维	1. 从钢筋混凝土梁板结构的组合需要遵循相关规则出发，树立学生的规范意识。 2. 从混凝土楼盖到装配式混凝土楼盖的创新出发，培养学生大胆创新、勇于创造的思想。 3. 通过对比钢筋混凝土楼盖与装配式混凝土楼盖的优缺点，培养学生以辩证的思维学习新事物	讲授法 讨论法 案例教学法	1. 培养学生在工程建设全过程中，严格遵循有关标准、规范、规程、管理规定的理念。 2. 培养学生突破陈规、大胆探索、勇于创造的思想观念。 3. 培养学生以联系的、发展的、辩证的观点来认识事物的理念方法
项目5	多层及高层钢筋混凝土房屋	5.1 常用结构体系 5.2 钢筋混凝土框架结构 5.3 钢筋混凝土剪力墙结构 5.4 钢筋混凝土框架－剪力墙结构	1. 团结协作 2. 创新精神 3. 规范意识	1. 各种结构体系都是由各构件通过一定的组成规则协同合作，才能形成建筑房屋，承受荷载，培养学生团队合作精神。 2. 从建筑高度不断增加、跨度不断加大出发，培养学生大胆探索，不墨守成规的创新精神。 3. 严格要求学生按相关规范进行多层及高层钢筋混凝土房屋的设计计算	讲授法 讨论法 演示法	1. 培养学生在日常生活、学习和职业工作中，要互相支持、互相配合，顾全大局的理念。 2. 培养学生突破陈规、大胆探索、勇于创造的思想观念。 3. 培养学生在工程建设全过程中，严格遵循有关标准、规范、规程、管理规定的思想理念

续表

序号	教学任务	课程内容	课程思政实施			
			课程思政元素	课程思政切入点	教学方法或活动	课程思政目标
项目6	钢筋混凝土单层工业厂房	6.1 单层厂房的结构类型及组成 6.2 单层厂房的受力特点 6.3 单层厂房的主要承重构件 6.4 单层厂房排架柱的构造 6.5 单层厂房的抗震措施	1. 规范意识 2. 安全意识	1. 从单层厂房的组成规则出发，严格要求学生无论是在工程建设哪个阶段，都要树立规范意识。 2. 通过参观钢筋混凝土单层工业厂房施工现场，要求学生必须树立安全的观念	讲授法 讨论法 现场教学法	1. 培养学生在工程建设全过程中，严格遵循有关标准、规范、规程、管理规定的理念。 2. 培养学生在工程建设中要加强劳动保护措施，对国家财产和施工人员的生命安全高度负责，不违章指挥，及时发现并坚决制止违章作业，检查和消除各类事故隐患的意识
项目7	砌体结构	7.1 砌体材料及力学性能 7.2 砌体基本构件 7.3 砌体结构的承重方案与空间工作性能 7.4 墙、柱高厚比验算 7.5 砌体房屋的构造措施 7.6 过梁、墙梁、挑梁、雨篷 7.7 砌体房屋的抗震措施	1. 规范意识 2. 安全意识 3. 团结协作	1. 严格按照相关规范进行砌体结构构件计算和构造处理。 2. 要求学生在砌体材料选材过程中不能偷工减料，违规操作，明确材料选择不当对结构安全会造成很大影响。 3. 从砌体结构中不同构件相互配合承载出发，培养学生团结协作、共同发展的意识	讲授法 讨论法 案例教学法	1. 培养学生在工程建设全过程中，严格遵循有关标准、规范、规程、管理规定的理念。 2. 培养学生在工程建设中不违章指挥，不违章操作，不偷工减料，不乱用材料，安全第一的思想意识。 3. 培养学生在工作中互相支持、相互配合，团结协作、共同发展的理念
项目8	钢结构	8.1 建筑钢结构的材料 8.2 钢结构的连接 8.3 钢基本构件 8.4 轻钢屋盖 8.5 门式刚架轻型房屋钢结构	1. 规范意识 2. 安全意识 3. 团结协作	1. 严格按照相关规范进行钢结构构件计算。 2. 要求学生在钢结构材料选材过程中不偷工减料，不违规操作，明确材料选择不当对结构安全会造成很大影响。 3. 从钢结构中不同构件相互配合承载出发，培养学生团队合作能力	讲授法 讨论法 案例教学法	1. 培养学生在工程建设全过程中，严格遵循有关标准、规范、规程、管理规定的意识。 2. 培养学生在工程建设中不违章指挥、不违章操作、不偷工减料、不乱用材料、安全第一的思想意识。 3. 强化学生互相支持、互相配合的意识

序号	教学任务	课程内容	课程思政实施			
			课程思政元素	课程思政切入点	教学方法或活动	课程思政目标
项目9	结构施工图	9.1 结构施工图概述 9.2 砌体结构施工图 9.3 混凝土结构施工图平面整体表示方法 9.4 钢结构施工图	1. 规范意识 2. 严谨务实 3. 诚实守信	1. 严格按照相关规范、图集进行结构施工图的绘制及识图。 2. 在识图过程中要求学生保持认真仔细、认真负责、科学严谨的态度。 3. 在绘制施工图过程中，要求学生诚实守信、实事求是	讲授法讨论法案例教学法	1. 培养学生在工程建设全过程中，严格遵循有关标准、规范、规程、管理规定的意识。 2. 培养学生在建筑工程全过程、各环节中，科学严谨、一丝不苟、严格要求、脚踏实地、求真务实、勤勤恳恳、兢兢业业的态度。 3. 培养学生在工程建设的各环节各领域，要诚实劳动、合法经营、信守承诺、讲求信誉的意识

四、典型思政案例

[案例1] 安全意识

2016年11月24日，江西丰城发电厂三期扩建工程发生冷却塔施工平台坍塌特别重大事故，造成73人死亡，2人受伤，直接经济损失10197.2万元。经调查认定，事故的直接原因是施工单位在7号冷却塔第50节筒壁混凝土强度不足的情况下，违规拆除第50节模板，致使第50节筒壁混凝土失去模板支护，不足以承受上部荷载，从底部最薄弱处开始坍塌，造成第50节及以上筒壁混凝土和模架体系连续倾塌坠落。坠落物冲击与筒壁内测连接的平桥附着拉索，导致平台也整体倒塌。通过引用实际工程案例，说明因为混凝土强度不足造成的重大损失，提高学生的工程安全意识。引出强度是混凝土最重要的力学性能，明确学习本章的重要性和实际意义；通过分析赵州桥保存至今的秘密，揭示脆性材料抗压能力远大于抗拉能力的特点，古人能够发挥材料优势进行合理设计，我们作为现代土木人更应该充分掌握材料特性，物尽其用，扬长避短。同时要求学生查阅资料并思考港珠澳大桥的混凝土有什么要求，以实际工程提升学生职业自豪感，鼓励学生关注新工艺、新材料在实际工程中的应用，增强学生的创新意识。

[案例2] 奉献社会

通过介绍梁中钢筋的种类、作用及相应构造要求，内化敬业、专注、奉献社会，形成优秀的职业价值取向和行为表现。

梁中钢筋的种类不同，其作用不同，在讲解过程中使学生了解，在做一件事的时候，团队每个人扮演的角色不同，所起到的作用就不同，有些钢筋起到承载的决定性作用，而有些钢筋只起到辅助承载的作用，但不论哪种钢筋都缺一不可，传递学生可以在不同的方面实现奉献社会的目的。

[案例3] 团结协作

钢筋混凝土肋形楼盖由主梁、次梁和板组成，通过一定的连接方式，组成能承受并传递荷载的楼盖体系。要求学生分小组进行不同工况下肋形楼盖的设计。强化学生分组讨论、团结协作的意识。每一小组选一名小组长，负责与老师沟通及召集同学，锻炼了组长的领导能力及与组员及老师沟通的能力。在设计过程中，需要小组成员共同完成钢筋混凝土肋形楼盖的设计，锻炼了学生团队分工合作、对计算过程精益求精的能力，让学生了解在实际工程中需要对设计成果终身负责制，培养了学生在今后学习工作中做事严谨的态度。

[案例4] 规范意识

"不以规矩，不能成方圆"出自《孟子》的《离娄章句上》，成为人们在生活中常用的格言警句。同样在建筑行业，国家颁布了一系列工程规范、标准，例如：对于本门课来说，混凝土结构施工图平面整体表示方法就是建筑结构施工图绘制全国统一执行的规则。

6.2.2.2　建筑施工技术

一、课程信息

课程名称：建筑施工技术。

课程性质：专业理论课。

参考教材：《建筑施工技术》，赵育红主编，中国电力出版社，2018。

二、教学目标

（一）知识目标

1. 熟悉建筑施工的基本程序。

2. 掌握主要工种工程的施工工艺，熟悉质量检查的内容和方法。

3．理解施工组织的基本原理。

（二）能力目标

1．具备组织简单建筑工程施工及质量验收的能力。

2．能够解决已有或者新建建筑物施工中的各类问题。

3．学生能够与建筑企业各类人员建立良好的合作关系。

4．学生具备获取施工新技术新工艺的技能。

（三）德育目标

1．学生具有良好的质量安全意识、工程终生负责制意识。

2．学生具有良好的心理素质和身体素质。

3．学生形成自觉遵守规则、团结协作的合作意识。

三、课程思政实施要点（表6-3）

课程思政实施要点❶ 表6-3

序号	教学任务	课程内容	课程思政实施			
			课程思政元素	课程思政切入点	教学方法或活动	课程思政目标
项目1	绪论	1.1本课程的任务、特点和学习方法 1.2我国建筑施工发展概况 1.3我国建筑施工的基本程序 1.4施工规范和施工规程	爱国主义	通过对我国建筑施工发展成就的了解，激发学生热爱祖国，增强民族自信	讲授法 讨论法 案例教学法	增强作为建筑鲁班传人的自豪感，坚定"四个自信"
项目2	施工基本技术	2.1土方工程 2.2地基处理与加固 2.3建筑施工机械与选用 2.4施工脚手架	1．辩证思维 2．安全意识 3．团结协作	1. 严格按照相关规范，要求学生选用既经济又安全的施工机械。 2. 严格按照相关规范进行地基与基础施工，要求学生在施工过程中注意安全操作。 3. 严格按照相关规范进行脚手架的计算及安全搭设，要求学生精益求精、相互协作地完成工作任务	讲授法 讨论法	1. 培养学生在工作中全面而不孤立地看待问题。 2. 培养学生在工作中按照规范操作，不违章操作和指挥。 3. 培养学生在工程施中相互配合、相互协作

❶ 感谢四川建筑职业技术学院黄敏老师对本要点的支持。

续表

序号	教学任务	课程内容	课程思政实施			
			课程思政元素	课程思政切入点	教学方法或活动	课程思政目标
项目3	多层现浇钢筋混凝土结构施工	3.1 模板工程施工基本知识、模型室观摩 3.2 钢筋工程施工 3.3 混凝土工程施工 3.4 基础分部工程施工 3.5 主体结构施工	1. 规范意识 2. 严谨务实	1. 严格按照相关规范进行模板的搭设、钢筋的支设、混凝土的浇筑。 2. 在模板搭设过程中要求仔细认真、精益求精	讲授法 讨论法 案例教学法	1. 培养学生严格按照规范施工的意识。 2. 培养学生在计算过程中严谨务实的态度
项目4	砌体结构施工	4.1 砖砌体基本知识 4.2 基础分部工程施工 4.3 主体分部工程施工 4.4 常见的质量问题及防治 4.5 砌筑工程安全技术要求、模型室观摩	1. 规范意识 2. 质量意识	1. 要求学生严格按照规范进行砌体结构施工。 2. 要求学生按照质量标准进行质量控制，防治质量通病	讲授法 讨论法	1. 培养学生严格按照规范施工的意识。 2. 培养学生在工作中精心组织，严格把关，顾全大局，不为自身和小团体的利益而降低对工程质量的要求
项目5	预应力混凝土工程施工	5.1 预应力混凝土概述 5.2 先张法 5.3 后张法 5.4 无粘结预应力混凝土施工	1. 规范意识 2. 安全意识	1. 严格按照规范进行预应力钢筋的下料和安装。 2. 严格按照施工计划进行预应力结构施工，不偷工减料	讲授法 讨论法	1. 培养学生严格按照规范施工的意识。 2. 培养学生加强劳动保护措施，不违章指挥，及时发现并坚决制止违章作业，检查和消除各类事故隐患
项目6	结构安装工程施工	6.1 起重机械 6.2 混凝土结构安装施工 6.3 钢结构工业厂房安装 6.4 结构安装工程的质量及安全措施	1. 质量意识 2. 安全意识	1. 严格按照质量标准进行钢结构构件连接。 2. 严格按照施工安全标准进行钢结构吊装	讲授法 讨论法	1. 培养学生在工作中精心组织，严格把关，顾全大局，不为自身和小团体的利益而降低对工程质量的要求。 2. 对施工人员的生命安全高度负责，检查和消除各类事故隐患

续表

序号	教学任务	课程内容	课程思政实施			
			课程思政元素	课程思政切入点	教学方法或活动	课程思政目标
项目7	装饰工程施工	7.1 抹灰工程 7.2 门窗工程 7.3 饰面工程 7.4 楼地面工程 7.5 涂料工程 7.6 玻璃幕墙工程 7.7 吊顶工程 7.8 隔墙工程	1. 环保意识 2. 规范意识	1. 严格按照环保标准选择装饰材料。 2. 严格按照规范进行装饰工程的施工操作	讲授法 讨论法	1. 培养学生工作中树立尊重自然、顺应自然、保护自然的理念，遵循绿色发展、低碳发展、循环发展的思路，落实节约资源、保护环境的基本国策。 2. 培养学生严格按照规范施工的意识
项目8	防水工程施工	8.1 防水工程的基本知识 8.2 屋面防水施工 8.3 地下防水施工 8.4 厨房、卫生间防水施工 8.5 常见质量问题及处理	质量意识	严格按照防水规范进行屋面防水、地下防水、厨房和卫生间防水工程的施工操作	讲授法 讨论法	培养学生在工作中精心组织，严格把关，顾全大局
项目9	高层建筑施工	9.1 高层建筑施工概述 9.2 高层建筑基础施工 9.3 高层建筑钢筋混凝土结构主体施工 9.4 高层建筑钢结构主体施工	安全意识	严格按照高层建筑施工规范进行基础施工、主体结构施工，要求学生在施工过程中注意安全操作	讲授法 讨论法 案例教学法	培养学生严格按照规范操作的意识，不违章操作和指挥，做到按程序施工
项目10	季节性施工与外墙保温技术	10.1 冬期施工 10.2 雨期施工 10.3 外墙保温技术	规范意识	严格按照相关规范进行冬期、雨期施工，要求学生按照施工程序进行操作	讲授法 讨论法 案例教学法	培养学生严格按照规范施工的意识

四、典型思政案例

[案例1] 爱国主义

我国是建造业强国，具有众多建筑施工新技术：地基基础和地下空间工程技术、混凝土技术、钢筋及预应力技术、模板及脚手架技术、钢结构技术、机电安装工程技术、绿色施工技术、防水技术、抗震加固与监测技术、信息化应用技术、装配式建筑施工技术。通过了解新技术，激发学生热爱专业、热爱祖国，增强民族自信，增强作为建筑鲁班传人的自豪感。

［案例2］环保意识

在施工基本技术这一章讲授基坑开挖的原则时，列举事例告诉学生必须采取防护措施，减小开挖面，尽量缩短工期，以此有效保护植被、防范山体滑坡和水土流失，做到"绿色"施工，并由此引出"两山"理论和"生态文明"建设。

［案例3］安全意识

江西丰城电厂11.24事故警示教育片，让学生在观看后深入分析事故原因，让学生既掌握了专业知识，也接受了警示教育。引导学生作为土木人，要培养强烈的责任感，熟悉建设程序和法律法规，科学施工，安全施工。

同样的在结构安装工程施工学习的时候，需要特别注意安全，引入相关事故案例，教育学生施工安全意识一刻都不能放松。

［案例4］吃苦耐劳

在桩基础施工浇筑混凝土时，要求连续不间断施工，否则可能出现断桩，导致工程使用年限缩短，甚至出现垮塌事故，对工程的质量来说是致命的，而一根桩连续浇筑的时间往往在24小时以上，这就需要土建类专业施工人员具有吃苦耐劳、连续作战的敬业精神。

6.2.2.3　建筑工程计量与计价

一、课程信息

课程名称：建筑工程计量与计价。

课程性质：专业理论课。

参考教材：《建筑工程计量与计价》，王武齐主编，中国建筑工业出版社，2015。

二、教学目标

（一）知识目标

1. 了解工程量清单计价在工程管理工作中的作用以及建筑工程定额的分类、作用。

2. 掌握预算定额的内容组成及应用方法、招标工程量清单的编制原理及基本方法、投标报价的编制原理及基本方法。

3. 熟悉建筑安装工程费用的组成及其内容。

（二）能力目标

1. 具备正确使用预算定额、预算定额换算的能力。

2. 具有计算简单图纸的工程量的能力。

3. 能够编制简单图纸招标工程量清单及编制简单图纸投标报价。

4. 培养学生严谨认真的科学态度，提高学生的动手能力。

（三）德育目标

1. 学生养成爱岗敬业的意识。

2. 学生具有良好的实事求是的态度。

3. 学生形成自觉遵守职业道德及行业规范、诚实守信的良好习惯。

三、课程思政实施要点（表6-4）

课程思政实施要点❶　　　　　　　　　　　　　　表6-4

序号	教学任务	课程内容	课程思政实施			
			课程思政元素	课程思政切入点	教学方法或活动	课程思政目标
项目1	概述	1.1 基本建设概述 1.2 建筑工程计价 1.3 工程量清单计价	1. 规范意识 2. 严谨务实	1. 通过对计价规范和计价模式的介绍，让学生明确必须严格按规范进行计量与计价。 2. 计量与计价工作中必须做到精益求精	讲授法讨论法	1. 培养学生在学习过程中，严格遵循规范和计价文件进行组价。 2. 培养学生的严谨务实的态度
项目2	建筑工程定额	2.1 建筑工程定额概念及分类 2.2 建筑工程定额组成 2.3 建筑工程定额应用	1. 实事求是 2. 规范意识	1、客观、公平、公正的在定额中反映社会平均水平。 2. 严格按照定额规定编制审查设计概算、施工图预算、标底、竣工结算	讲授法讨论法案例教学法	1. 培养学生实事求是计算定额中人工、材料、机械台班的消耗量。 2. 培养学生严格按照定额编制造价文件的意识

❶ 本要点主要由四川建筑职业技术学院李雪梅老师编写。

序号	教学任务	课程内容	课程思政实施			
			课程思政元素	课程思政切入点	教学方法或活动	课程思政目标
项目3	人工、材料、机械台班单价	3.1 人工单价 3.2 材料预算价格 3.3 施工机械台班单价	规范意识	严格按照本地区最新的人工、材料、机械台班信息价计算人工、材料、机械台班单价	讲授法讨论法	培养学生严格按照规定计算单价的意识
项目4	建筑工程费用组成	4.1 基本建设费用的组成 4.2 建筑工程费用的组成	规范意识	严格按照国家最新的费用组成文件，确定基本建设费用组成和建筑工程费用组成	讲授法讨论法	培养学生在基本建设费用的组成中具有严格遵守有关文件的意识
项目5	建筑工程工程量计算	5.1 概述 5.2 建筑面积计算 5.3 工程量计算 5.4 工程量清单编制	1. 规范意识 2. 诚实守信	1. 严格按照计量与计价规范进行计算。 2. 精准计算工程量和编制完整的工程量清单	讲授法讨论法案例教学法	1. 培养学生严格按照规范计算工程量的意识。 2. 培养学生在计算工程量和编制工程量清单的过程中的诚信意识
项目6	建筑工程费用计算	6.1 分部分项工程费计算 6.2 措施项目费计算 6.3 其他项目费计算 6.4 规费及税金计算 6.5 建筑工程费用计算实例	1. 环保意识 2. 诚实守信	1. 从安全文明施工费出发，阐述国家环境保护政策。 2. 严格遵守计量与计价规范，不能随意篡改报价，严格按相应规范和地方文件精准报价、保密报价	讲授法讨论法案例教学法	1. 培养学生自觉遵守国家环境保护政策的意识。 2. 培养学生在费用计算中诚实守信的意识

四、典型思政案例

[案例1] 规范意识

《建设工程工程量清单计价规范》GB50500—2013和《房屋建筑与装饰工程工程量计算规范》GB50548—2013是我国各类工程的造价计算必须依据遵循的计算规则，即任何一个项目在进行预算投标或计量价款时都只能用国家统一的定额，定额具有科学性、系统性、权威性、统一性和强制性，学生应该成为我国建设工程领域政策的推广者和执行者，严格按照工程量计算规范进行工程计量，严格按照工程量清单计价规范的各项要求进行工程造价的控制工作。引导学生做人做事都要讲究规则，没有规矩，不成方圆，要做到有法可依，有法必依，立志成为新时代的社会主义建设者和接班人。

[案例2] 环保意识

通过介绍安全文明施工费的定义、包括范围和计算方法，强调国家将此项费用列为不可竞争费，引导学生思考、讨论不可竞争费的实际性质就是为了杜绝企业恶性竞争舍弃施工人员的安全保障与环境保护措施的费用，国家规定了安全文明施工费为招标投标的不可竞争费，即不可让价，否则为废标，体现了国家以人为本的生产理念和保护环境的决心，引导学生在平时的学习生活中也要提高安全和环境保护意识。

类似地，可以向学生普及"既要金山银山，也要绿水青山""绿水青山就是金山银山""宁可失去一点金山银山，也要保护好子孙万代的绿水青山"等绿色发展理念，引导学生养成良好的职业素养和职业态度。

6.2.3 专业实践课

以钢筋混凝土结构工程综合训练为例。

一、课程信息

课程名称：钢筋混凝土结构工程综合实训。

课程性质：专业实践课。

二、教学目标

（一）知识目标

1. 掌握钢筋混凝土结构工程施工程序、技术控制方法和手段。

2. 掌握钢筋混凝土结构工程质量检查的内容、方法和程序及填写施工资料。

3. 掌握施工组织设计的方法。

（二）能力目标

1. 具有独立编写框架结构、框架-剪力墙结构施工组织设计的能力。

2. 具有现场解决钢筋模板工程施工中简单问题的能力。

3. 具有能独立完成混凝土结构工程质量检查评定工作的能力。

4. 提高学生的理论联系实际、沟通协调能力和基本达到钢筋混凝土结构工程施工的能力。

（三）德育目标

1. 学生具有良好的质量安全意识、工程终身负责制意识。

2. 学生养成团结协作的合作意识和遵守规则的良好习惯。

3. 学生具有"施工员"良好的基本素养。

三、课程思政实施要点（表6-5）

课程思政实施要点❶　　　　　　　　　　　表6-5

序号	教学任务	课程内容	课程思政实施			
			课程思政元素	课程思政切入点	教学方法或活动	课程思政目标
环节1	钢筋混凝土结构工程技术准备工作训练	模拟图纸会审，编制施工组织设计，编制各类计划，模板配板设计放样	1. 严谨务实 2. 团结协作	1. 通过技术准备各项工作，教育学生严谨周密、精益求精。 2. 从技术准备各项工作出发，引导学生相互配合、相互协作	讲授法 实践操作	1. 培养学生严谨周密、精益求精的工作态度。 2. 培养学生的团队意识
环节2	钢筋混凝土结构工程主体结构施工训练	放线、模板脚手架的搭设、钢筋绑扎训练	1. 规范意识 2. 安全意识 3. 勤劳奉献 4. 团结协作	1. 引导学生严格按照规范操作。 2. 要求学生在施工过程中注意安全操作。 3. 通过训练过程，使学生体验劳动的快乐和光荣。 4. 通过操作训练，引导学生相互配合、相互协作	讲授法 实践操作	1. 培养学生严格按照规范操作的意识。 2. 培养学生安全第一的意识。 3. 培养学生热爱劳动、吃苦耐劳的品质。 4. 培养学生团队协作能力
环节3	钢筋混凝土结构工程质量检查评定训练	按照施工质量验收规范完成各分项工程的质量检查与验收	1. 质量意识 2. 团结协作	1. 通过质量检查验收，强化学生对质量标准的敬畏。 2. 通过分工协作完成质量检查验收任务，训练学生团队协作能力	实践操作	1. 培养学生的质量意识。 2. 培养学生团队协作能力

❶ 本要点主要由四川建筑职业技术学院胡兴福、老师编写。

四、典型思政案例

[案例] 质量意识

工程建设中，如果施工不当，常会造成质量问题。因此，施工中应采取相应措施最大限度地消除质量通病，以保证工程结构安全。下面列举工程常见的质量通病及防治措施，引导学生增加质量意识。

土方工程施工过程中，常会出现场地积水、填方边坡塌方、回填土密实度达不到要求、挖方边坡塌方、边坡超挖、基坑（槽）泡水、基坑（槽）回填土沉陷等质量通病。防治措施：场地内的填土认真分层回填碾压（夯）实，使密实度不低于设计要求，避免松填；按要求做好场地排水坡和排水沟；做好测量复核，避免出现标高误差。永久性填方的边坡坡度应根据填方高度、土的种类和工程重要性按设计规定放坡；按要求清理基底和做阶梯形接槎；选用符合要求的土料，按填土压实标准进行分层、回填碾压或夯实；在边坡上下部做好排水沟，避免在影响边坡稳定的范围内积水。选择符合要求的土料进行回填；按所选用的压实机械性能，通过试验确定含水量控制范围内每层铺土厚度、压实遍数、机械行驶速度；严格进行水平分层回填、压（夯）实；加强现场检验，使其达到要求的密实度。根据不同土层土质情况采取适当的挖方坡度；做好地面排水措施，基坑开挖范围内有地下水时，采取降水措施，将水位降至基底以下0.5m；土方开挖应自上而下分段分层依次进行；避免先挖坡脚，造成坡体失稳。机械开挖，预留0.3m厚采用人工修坡；加强测量复测，进行严格定位。开挖基坑（槽）周围应设排水沟或挡水堤；地下水位以下挖土应设排水沟和集水井，用泵连续排走或自流入较低洼处排走，使水位降低至开挖面以下0.5~1.0m。回填前，将槽中积水排净；淤泥、松土、杂物清理干净；回填土按要求采取严格分层填、夯实；控制土料中不得含有直径大于5cm的土块，及较多的干土块；严禁用水沉法回填土。

混凝土工程施工时，常因为混凝土强度不足，配合比不准确，搅拌不均匀，振捣不密实，以及现场浇筑不当，养护不良等因素，导致出现麻面、露筋、裂缝、蜂窝、孔洞、缝隙及夹层等质量通病。防治措施：应合理选用水泥强度与混凝土设计强度，必要时可在混凝土拌合物中掺加混合材料或减水剂等，来改善混凝土拌合物和易性。混凝土自由坍落度不得超过2m，若超过应采取串筒、溜槽等措施进行下料，且应分段、同时，分层进行混凝土下料及振捣。混凝土浇筑前，应先检查钢筋位置和保护层厚度，确保其是否符合要求，若发现问题应及时修整。通常来说，对于受力钢筋的混凝土保护层厚度，墙板处应为15mm，梁柱处应为25mm，基础处应为35mm。不同强度等级混凝土现浇构件相连接时，应在低强度等级的构件中设置两种混凝土的接缝，且接缝应距高等级构件有一定距离。若接缝两侧的混凝土等级不同且分先后施工时，可沿预定的接缝位置设置固定筛网；若等接缝两侧的混凝土等级相同且同时浇筑时，可沿预定的接缝位置设置隔离板。养护时，应采用覆盖塑料薄膜和阻燃草帘并洒水养护相结合的方案进行，且养护过程中须洒水保持湿润，养护时间不少于7d，而冬期施工时的养护时间一般不少于14d。

钢筋工程施工时，常因为钢筋原材料不符合要求，选用垫块尺寸不对，搭接、焊接施工操作不当等因素，导致出现钢筋加工缺陷较多，焊接质量不合格，钢筋保护层垫块不符合要求，钢筋搭接及锚固长度不够，箍筋接头位置绑扎错误等质量通病。防治措施：两端钢筋夹持于夹具内，上下应同心，且上下钢筋直径相差不宜超过两级。同时，钢筋焊接过程中上钢筋应保持垂直和稳定，夹于夹具的滑杆和导管之间。布置垫块时应按梅花状放置，且距离不得过大，同时应保证垫块放置牢固，严禁松动、位移、脱落，且振捣混凝土时须防止垫块位移。纵向受力钢筋的机械连接接头及焊接接头连接区段的长度应为35d，且不得小于500mm。同一连接区段内，受压区的纵向受力钢筋接头面积百分率应不大于50%；受拉区应不大于25%。钢筋焊接施工前，应清除钢筋或钢板焊接部位和与电极接触的钢筋表面上的锈斑油污、杂物等。若钢筋端部出现弯折、扭曲，则应进行矫直或切除。钢筋绑扎必须将钢筋交叉点全部绑扎，基础梁箍筋采用缠扣绑扎，板钢筋绑扎采用八字扣满绑，且必须保证钢筋不移位。

模板工程施工时，常因为模板尺寸错误、模板龙骨用料较小或间距偏大、模板刚度差、隔离剂使用不当、支设不牢等因素，导致出现标高偏差，轴线偏移，结构变形，接缝不严等质量通病。防治措施：设计时，应充分考虑模板本身自重、施工荷载，以及混凝土的自重、浇捣时产生的侧向压力，从而保证模板具有足够的承载能力、刚度和稳定性。模板制作时，应保证其厚度不大于2mm，并保证其规格尺寸准确、棱角平直光洁、面层平整、拼缝平严。同时，墙柱模板的高度应比墙柱结构尺寸的净高高出30mm。施工时，应拉水平、竖向通线，并设竖向垂直度控制线，同时还应在建筑物的4个大角及电梯井进行标高定位，并采用激光垂准仪向上引测下层楼面的控制点。每层模板拆除后，须将外架体、临边洞口处的模板、方料、钢管扣件清理干净。若所有模板均完成拆除后，须将剩余材料码放至指定地点，不得将其放置外架和临边洞口处。拆下的模板应及时进行清理、修正、刷隔离剂，若为冬期施工，还应及时对使用不到的建筑模板进行归类、入库，并将模板放置干燥通风处，不得将模板直接暴露在外部，以免因寒霜、雨雪等侵蚀或低温影响模板质量。

6.3 课程思政实施案例

本节为四川建筑职业技术学院部分课程中课程思政实施案例。

6.3.1 公共基础课程

6.3.1.1 毛泽东思想和中国特色社会主义理论体系概论（表6-6）

毛泽东思想和中国特色社会主义理论体系概论教案❶ 表6-6

课程名称	《毛泽东思想和中国特色社会主义理论体系概论》（二）	专业/年级	建筑工程技术专业/二年级
教学内容/学时	"五位一体"总体布局/12学时	授课地点	多媒体教室
专题	发展社会主义民主政治 ——关于新时代中国特色社会主义民主政治建设	学时	2学时

❶ 本教学设计原稿由四川建筑职业技术学院倪虹老师提供。

续表

教学内容 分析	教材关于政治建设的内容主要有以下几个方面：坚持中国特色社会主义政治发展道路，健全人民当家作主制度体系，巩固和发展爱国统一战线，坚持"一国两制"，推进祖国统一。 首先，在教学内容上吸收借鉴习近平新时代中国特色社会主义思想中关于协商民主的内容，从而使教学内容紧跟马克思主义中国化最新理论成果。在教学内容上将"'一国两制'，推进祖国统一"单独提出。一方面，本章内容以讲授内地的经济、政治、文化、社会、生态文明建设为主，将"一国两制"放入政治之中，易导致教材体系不够鲜明。另一方面，"'一国两制'，推进祖国统一"是实现中国民族伟大复兴之路上的重要内容，也是我国与国外敌对势力交锋的热点、重点问题，更加适宜单独论述。 其次，在教学结构方面，使教学内容层次设计更加鲜明，通过论述中国特色社会主义民主政治的特色在哪里？坚持中国特色社会主义民主政治的制度保障是什么？中国特色社会主义民主政治的优势在哪里？通过问题链式的教学方法，学生更加清晰明确学习的主题。 最后，在教学策略上，坚持问题导向，激发学生学习兴趣；创设情景，带动学生思考；通过课堂讨论，了解学生思想动态、疑惑，有的放矢，提升教学效果	
学情 分析	本章授课对象是高职建工专业的学生。 学生特点（不利于教学的方面）： 1. 学生以理科为主，高中阶段掌握的基础知识没有较好掌握。 2. 学生知识碎片化，学生普遍通过微博、微信、抖音等新媒体了解信息，缺乏系统性，甚至部分新媒体信息存在错误，对学生有一定误导。 3. 部分学生对于思政课不重视，甚至表现出厌烦态度。 学生特点（有利于教学的方面）： 1. 思想活跃，在接受知识的过程中具有一定的自主思考和分析能力。 2. 视野开阔，互联网时代学生信息获取便捷，对一些热点问题有一定了解。 3. 权利意识增强，对民主、自由、人权等话题比较关注	
教学目标	知识 目标	1. 理解党的领导、人民当家作主、依法治国是有机统一； 2. 认识我国的根本政治制度和基本政治制度； 3. 体会中国特色社会主义协商民主的优势
	能力 目标	1. 坚定中国特色社会主义民主政治的优势和民族性； 2. 辨别网络、社会中关于我国民主政治的错误言论； 3. 积极参与我国民主政治活动
	德育 目标	1. 充分认识到中国特色社会主义政治制度的优势； 2. 坚定走中国特色社会主义民主道路； 3. 增强"四个自信"； 4. 增强学生职业自豪感
教学重点	1. 中国特色社会主义民主政治的特色：党的领导、人民当家作主、依法治国的有机统一； 2. 人民当家作主的根本制度：人民代表大会制度； 3. 中国特色社会主义协商民主	
教学难点	1. 中国特色社会主义民主政治的特色：党的领导、人民当家作主、依法治国的有机统一； 2. 中国特色社会主义协商民主	
教学方法	混合式教学法、情景教学法、启发式教学法、对比教学法、案例式教学法、问答法、问卷法、讲授法等	
课程资源 准备	教材、多媒体、PPT、视频资料、云课堂智慧职教APP	

续表

教学设计				
课前				
学习任务			学习策略	
观看视频《给西方民主把把脉》思考西方民主政治存在哪些问题			自主学习	
课中				
教学步骤	师生活动		教学方法	教学时间
课程导入	课堂问答：中国抗击疫情主要采取了哪些措施？其他国家为什么抄不了中国的作业		启发法	5分钟
呈现学习内容	知识点1：社会主义民主政治的制度特色——党的领导、人民当家作主、依法治国的有机统一	课堂提问：为什么要坚持党的领导？党如何领导人民当家作主和依法治国？ 知识点1.1 党的领导：人民当家作主、依法治国的根本保证	问答法讲授法	5分钟
		课堂问卷：你认为民主的特征是什么？ 知识点1.2 人民当家作主是社会主义民主政治的本质特征	问卷法	5分钟
		知识点1.3 依法治国：党领导人民治理国家的基本方略	讲授法	5分钟
	内容衔接	情景活动：模拟记者招待会，学生提问，老师回答。通过情景活动，回应学生关注点，引出后面的教学内容	情景教学法	8分钟
	知识点2：中国特色社会主义民主政治的制度	课堂提问：美国国会议员如何产生？来自哪里？美国国家权力如何分配？我国人大代表如何产生？来自哪里？国家权力如何分配？ 知识点2.1 人民代表大会制度	问答法对比法	12分钟
		播放视频：《印度雾霾治理困境》（恶性党争，不顾民生） 案例呈现：中国民主党派响应共产党的号召积极抗击疫情 知识点2.2 中国共产党领导的多党合作和政治协商制度	对比法启发法	8分钟
		视频播放：西藏3.14事件、新疆7.5事件。 职教云APP讨论：民族分裂势力能否得逞？为什么？ 知识点2.3 民族区域自治制度 案例呈现：西藏今昔。 视频播放：脱贫奔小康。	案例法启发法	7分钟
		案例呈现：上海市静安区南京西路街道：上下联动推进基层群众自治。 知识点2.4 基层民众自治制度	案例法	5分钟
	知识点3：中国特色社会主义民主政治的优势	视频播放：《辉煌中国》港珠澳大桥建设选段、汶川震后十周年。 案例展示：雷神山、火神山医院建设速度、中国抗疫的成绩。 知识点3.1 有利于集中力量办大事	案例法讲授法	7分钟
		案例呈现：英国脱离欧盟公投，51.89%赞成，48.11%反对。 视频播放：协商民主的温岭模式。 知识点3.2 有利于实现最广泛最真实的民主	比较法讲授法	12分钟
		案例呈现：美国非裔青年弗洛伊德去世，引发多个城市大骚乱；西欧难民入境，导致民粹主义势力崛起；泰国红衫军、黄衫军；中国社会长期保持稳定。 知识点3.3 有利于形成安定团结的政治局面	案例法比较法	6分钟

续表

教学小结	"履不必同，期于适足，治不必同，期于利民。"世界上没有完全相同的政治制度模式，一个国家走什么样的政治发展道路，必须与这个国家的历史、国情和性质相适应，同时，我国政治制度有利于保障基础设施建设投入数量、建设质量和速度	5分钟

课后		
学习任务		学习策略

教学详案		
课堂导入、课堂互动		5分钟
截至2020年6月26日18时，中国现有确诊病例510例，累计确诊85193例，累计死亡4648例。截至2020年6月26日18时，国外现有新冠病毒确诊病例4127817例，累计确诊10023589例，累计死亡497215例。 【课堂提问】中国抗击疫情主要采用了哪些举措？ 【职教云APP回答】…… 【教师总结】2020年1月，新冠疫情率先在中国爆发。中国在不到两个月的时间内控制住了疫情的蔓延，主要采用了以下四部曲：武汉封城、锁住病毒源头；十四亿人民居家隔离，阻断病毒的传播；数万医务人员驰援武汉，全力救治被感染人员；疫情基本得到控制后，有序的复工复产。 3月以后，疫情在国外爆炸式增长。很多网友感叹：抄中国作业都不会吗？ 这个作业，很多国家真的抄不了。中国抗击疫情取得优异成绩是因为中国制度，特别是中国政治制度优势的体现。 【设计意图】通过中外疫情对比，使学生明白疫情之所以能在中国得到有效控制，而在西方国家失控，是因为中国制度，特别是中国政治制度优势的体现		合作学习法
教学重点 难点	一、社会主义民主政治的制度特色 ——党的领导、人民当家作主、依法治国的有机统一	
1. 党的领导：人民当家作主、依法治国的根本保证		
（1）为什么要坚持党的领导？ 【教师讲述】党的性质和党的成就决定的！ （2）党如何领导人民当家作主和依法治国？ 【教师讲述】首先，党领导人民把人民的意志变成党的主张（方针、政策、路线），然后，党向人大提出决策建议，人大依照法定程序审议表决，通过后，便成为国家意志（法律、法规），即：党通过人大制度把党的主张上升为国家意志		
课堂互动、内容衔接		
【课堂调查】学生微信扫描课件中的二维码，完成"关于民主的特征是什么"的课堂问卷。 【学生参与】…… 【教师总结】关于民主的特征，不同国家、不同社会的人有不同理解。通过分析班级小样本调查的结果和北大等七个机构做的大样本调查结果得出结论：中国人更关注民主的内容，也就是自己的获得感。 【设计意图】通过调查数据分析，让学生明白我国民主政治关注人民需求、追求实质民主		

2.　人民当家作主：社会主义民主政治的本质特征		
我国的民主制度安排回应人民的需求。在我国不仅有民主选举，还有民主协商、民主决策、民主管理、民主监督。 具体而言，人民可以直接、间接选举人大代表，组成各级人民代表大会，各级人民代表大会再选举产生各级政府和司法和监察机构并进行监督。过去十年里，中国的人大持续、反复讨论过三农问题、义务教育问题、医疗改革问题、养老问题、环境问题等，这都是民众真正关心的问题，然后提出各种对策。除此之外，我国还有广泛、多层的协商民主机制，保证人民通过各种途径和形式，管理国家事务、社会事务。最后，人民当家作主还体现在党和国家的各项工作以人民为重		
3.　依法治国：党领导人民治理国家的基本方略		
人民依什么法治国？目前，我国有法律260多部、行政法规700多部、地方性法规9000多部、行政规章11000多部。这些法律、法规就是人民治理国家的依据。 人民如何依法治国？人民和党的意志可以生成法律，法律一旦被制定出来，就应该得到普遍遵守，这是法治的基本要求。党的领导，党要守法，人民当家作主，人民也要守法		
小结		
党的领导、人民当家作主、依法治国三者的关系就如同全班同学一起商讨大合唱选什么歌、编什么曲，但曲谱一旦被确定下来，无论指挥还是合唱队员都要按谱行事，才能把歌唱好。 党的领导、人民当家作主、依法治国三者统一于我国民主政治的伟大实践		合作学习法
课堂互动、内容衔接	8分钟	
【情景活动】模拟记者招待会。 【学生参与】…… 【教师总结】解答学生疑惑并引出我国民主政治制度。 【设计意图】通过情景活动，更加了解学生关注点，在教学内容中给予回应，并引导出后面的教学内容		
教学重点　｜　　二、中国特色社会主义民主政治的制度	32分钟	
1.　人民代表大会制度		
【小组讨论】 第一小组题目：美国国会议员如何产生？中国人大代表如何产生？ 第二小组题目：美国议员代表来自哪里？中国人大代表来自哪里？ 第三小组题目：美国国家权力如何分配？中国国家权力如何分配？ 【小组汇报】…… 【教师总结】美国国会议员直接选举产生，中国人大代表直接选举加间接选举产生。美国国会议员来自社会精英阶层，中国的人大代表来自社会各阶层、各行业、各民族，更具有广泛性和代表性。美国立法、行政、司法三权分立，相互制衡，相互牵制；我国的行政机关、监察机关、审判机关、检察机关都由人民代表大会产生，对人民代表大会负责，受人民代表大会监督。 （1）我国为什么要实行人民代表大会制度？ 我国实行人民代表大会制度有其深刻的历史背景。由中国革命的艰巨性和中国社会的复杂性所决定的。中国革命胜利后建立的政权，只能是实行各革命阶级的联合专政，与这种政权性质相适应的政权组织形式，只能是吸收革命统一战线内各革命阶级、各方面代表人物共同参加人民代表大会。		

（2）人民代表大会制度如何保障人民当家作主？ 从人大代表的产生来看：人民通过选举人大代表行使当家作主的权利。各级人大代表都由民主选举产生，对人民负责，受人民监督。 从人大代表的广泛性来看：人大代表来自各地区、各行业、各民族，能普遍的代表人民利益。 【案例呈现】人大代表毛丰美。 从我国权力的分配来看：在国家权力体系中，人大具有最高的权利，有利于人民行使国家权力。 【案例呈现】过去十年我国各级人大密集讨论三农问题、教育问题、医疗改革、养老、生态环境等老百姓关注的话题，并提出解决方案的问题。 人民代表大会制度是保障人民当家作主的最根本的制度		
课堂互动、内容衔接		
【播放视频】《印度雾霾治理困境》2019年复旦大学的张维为教授一行访问印度，正好赶上新德里严重的雾霾。雾霾指数500多，新德里的学校全面停课。印度议会召集议员开会讨论雾霾治理问题并要求29位议员和相关的官员参加会议。会议因为25人不参加而被迫取消。印度媒体评论说，虽然议员和官员们不参加会议的理由多种多样，但根本的原因是党派竞争，因为是反对党发起的会议，反对党要借机"审判"执政党。 中国共产党和各民主党派之间是什么关系？ 【学生参与】…… 【教师总结】西方政党之间是竞争关系，中国政党关系是合作关系。 【设计意图】通过印度的党派竞争，引导学生思考我国的政党关系。通过案例来说明中国共产党与各民主党派的关系，以及我国为什么要实行中国共产党领导的多党合作和政治协商的政党制度		合作学习法
2. 中国共产党领导的多党合作和政治协商制度		
（1）我国为什么实行中国共产党领导的多党合作和政治协商制度？ 民主革命时期，中国共产党与民主党派相互合作、并肩作战，共同迎来中华人民共和国的成立。 （2）中国共产党与各民主党派之间是什么关系？ 中国共产党与民主党派的关系是：领导与合作、执政党与参政党的关系。合作的基本方针是：长期共存、互相监督、肝胆相照、荣辱与共。 【案例呈现】中国政协推动医疗卫生体制改革。 （3）新型政党制度，新在哪里？ 它能够真实、广泛、持久代表和实现最广大人民根本利益、全国各族各界根本利益，有效避免了旧式政党制度代表少数人、少数利益集团的弊端。 它把各个政党和无党派人士紧密团结起来、为着共同目标而奋斗，有效避免了一党专政缺乏监督者和多党轮流坐庄、恶性竞争的弊端。 它通过制度化、程序化、规范化的安排集中各种意见和建议、推动决策科学化民主化，有效避免了旧式政党制度囿于党派利益、阶级利益、区域和集团利益决策施政导致社会撕裂的弊端。 【案例呈现】在此次疫情抗击中，各民主党派响应中国共产党的号召，为抗疫方案的制订出谋划策并积极投身抗击疫情的战斗中，而不是趁火打劫、趁机拆台		

续表

课堂互动、内容衔接		
【视频播放】西藏3.14事件、新疆7.5事件 【课堂讨论】民族分裂势力能否得逞？为什么？ 【云课堂APP学生讨论】…… 【教师总结】民族分裂势力不可能得逞，西藏、新疆人民不答应。我国实行民族区域自治制度，形成了各民族相互尊重、平等相待，民族大团结的局面。 【设计意图】通过视频，引发学生思考民族分裂势力能否得逞？从而引出民族区域自治制度		
3. 民族区域自治制度		
民族区域自治制度是指在国家统一领导下，各少数民族聚居的地方实行区域自治，设立自治机关，行使自治权的制度。 【课堂提问】我国为什么要实行民族区域自治？ 【学生职教云回答】…… 【教师总结】实行民族区域自治，是根据我国的历史发展、文化特点、民族关系和"大杂居小聚居"的民族分布特点做出的制度安排。我国是统一的多民族国家。早在先秦时期，我国就逐渐形成了以炎黄华夏为凝聚核心、"五方之民"共天下的交融格局。秦国"书同文，车同轨，量同衡，行同伦"，开启了中国统一的多民族国家发展的历程。此后，无论哪个民族入主中原，都以统一天下为己任，都以中华文化的正统自居。纵观历史，每一个民族都为缔造多元一体的中华民族做出了贡献。近代以来，各族人民团结一致抵御外敌入侵，涌现出一大批少数民族的卫国英烈、建党先驱、工农运动领袖、抗日英雄、开国将领，中华民族共同体意识空前增强。我国各民族在分布上交错杂居、文化上兼收并蓄、经济上相互依存、情感上相互亲近，形成了你中有我、我中有你，谁也离不开谁的多元一体格局。 实行民族区域自治的核心是为了保障少数民族当家作主，管理本民族、本地方事务的权力。 50年前的西藏，社会等级森严，处在社会最底层的劳动人民过着水深火热的生活，占当时西藏人口95%的农奴，不占有土地，没有人身自由。1959年的3月，西藏人民终于迎来了幸福的曙光。民主改革60年，特别是改革开放以来，西藏发生了翻天覆地的变化，各族人民物质文化水平显著提高，人们的衣、食、住、行明显改善，思想观念发生历史性进步，精神面貌焕然一新。 实行民族区域自治利于消除中国各个民族之间经济、文化发展的不平衡和有利于优势互补和共同发展。 【播放视频】脱贫奔小康，一个民族都不能少。 【设计意图】通过西藏的今非昔比和视频《脱贫奔小康：一个民族都不能少》说明实行民族区域自治制度核心是为了保障少数民族当家作主，消除中国各个民族之间经济、文化发展的不平衡，实现优势互补和共同发展	合作学习法	
4. 基层民众自治制度		
基层民众自治制度是指依照宪法和法律，由居民（村民）选举的成员组成居民（村民）委员会，实行自我管理、自我教育、自我服务、自我监督的制度。 基层群众自治制度是我国的一项基本政治制度，是社会主义民主政治建设的基础和重要组成部分。 【案例呈现】上海市静安区南京西路街道：上下联动推进基层群众自治		

教学内容	三、中国特色社会主义政治的优势	25 分钟	
1. 有利于集中力量办大事			
【播放视频】港珠澳大桥建成通车、雷神山、火神山医院建设速度、震后新汶川、原子弹氢弹爆炸成功。 【教师总结】中华人民共和国成立70余年的光辉历史中，我们取得了一系列举世瞩目的成就，而且是其他诸多国家办不了的，成功的秘诀之一就是我国政治制度所具有的集中力量办大事的优势。集中力量办大事对于一个底子薄的发展中国家而言，可以把有限的资源集中起来，促进生产力的解放和发展，推动社会主义现代化事业，提高人民生活水平。 【案例呈现】疫情期间网友调侃：此生不悔入华夏 来世还做中国人。 【学生讨论】…… 【教师总结】新冠肺炎疫情发生后，以习近平同志为核心的党中央采取极其坚决、极其果断的措施，在阻断传播途径、控制和消灭传播源、隔离易感人群和救治感染者各方面多管齐下、共同发力，从根本上遏制住疫情蔓延之势。我们只用了10天就建成了可容纳1000张病床的火神山医院，只用了12天就建成了可容纳1500张病床的雷神山医院，新建了多座"方舱医院"。国家、军队和各省市累计派近400支医疗队，共4万多名医护人员支援武汉、湖北。山东大学齐鲁医学院、四川大学华西医学院、北京协和医学院、中南大学湘雅医学院齐聚武汉。警察、城管、社区基层工作人员、抗疫志愿者和全国人民齐心协力打好这场"疫情阻击战"。 现在全国各地已降为低风险，抗疫工作重点从防止境内传播转为防止境外输入。抗击新冠肺炎疫情，无不体现着中国特色社会主义制度的强大优越性：上下一条心，全国一盘棋；集中力量办大事；"一方有难，八方支援"			
课堂互动 内容衔接			合作学习法
【课堂提问】有外国媒体认为，中国的政治制度之所以有效率，原因就在于它是"不民主的"，是所谓"权威主义的"。是这样的吗？ 【学生职教云APP参与】…… 【教师总结】中国政治体制能够发挥集中力量办大事的优势离不开以民主集中和政治协商的内在支撑。中国的效率来自于其民主性，日益完善的党内民主制度、不断丰富的人民民主制度、愈益扩大的协商民主制度、越来越充满生机的基层民主制度，调动着社会各方面的积极性、能动性，使全社会的创造力迸发出来，形成创造社会财富的一切源泉充分涌流的局面			
2. 有利于实现最广泛最真实的民主			
【案例呈现】英国脱欧公投，51%赞成，49%反对。 【课堂提问】"一人一票"是否代表真正的民主？ 【教师总结】西方的民主制度追求"赢者通吃"，容易造成利益排斥、分歧扩大。我国的民主制度能够通过广泛多层的协商民主和爱国统一战线实现最广泛最真实的民主。 有事好商量，众人的事情由众人商量，是人民民主的真谛。协商民主是实现党的领导的重要方式。社会主义协商民主，是在中国共产党领导下，人民内部各方面围绕改革发展稳定重大问题和涉及群众切身利益的实际问题，在决策之前和决策实施之中开展广泛协商，努力形成共识的重要民主形式。 协商的本质则是寻求利益交集，找到最大"公约数"，促进共同利益形成。通过发挥社会主义协商民主的重要作用，把各民族、各党派、各阶层、各方面人民最广泛地团结起来，把方方面面的力量汇聚起来，便能形成推进国家治理体系和治理能力现代化的强大合力。 【课堂提问】怎样协商？ 【学生回答】……			

续表

【教师总结】七大协商途径：政党协商、人大协商、政府协商、政协协商、人民团体协商、基层协商以及社会组织协商。 爱国主义统一战线是实现广泛民主的另一重要方式。 统战工作的本质要求是大团结大联合，解决的是人心和力量问题。在长期的革命、建设、改革过程中，我们党始终把统一战线和统战工作摆在全党工作的重要位置，结成了由中国共产党领导的，有各民主党派和各人民团体参加的，包括全体社会主义劳动者、社会主义事业的建设者、拥护社会主义的爱国者、拥护祖国统一和致力于中华民族伟大复兴的爱国者的广泛的爱国统一战线，为党和人民事业不断发展发挥了十分重要的作用。 巩固和发展最广泛的爱国统一战线关键是要坚持求同存异，要尽可能通过耐心细致的工作找到最大公约数，画出最大同心圆。找最大公约数，画同心圆的过程就是一个实现民主的过程		
3. 有利于形成安定团结的政治局面		
当今世界许多国家，动荡与冲突已成常态，政治稳定、社会安宁成为一种稀缺的国家公益性产品。在美国非裔青年弗洛伊德的去世引发了多个城市的大骚乱，社会撕裂与对立；在西欧，难民入境引发的右翼民粹主义势力崛起，对其政治带来冲击。还有许多国家近年来军事政变、军人干政乱象频生，如缅甸、菲律宾、泰国、土耳其以及非洲多国；有的国家甚至经历了军阀割据、连年混战，动辄"城头变幻大王旗"，民生福祉沦为最大牺牲品。在社会公共安全方面，英国、法国、德国、比利时等西欧多国近年来为恐怖袭击阴云所笼罩；阿富汗、伊拉克、叙利亚等国家在原政权被美国摧毁后，至今仍深陷恐怖主义血腥之中。放眼世界，一个稳定而安全的中国的确是"风景这边独好"		
教学小结	"履不必同，期于适足，治不必同，期于利民。"世界上没有完全相同的政治制度模式，一个国家走什么样的政治发展道路，必须与这个国家的国情和性质相适应。古今中外，由于政治发展道路选择错误而导致社会动荡、国家分裂、人亡政息的例子比比皆是。中国是一个发展中大国，坚持正确的政治发展道路更是关系根本、关系全局的重大问题。中国特色社会主义政治发展道路是符合中国国情、保证人民当家作主的正确道路。独特的历史命运、独特的文化传统、独特的基本国情，注定了我们必然要走适合自己特点的发展道路。"物之不齐，物之情也。"中国特色社会主义民主政治制度也还有很多不完善的地方，需要在坚持中不断发展和完善	合作学习法
课后作业	职教云中观看央视抗疫特别节目《守望家园》中《致敬沉默的英雄》，思考十天之内建好雷神山、火神山医院，除了党的有力领导，社会主义制度集中力量办大事的优势，还有什么	
教学反思		
值得肯定的方面： 内容选择上，不拘泥于教材，及时传递习近平新时代中国特色社会主义思想最新理论内容；在案例的选择上，选取具有典型意义的案例和教学视频。 教学方法上，采用问题链式教学，使得教学结构层次清晰，更好地呈现学习内容，学生更加清晰明确学习的主题；注重发挥学生的主体性，通过线上布置课前任务、课中讨论、情景模拟教学方法，增强学生的参与感、体验感。通过港珠澳大桥与雷神山、火神山医院建设案例，增强了学生的职业自豪感，培养学生爱岗敬业精神。 需要改进的方面： 内容选择方面，不够突出"发展社会主义民主政治中"的"发展"二字，应该在社会主义民主政治的中国特色之坚持党的领导部分加上十八大以来党的建设的主要成果。 教法与学法方面，虽然在传统的讲授模式上加入了问答、讨论、情景模拟等多种教学方式，但还是拘泥于传统的课堂，应探索能让学生更大范围动起来的教学方式，如社会调查等		
观看央视抗疫特别节目《守望家园》中《致敬沉默的英雄》		

【点评】本堂课在案例中选择了港珠澳大桥与火神山、雷神山建设案例，培养了学生的职业自豪感和爱岗敬业精神。这样就能够达到与专业教育课程和实践类课程形成呼应，互相支持，形成思想政治教育合力。

6.3.1.2 高等数学（表6-7）

高等数学授课教案❶　　　　　　　　　　　表6-7

课程名称	高等数学（一）	专业/年级	建筑工程技术专业/一年级
学习子模块/学时	定积分的应用/6学时	学习单元/学时	平行截面面积已知的立体的体积、旋转体的体积、平面曲线的弧长/2学时
授课地点	多媒体教室	课程性质	公共基础课
教学内容	1. 用定积分的微元法平行截面面积已知的立体的体积； 2. 用定积分的微元法求旋转体的体积； 3. 用定积分的微元法平面曲线的弧长		
学情分析	已有基础	学生情况	
	学习了定积分的微元法的思想和方法，能利用微元法求平面图形的面积	1. 数学表达能力和团队协作能力有待提升； 2. 空间想象力较弱	
教学资源	PPT、职教云平台教学资源库、VR实景、视频资料、百度脑图、GeoGebra教学软件		
教学目标	知识目标	能力目标	素质目标
	1. 掌握利用微元法求平行截面面积已知的立体体积的方法和步骤； 2. 掌握利用微元法求旋转体的体积； 3. 掌握利用微元法求平面曲线的弧长的方法和步骤	1. 会计算平行截面面积已知的立体体积、旋转体的体积、平面曲线的弧长； 2. 会使用数学软件计算定积分； 3. 提高分析解决问题的能力和归纳总结能力	1. 善于在专业中、生活中发现数学美，提升鉴赏力； 2. 培养学生审同辨异、化繁为简、由简及繁的职业素养； 3. 培养建筑审美观，增强民族自豪感和职业自豪感； 4. 培养团队协作意识
教学重难点	重点	难点	
	用微元法求旋转体的面积	找出整体量的微元	
教学方法与组织	案例教学法、头脑风暴、讲授法、小组讨论、任务驱动法		

❶ 本案例原稿来自于四川建筑职业技术学院王巧云、严露、朱婵、马玲教学团队。

续表

教学策略	根据课前任务的完成情况和教学重难点，使用图片、视频、VR等多种手段向学生直观形象地展示不同类型的建筑中涉及的体积计算和弧长计算，深刻体会高等数学在专业和生活中的应用，通过小组竞赛、小组讨论培养学生的数学表达能力和团队协作能力，运用百度脑图引导学生做思维导图，加深对定积分的几何应用的理解，同时培养学生审同辨异的职业素养

教学过程设计

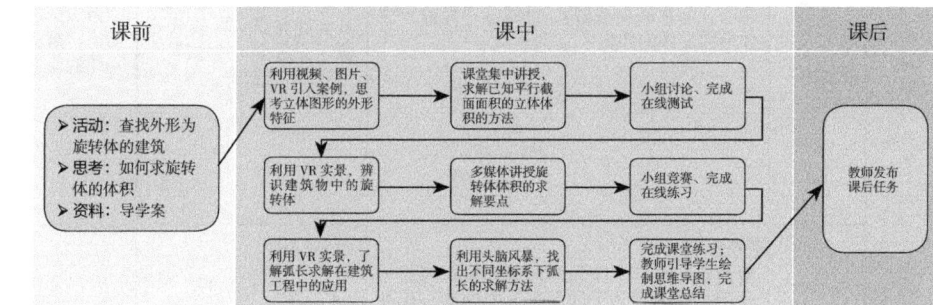

教学反思

1. 运用建筑案例开展教学激发了学生的学习兴趣，学习的积极性增强；
2. 运用职教云平台可以高效直观地了解学生的学习情况，实时调整教学活动；
3. 通过著名建筑案例，培养了学生的审美观，增强学生的民族自豪感和职业自豪感；
4. 通过小组学习讨论的方式，增强学生争先创优精神和团队协作精神

教学环节	教学内容	活动		设计意图
		教师	学生	
课前准备	【预习】 1. 思考旋转体的特征； 2. 想一想，有没有著名的建筑物其外形属于旋转体	使用职教云发布任务	学生登录职教云平台进行预习，并上传学习成果	掌握本次课的主要知识点，培养学生团结协作精神，增强职业自豪感
课堂实施	任务1：求已知平行截面的立体体积	【引入】观察以下建筑物，是否可求出下列建筑物的体积 望京SOHO	视频、图片、VR展示	认真观察建筑物的外观特征，积极探索其体积的求解方法	拓展思维，锻炼学生的观察能力和独立解决问题的能力，提高审美能力，增强职业自豪感

225

课堂实施	任务1：求已知平行截面的立体体积	【解析】切片法（将切片作为体积微元） 1. 已知平行截面积$A(x)$，切片厚度为dx 2. 体积微元：$dV=A(x)dx$ 3. 立体体积：$V=\int_a^b A(x)dx$	动画展示，切片过程；多媒体讲解具体计算步骤；引导学生完成小组讨论	小组讨论、职教云在线作答	培养学生独立自主探索知识、解决问题的能力
		【练习】一平面经过半径R的圆柱体的底圆中心，与底面交成α角，计算该平面截圆柱体所得立体的体积 			
	任务2：求旋转体体积	【概念】 旋转体是由一个平面图形绕该平面内的一条定直线，旋转一周而生成的立体，其中的定直线为旋转轴 	多媒体讲授	集中学习	培养学生的理解力和空间思维能力
		【讨论】观察并讨论下列建筑是否属于旋转体？并总结旋转体的特征 冷却塔 广州塔 广州塔（俯视）	使用图片、视频、VR等多种手段向学生展示不同类型的建筑	采用头脑风暴的形式，仔细观察建筑物，并判断其外形是否属于旋转体	锻炼学生的观察能力及寻找规律的能力，提高数学审美能力

课堂实施	任务2：求旋转体体积	【解析】旋转体体积的求解 以x轴为旋转轴： 1. 根据给定平面图形，求解平行截面的圆面积$A(x)=\pi f^2(x)$ 2. 体积微元：$dV=\pi f^2(x)dx$ 3. 立体体积：$V=\int_a^b \pi f^2(x)dx$ 			掌握旋转体体积求解的基本方法。培养学生的空间思维能力
		以y轴为旋转轴：$V=\int_a^b \pi g^2(y)dy$ 【例题】求由直线$y=\dfrac{r}{h}x$、$y=0$，$x=h$所围成的三角形绕x轴旋转而产生的立体体积 【例题】求曲线$y=x^2$和曲线$x^2+y^2=2$所围成的平面图形（上部分）绕x轴旋转所形成的旋转体体积 	动画演示多媒体讲授	集中学习	
		【练习】计算抛物线$y=x^2+1$，直线$y=2$所围成的图形面积，并计算该图形绕x轴旋转所成旋转体的体积 	教师在线发布职教云题目，并组织学生分组练习	认真讨论，完成练习，职教云在线作答	通过练习，熟练掌握旋转体体积的求解方法，通过职教云平台对学生做题结果进行实时统计，完成对教学成果的定量考核

227

续表

	任务2：求旋转体体积	【练习】计算曲线$y=x^2$与直线$y=x$所围成的图形绕x轴旋转所成的旋转体体积 	教师在线发布职教云题目，并组织学生分组练习	认真讨论，完成练习，职教云在线作答	通过练习，熟练掌握旋转体体积的求解方法，并对职教云平台对学生做题结果进行实时统计，完成对教学成果的定量考核
		【拓展练习】求$y=x^2$与$y^2=x$所围图形的面积，并求绕x轴、y轴旋转所成的旋转体体积 	教师引导学生从不同角度思考旋转体的特征，并组织学生分组练习	小组竞赛，职教云在线作答	培养学生团队协作的精神，巩固并提高已掌握的知识
课堂实施	任务3：计算弧长	【引入】 问题1：鹦鹉洲长江大桥的悬索长是多少？ 武汉鹦鹉洲长江大桥 问题2：国家大剧院内部最长的那根钢梁有多长？ 中国国家大剧院 【解析】"以直代曲" 弧长微分：$\mathrm{d}s=\sqrt{(\mathrm{d}x)^2+(\mathrm{d}y)^2}$ 弧长：$S=\int_a^b \mathrm{d}s$ 【例题】求连续函数$y=\dfrac{2}{3}x^{\frac{3}{2}}$在$[0,1]$之间的弧长 【练习】求连续曲线段 $y=\int_{\frac{\pi}{2}}^{x}\sqrt{\cos t}\,\mathrm{d}t$的弧长	VR实景演示，多媒体讲授，发布职教云在线测验	集中学习，完成职教云测验	锻炼学生的观察能力及逻辑思维能力，培养科学精神，通过测验完成对学习效果的定量评价；增强学生职业自豪感

| 课堂实施 | 任务3:计算弧长 | 【解析】参数方程的平面曲线的弧长
曲线弧由参数方程给出:

$$\begin{cases} x = \varphi(t) \\ y = \psi(t) \end{cases} \quad (\alpha \leqslant t \leqslant \beta)$$

弧长微分:

$$\mathrm{d}s = \sqrt{\varphi'^2(t) + \psi'^2(t)}\,\mathrm{d}t$$

弧长:

$$S = \int_{\alpha}^{\beta} \sqrt{\varphi'^2(t) + \psi'^2(t)}\,\mathrm{d}t$$

【例题】如图所示,已知椭圆的参数方程为:

$$\begin{cases} x = 3\cos t \\ y = 2\sin t \end{cases} \quad (0 \leqslant t \leqslant 2\pi)$$

求椭圆的周长

【练习】如图所示,已知星形线的参数方程为:

$$\begin{cases} x = 3\cos^3 t \\ y = 2\sin^3 t \end{cases} \quad (0 \leqslant t \leqslant 2\pi),$$ 求星形线的全长

 | 多媒体讲授,发布职教云,在线测验 | 集中学习,小组竞赛 | 拓展思维,巩固所学知识,培养学生的集体荣誉感 |

课堂实施	课堂巩固与总结	一、已知平行截面面积，求体积 微元：$dV=A(x)dx$ 体积：$V=\int_a^b A(x)dx$ 二、旋转体体积 1. 绕x轴旋转 微元$dv=\pi f^2(x)dx=\pi y^2 dx$ 体积$V=\pi\int_a^b f^2(x)dx=\pi\int_a^b y^2 dx$ 2. 绕y轴旋转 微元 $dv=\pi g^2(y)dy=\pi x^2 dy$ 体积 $V=\pi\int_a^b g^2(y)dy=\pi\int_a^b x^2 dy$ 三、平面曲线的弧长 1. 直角坐标 微元 $ds=\sqrt{(dx)^2+(dy)^2}$ 弧长 $S=\int_a^b\sqrt{1+y'}dx$	在线发布小组任务	小组讨论，绘制思维导图	锻炼学生整理汇总，提炼知识的能力
		2. 极坐标 微分：$ds=\sqrt{\varphi'^2(t)+\psi'^2(t)}dt$ 弧长：$S=\int_\alpha^\beta\sqrt{\varphi'^2(t)+\psi'^2(t)}dt$ 【思维导图】 分小组完成本次课程的思维导图	在线发布小组任务	小组讨论，绘制思维导图	锻炼学生整理汇总，提炼知识的能力
课后拓展		【巩固提高】找一个自己感兴趣或者喜欢的建筑工程，看看其中包含了那些与本次课程相关的计算，并把它们计算出来，同时思考建筑对我们人生的意义	在线发布课后任务	任务驱动搜集、整理相关信息，并完成计算	将课程内容与专业相结合

【点评】本堂课通过列举中国国家大剧院、武汉鹦鹉洲长江大桥、广州塔等工程案例，展示其美轮美奂的数学曲线，增强学生的民族自豪感和职业自豪感。在教学过程中，通过小组竞赛等活动形式，培养学生的争先创优精神和团队合作精神，很好地实现了课程思政目标，同时与思想政治教育课程、专业教育课程遥相呼应，形成了较强的育人合力。

6.3.2 专业理论课程

以地下建筑结构与施工课程为例。

1. 教案典型案例

地下建筑结构与施工授课教案见表6-8。

地下建筑结构与施工授课教案❶　　　　　　　　表6-8

学习单元：02

课程名称	地下建筑结构与施工	教学子模块 / 学时	深基坑认知及基坑支护结构 /4 学时
教学内容 / 学时	基坑支护结构选型 /2 学时	专业 / 年级	地下与隧道工程技术专业 / 二年级
授课地点	多媒体教室	课堂组织形式	教师教，学生学，学生互评，教师评价
课程思政	激发学生爱国主义、民族自豪感、"四个自信"；启发透过现象看本质，用辩证法思考工程实际问题；培养正确的劳动态度、职业自豪感	授课教材	地下结构工程（第3版）东南大学出版社
学情分析	知识基础	技能基础	学习习惯
	掌握基坑工程的特征；能够对广义基坑工程范围内的特征进行分析判断	对基坑周边环境有认识，但是缺乏选型时的判断力；不知道具体基坑应该选择什么结构进行支护	喜欢以轻松愉快的方式进行学习
教学目标	知识目标	能力目标	德育目标
	1. 了解基坑的周边环境的重要性； 2. 掌握基坑的安全等级； 3. 掌握常用基坑支护的结构类型	1.能够对基坑的周边环境进行初步的判断； 2.广义的工程领域的简单基坑进行初步选型	培养独立思考、分析问题、解决问题的学习习惯
本节分析	学生已经具备对基坑工程的系统认识，对实际的基坑支护类型缺乏感官的认识，通过现场连线实训课堂引入教学，配合后面的实训教学加深巩固		
教学重点	掌握常用基坑支护的结构类型	教学难点	广义的工程领域的简单基坑进行初步选型
教学重点策略	1. 利用框图展示基坑支护结构的细分小类，并利用图片、动画展示每一种类型的结构和功能，便于学生深刻理解； 2. 引导学生理解知识的概念、逻辑关系，将不同支护方法进行分类，学生自我搭建知识框架掌握重点	教学难点策略	首先教师通过对比法教学，使学生初步具备能够判定选型的能力，然后教师再选择合适的案例作为作业，检测学生的能力

---

❶ 本案例原稿来自于四川建筑职业技术学院马婷老师。

教学方法	教法：任务驱动、讲授法教学、结构式指导法、对比法 学法：集中学习、自主学习

教学流程	

课程资源	教学PPT、优质课程案例、职教云、智慧职教资源库、本课程微信公众号
教学评价	1. 小组互评：针对分组讨论内容、小组表现，进行小组互评，在测评表中进行评价； 2. 教师评价：针对本模块测试、上课表现、目标达成情况，在测评表中进行评价； 3. 学生自评：针对本模块测试、上课表现、目标达成情况，在测评表中进行评价
教学诊断	基坑的支护结构选型，通过测试，学生优良率达标，及格率不达标
教学改进	根据测试结果显示，学生的及格率不达标，对课后作业进行分组，分组讨论后归纳总结，及时改进。教师对下一环节的教学内容旧的知识回顾中进行巩固

教学环节	教学内容	活动		设计意图
		教师	学生	
思政融入	爱国主义，"四个自信"，启发透过现象看本质等辩证法思考工程实际问题的智慧。劳动态度和精神：培养正确的劳动态度，职业自豪感等			

课前				
1. 问卷调查 2. 制作作品	1. 问卷调查 （1）在你的认知范围内认为基坑支护有哪些形式？ （2）基坑支护结构的作用是什么？ 2. 收集资料 收集基坑支护类型的图片	1. 上传问卷调查 根据问卷调查测试结果，了解学生的学习基础。 2. 发布任务	登录职教云，扫描二维码进行问卷调查，完成职教云作品任务	以学生为中心，调查学生对本节知识点所具备的基础程度

续表

课中				
露头角 （5分钟）	展示基坑支护结构类型的图片	引导学生展示作品，引导学生相互评价；教师总评学生的作品	展示作品，欣赏和评价其他同学的作品	培养学生表达能力
知功能 （15分钟）	1. 常用支护结构形式； 2. 支护形式使用功能； 3. 基坑支护结构	教师通过图片+视频展示基坑支护的分类、功能等知识，过程中结合提问法，掌握学生的认知情况	集中学习基坑的基础知识及相应功能	掌握基坑支护结构的功能
识结构 （25分钟）		利用框图展示基坑支护结构的细分小类，并利用图片、动画展示每一种类型的结构和功能，便于学生深刻理解和总结归纳	在老师的引导下理解知识的概念、逻辑关系，联系不同支护方法之间的结构关系，归类总结支护结构类型	培养学生归纳总结能力，使学生掌握基坑支护结构类型
云链接 （5分钟）	实训老师现场连线给同学们介绍基坑实训基地的支护类型	任课教师连线实训老师，给同学们介绍基坑实训基地的支护类型	在线认识基坑支护类型在实际中的布置及状态	建立学生理论联系实际的能力
会选型 （10分钟）	在城市广场与川西草原两种条件下分析基坑支护如何选型	采用对比分析教授学生如何选型，过程中利用职教云平台发起作业测试	在老师引导下对比分析两种地层，思考并作答选择何种支护形式	激发学生驱动力，提升初步选型的能力
扩应用 （30分钟）	1. 基坑选型需考虑的因素：基坑周边环境、开挖深度、工程地质与水文地质、施工作业设备和施工季节等； 2. 根据具体基坑周围环境及基坑设定条件，选择合适的支护形式	1. 通过讲授+案例讨论方法，讲解选择基坑支护结构时需要考虑的各种因素； 2. 列举案例让学生讨论应该采用什么样的支护结构类型	1. 集中学习基坑支护应考虑的因素； 2. 分组讨论具体情况下应选择什么支护形式	锻炼学生独立思考、综合分析的能力，培养学生独立思考、分析问题解决问题的习惯，启发学生透过现象看本质等辩证法思考工程实际问题的智慧
课后				
作业测试	有一处基坑的安全等级为二级，基坑需开挖10m，地基土层为砂卵石，基坑东南侧8m附近有地铁，西北侧埋设有管线，地表以下5m存在地下水。请为此基坑选择支护结构	发布任务，评阅结果	根据案例情况合理为基坑选择支护形式	检验学生对广义的工程领域的简单基坑进行初步选型的能力

233

2. 部分讲解示例（基坑支护结构选型）[1]

同学们好，欢迎大家走进我们地下建筑结构与施工的课堂，这堂课让我们一起解密基坑支护结构的选型。因为随着我国政治、经济、社会、文化和生态文明的进步，城市也越来越繁华，人们对生活环境的美丽、方便、安全、舒适等方面的要求也越来越高。为了满足人们的需求，越来越多高层建筑地下室、地铁车站、城市下穿隧道等地下工程需要并正在快速发展。如果说上部结构是建筑物的主体，下部结构就是建筑物的基础。而基坑支护结构则是我们看不见的盾牌，它一身素颜，深埋地下，默默地保障着周边环境和主体结构施工的安全，每一个基坑、每个支护结构、每一道工序都包含着千千万万土建工程师的辛勤劳动，而我们，或许正在成为他们中的一员，为此，我们将获取我们的成功和自豪。为了能够胜任我们未来的岗位，建设好我们美丽、方便、安全而舒适的家园，从而成功在建筑业中创造我们的丰功伟绩，我们今天就需要掌握怎样来进行基坑支护结构的选型。

我们先来回顾一下上节课的内容，在上节课中，我们已经简单地为大家介绍了各种类型的支护结构，大家还记得有哪些支护结构吗？对的，我们的支护结构有支挡式结构、土钉墙、重力式水泥土墙和无支挡放坡，其中支挡式结构又包括悬臂式结构、锚拉式结构、支撑式结构和双排桩等。

说到这里，本来应该组织同学们到基坑现场参观学习，但今年受到疫情的影响，没办法到现场，不过不要紧，我们换一种方式，让同学们通过镜头到基坑现场看看这些支护结构到底是什么模样的？下面我们就视频连线正在学校基坑实训基地的张瑛老师，给大家现场介绍一下这些支护结构吧，有请张老师给我们做一下介绍……

看了张老师精彩的现场说明，相信大家对我们的支护结构有了更形象、更具体的了解！

那么这么多支护结构，他们的支护能力一样吗？如果我们给这些支护结构进行能力分级，其中支挡式结构支护能力最强，属于王者级别；土钉墙和重力式水泥土墙支护能力次之，属于黄金级别；而无支挡放坡支护能力最弱，属于青铜级别。

有了不同级别的支护结构，那么问题来了，我们在遇到具体基坑的时候，我们该派哪个级别的支护结构出场呢？这个问题就是我们今天这节课要揭秘的重点，基坑支

---

[1] 本讲解词原稿来自于四川建筑职业技术学院张瑛、杨燕老师。

护结构如何正确选型。

这里我们通过两个实例来讨论一下吧！大家看到这里有两张图片，左边呢是我们非常熟悉的天府广场，地面以下是卵石土地层；右边呢是我们广阔无垠的川西草原，地面以下上微胶结砂性土地层。现在我们在这两个不同的地方要修建两个同样大小、同样深度的二层地下室，我们是选择同一种支护结构呢？还是选择不同级别的支护结构？现在请大家通过智慧职教平台讨论一下，你认为应该派哪个级别的支护结构出场呢？

好，我们看到讨论结果已经出来了，针对左边的天府广场，有70%的同学认为该派最强王者——支挡式结构出场，看来大家都很重视这个基坑！而对于川西草原这个基坑，有一半的同学认为放坡就能搞定，会不会有点轻敌了呢！

在揭晓这个答案之前呢，我们先来学习一下《建筑基坑支护技术规程》，看看这本"兵法"给了我们哪些提示呢？

通过表3.1.3支护结构的安全等级可知，基坑的安全等级是依据基坑失稳破坏后的严重程度来划分的。当支护结构失效，土体过大变形造成基坑周边环境破坏很严重时，我们定为一级基坑，严重时，定位二级基坑，不严重时，定位三级基坑。

对于一级基坑，我们要采用最强王者，支挡式结构来保护；对于二级基坑，可以采用支挡式结构或土钉墙、重力式水泥土墙来保护；对于三级基坑，除了上面两种级别的支护结构，还可以选择无支挡放坡来进行保护。

基坑支护结构选型除了考虑安全等级以外，还要考虑很多其他因素，比如周边环境、地质条件等。这里还有三个选型原则要遵守，首先是安全性，也就是支护结构能否保住基坑的稳定性；第二个是适用性，主要是指支护结构能否在施工场地实现；第三个是经济性，因为基坑是临时性支护工程，所以我们要花最少的钱办最好的事，注重节能环保。

现在我们回到这两个基坑案例中来，对于天府广场这个基坑，我们先确定它的安全等级，从图片中我们可以看到，基坑周边有重要建筑物、道路和众多地下管线，若基坑失稳，会造成很严重的影响。因此，安全等级定位一级，针对一级基坑，我们要选择最强的支挡式结构出场。再看我们选型原则，从安全性讲，只有支挡式结构适合，从适应性讲，双排桩会占用较大的施工场地，不适合；锚拉桩要施工锚杆，而四周地下管线较多，不适合；支撑式结构会影响基坑开挖空间，不适合。只剩下地下连续墙和排桩这两种支护结构，再考虑经济性，之前张老师已经告诉了我们地下连续墙出场费很高，造价高，我们也排除。最后我们选择了安全、适用、经济的排桩作为我们的支护结构。

再看看川西草原这个基坑，同样我们先定安全等级，大家觉得它是几级基坑呢，同学们说得非常好，安全等级是三级，因为基坑周边没有重要的建筑物，即使基坑失稳，造成的影响也不严重，所以安全等级定位三级。那么对于三级基坑所有的支护结构都是适合的。再看选型原则，从安全性和适用性来看，所有支护结构都适合，我们再考虑经济性了，我们肯定要选择造价低、施工简便的放坡来作为我们支护结构了。

同学们，你们都选对了吗？经过今天的学习，你们能够根据不同地基基础、不同地质条件和不同的周边环境做出完美的基坑支护结构的选型吗？

最后我们还有一个课后习题，请大家扫描屏幕中的二维码，这里面有一个实际的基坑案例，请大家结合我们今天所学的内容，对这个基坑进行支护结构的选型。这节课就上到这里，谢谢大家！

【点评】在这堂课的讲授过程中，教师通过"随着我国政治、经济、社会、文化和生态文明的进步，城市也越来越繁华，人们对生活环境的美丽、方便、安全、舒适等方面的要求也越来越高"的陈述，可以激发学生的爱国热情、制度自信和民族自豪感。通过"会选型"的教学，培养学生透过现象看本质的逻辑思维和哲学思想，提升学生辩证分析问题的能力。通过"每一个基坑，每个支护结构，每一道工序都包含着千千万万土建工程师的辛勤劳动，而我们，或许正在成为他们中的一员，为此，我们将获取我们的成功和自豪。为了能够胜任我们未来的岗位，建设好我们美丽、方便、安全而舒适的家园，从而成功在建筑业中创造我们的丰功伟绩，我们今天就需要掌握怎样来进行基坑支护结构的选型"的讲授，可以培养学生正确的劳动态度、爱岗敬业精神和职业自豪感等。

6.3.3 专业实践课程

以轨道控制网测量实训课程为例，见表6-9。

轨道控制网测量实训授课教案❶

表6-9

一、课程基本信息			
课程名称	轨道工程	专业 / 年级	城市轨道交通工程技术 / 大二
授课地点	铁路线路演练场	授课形式	实训
模块 / 学时	地铁轨道工程施工技术 / 16 学时	学习单元 / 学时	轨道精调测量 /2 学时
课程主题 / 学时	轨道精调测量 /2 学时	思政主题	团结协作, 职业道德, 争先精神, 工匠精神

二、教学目标、内容及方法			
设计理念	在线路演练场, 课堂教学以学生自拟测量方案介绍——自拟方案试验竞赛——方案纠偏——互帮互助——无砟轨道全测段精调测量为主线展开, 学生通过自己探索、吸收消化, 掌握利用轨检小车进行轨道精调测量的步骤及操作要点		
教学方法	项目教学法、合作学习法、现场教学法、练习法		
教学内容	1. 轨道精调的基本原理; 2. 轨检小车使用步骤及技术要点 (1) 确保通信正常: 蓝牙及电台; (2) 项目建立, 录入线路参数; (3) 系统参数设置; (4) 传感器标定; (5) 轨道检测		
教学目标	知识目标	能力目标	德育目标
	1. 理解轨道精调测量原理; * 2. 掌握 MEASLLEY 轨检数据分析软件使用; ** 3. 理解惯导小车进行轨道精调测量原理***	1. 能够独立利用轨检小车对轨道进行精调测量; * 2. 能够小组协作编制《轨道精调测量方案》; * 3. 能够利用MEASLLEY轨检数据分析软件进行轨道平顺性分析; ** 4. 能够独立利用惯导小车对轨道进行精调测量 ***	1. 培养学生团队协作意识; * 2. 培养学生遵守职业道德意识; ** 3. 培养学生严谨的工作作风和耐心细致的工作态度 ***
	注: *为基本要求; **为拔高要求; ***为进阶要求		

三、学情分析		
	起点能力分析	学习态度和风格分析
学情分析	1.已经具备轨道结构相关知识; 2. 具备 CRTSIII 型板式无砟轨道施工相关知识; 3. 已经具备双块式无砟轨道施工相关知识; 4. 已经具备有砟轨道施工相关知识	1. 具有初步的自主学习能力, 但部分同学具有畏难情绪; 2. 对于仪器操作学习兴趣浓厚, 倾向于自己动手操作学习; 3. 具备一定的团队协作意识及职业道德素养; 4.喜欢竞技类游戏, 喜欢肯定式鼓励

---

❶ 本案例原稿来自于四川建筑职业技术学院谢晓倩老师。

续表

四、教学资源与环境	
教学资源	1. 轨道工程活页式教材； 2. 仪器操作微课； 3. 职教云在线开放课程平台； 4. 全站仪； 5. 轨检小车及配套设施； 6. 惯导小车及配套设施； 7. 轨距尺、L 尺、弦线
教学环境	铁路线路演练场

五、教学重难点及突破策略

	教学重点	教学难点
知识点	利用 CPIII 点和轨检小车对轨道进行精调测量	轨道精调原理
突破策略	实际的线路轨道，实际的轨道精调测量仪器，营造与地铁轨道实际施工现场接近的学习环境，再通过"演练场线路无砟轨道平面位置及轨道几何形位测量"任务，让学生在动手进行精调测量过程中掌握轨检小车的使用	设置"自拟轨道精调测量方案"介绍环节，在学生自行介绍过程中，使学生对于轨道精调原理从字面的认识内化吸收为实际的理解

六、教学过程

教学环节	教学内容	教学活动	目的
课前			
课前任务提出问题	1. 发布课前测验； 2. 职教云发布任务 结合项目实际概况，分组拟定《轨道精调测量方案》	教师：发布课前测验，了解学生对于轨道结构、轨道几何形位、无砟轨道施工及有砟轨道施工的知识掌握情况。 教师：课前发布各小组拟定轨道精调测量方案任务，以任务为驱动，促使学生能够自主学习。 学生：完成测验，根据项目实际概况，分组编制《轨道精调测量方案》，自主了解现有的轨道精调测量方式	素质目标1 能力目标2
课中			
复习知识查缺补漏 （5分钟）	1. 课前测验讲解； 2. 轨道精调测量项目 （1）轨道平面位置； （2）轨道几何形位要素 ①轨距；②水平例；③超高；④轨向；⑤轨底坡	教师：利用职教云，仔细剖析错误率较高的题目，加深学生对轨道精调所需的测量项目及原理的认识。 学生：跟着老师的讲解，回顾与思考	知识目标1

	任务一：探索轨道精调测量原理		
分组介绍探索原理（10分钟）	1. 团结组、求是组、专注组测量方案 （1）轨距尺 （2）普通全站仪 2. 敬业组、精益组测量方案 （1）轨检小车 （2）高精度全站仪 3. 创新组测量方案 （1）惯导小车 	学生：根据课前完成的《轨道精调测量方案》进行方案简介，介绍轨道精调原理、精调所需测量的数据，介绍选定的仪器及精调测量原理。通过自我描述介绍这一过程，重点让学生消化吸收轨道精调原理，了解现有的测量设备。 教师：仔细聆听，协助学生分配仪器	知识目标1
	任务二：认识轨检小车		
方案PK认识仪器（15分钟）	1. 轨道几何形位 （1）轨距 （2）超高 2. 学生自我测量数据评定 （1）测出数据 ①精度满足要求； ②精度未满足要求。 原因：测量仪器精度无法满足 （2）未测出数据 原因：①选择的仪器不能进行测设； ②不会进行仪器准确操作。 3. 惯导小车认识 惯导小车简介	学生：利用设备在限定的时间内，对测量试验区数据进行轨距和超高测量，并将数据进行记录 教师：计时，并观察学生的操作过程 学生：竞赛完成后，对测量数据评定（精度满不满足要求）。 教师：根据学生数据评定的结果及测量的快慢，引出"轨检小车"为目前轨道精调测量的主要工具。 教师：初步介绍惯导小车	知识目标1 能力目标1 素质目标1、2

	任务三：利用轨检小车进行轨道精调测量		
互帮互助初探精调（15分钟）	1. 轨检小车使用要点 （1）确保通信正常：蓝牙及电台 （2）项目建立，录入线路参数 （3）系统参数设置 （4）传感器标定 （5）轨道检测 	学生：互帮互助，由敬业组（轨检小车）帮助团结组（传统工具）及创新组（惯导小车）学习使用轨检小车，结合轨道工程活页教材，学会利用轨检小车进行轨道精调测量。 教师：仔细观察学生的操作步骤，进行答疑解惑，对不规范操作进行纠正。 教师：通过观察学生的操作过程，对学生进行开放式的评价，若发现大多数学生对仪器操作掌握还不够，则实时调整教学方式，由教师进行仪器操作演示	能力目标1

	任务四：演练场无砟轨道精调测量实测		
测量实操知识强化（25分钟）	轨检小车使用技术要点同上	学生：限时25分钟，针对线路演练场的无砟轨道，分组利用轨检小车及CPIII控制网进行轨道平面位置及几何形位测量。消化吸收轨检小车的使用步骤及技术要点。 教师：学生操作过程中进行答疑解惑。对于先完成测量的同学，要求学生利用轨道工程活页式教材先自行摸索利用MEASLLEY进行数据分析	知识目标1 能力目标1 素质目标2、3
	任务五：MEASLLEY数据分析		
教师讲解知识提升（10分钟）	轨检数据分析： （1）设置数据目录 （2）载入轨检数据 （3）平顺数据分析	教师：打开MEASLLEY数据分析软件，演示数据分析流程。 学生：认真聆听教师讲解操作，对疑惑的地方提出疑问，同学之间相互讨论学习，先学者加深印象，后学者走捷径获取技能	知识目标2 能力目标3
课堂总结加深印象（10分钟）	1. 教师点评总结 （1）轨道精调测量所需仪器 （2）轨检小车使用的技术要点 2. 学生自我评价 3. 小组互评	教师：总结强调轨检小车使用步骤及技术要点。 学生：仔细聆听教师总结，加深印象。 学生：学生进行自我评价及小组之间互评，了解自己轨检小车使用的知识掌握情况	知识目标1 能力目标1
课后			
拓展提升任务完成	完善"轨道精调测量方案"	学生：完善方案。 教师：答疑解惑	能力目标2
拓展延伸进阶提高	惯导小车使用技术要点	学生：利用轨道工程活页式教材内的安伯格使用手册进行学习。 教师：答疑解惑	知识目标3 能力目标4

七、教学过程思维导图

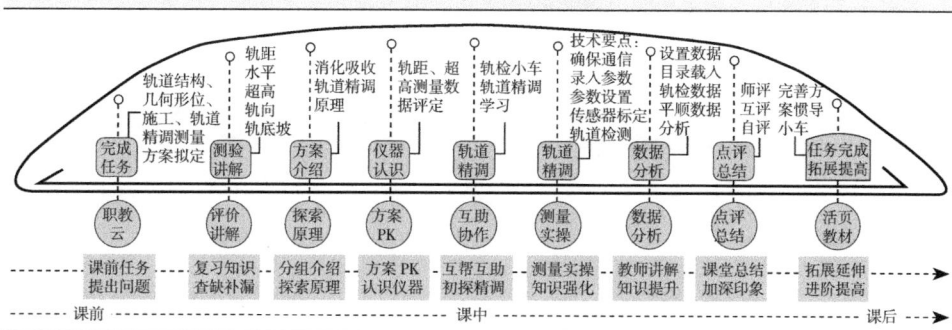

续表

八、教学评价与反思	
教学评价	1. 小组互评 2. 教师评价 3. 学生自评
教学反思	1. 仪器设备的引入增加学生学习兴趣，且加入铁路测量前沿设备——惯导小车，激发学生学习探索欲望。但课程中仪器摸索时间较短，课程后配套的实训周能保证学生更能熟练掌握仪器。 2. 根据学生的学情不同，在课堂上实行教学目标分层，实现差异化教学，让学生互相取长补短、共同进步，培养争先精神和团结协作精神。 3. 课中通过学生操作行为观察的开放式评价方式，不打击学生自信心，并可实时调整教学策略。 4. 利用量化评价指标，有效评价学生学习效果，实时调整教学任务和重点、难点突破策略。 5. 在测量过程中要求学生科学、规范、谨慎操作，追求数据精准，培养了一定的工匠精神

【点评】本堂课通过要求学生分工合作，完成轨道精调测量任务，培养学生团结协作而又彼此争先的精神；在测量过程中要求学生做到精益求精、数据准确，培养他们的工匠精神、职业道德意识和严谨的工作作风和耐心细致的工作态度。

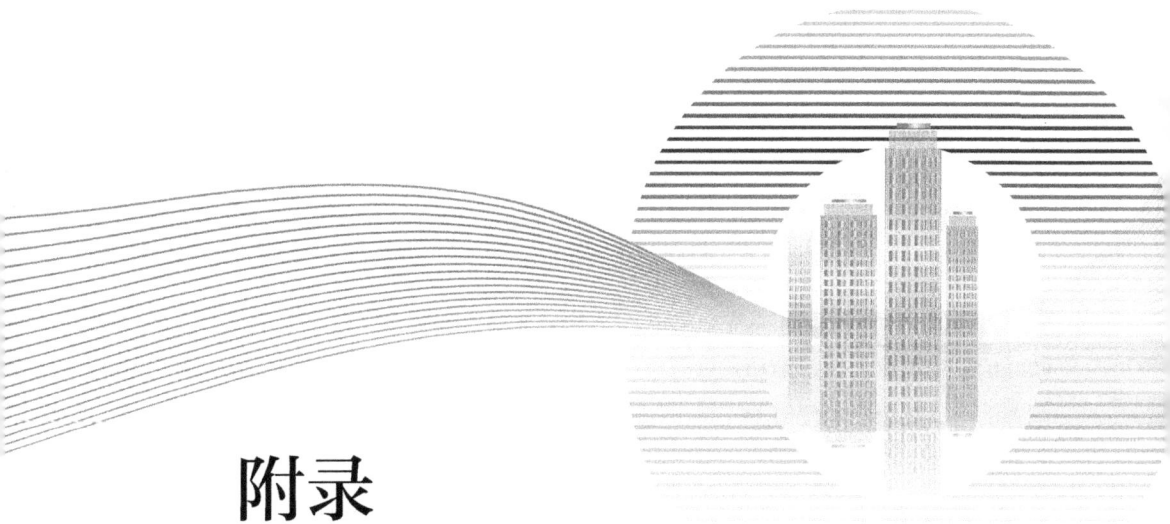

附录

调查问卷（样表）

附录1

用人单位对土建类专业人才需求的调查问卷

尊敬的用人单位：

为充分了解和听取用人单位对我校土建人才培养和毕业生就业工作评价，进一步做好毕业生就业工作，推动我校教学改革和人才培养工作，我们组织了此次用人单位调查活动，特请贵单位给予支持。谢谢！

1. 贵单位的性质是什么？

　　A. 国有企业　　B. 集体企业　　　C. 股份制企业　　D. 其他

2. 贵单位认为毕业生所从事的工作与所学专业的结合程度应该如何？

　　A. 结合很好　　B. 基本结合　　　C. 无所谓

3. 贵单位招聘时会对学校社会声誉看重吗？

A. 完全不看重　　　B. 比较不看重　　C. 一般　　　D. 比较看重　　　E. 非常看重

4. 贵单位对我校毕业生较为满意的素质能力有哪些？（选五项）

　　□ 专业技能

　　□ 沟通协调能力

　　□ 团队协作能力

　　□ 创新思维

　　□ 思想品德和职业道德

　　□ 临场应变能力

　　□ 实践经验

　　□ 承受压力及克服困难的能力

5. 贵单位最关注毕业生的素质有哪些？（选五项）

　　□ 职业道德和劳动态度

　　□ 个人道德和修养

□ 实际操作能力

□ 团队合作

□ 组织协调

□ 外语能力

□ 专业知识

□ 解决问题能力

□ 独立工作能力

6. 您认为我校在人才培养环节仍需加强的方面有哪些?（选五项）

    □ 加强职业道德和劳动态度培养

    □ 加强基础知识培养

    □ 拓宽知识面

    □ 加强专业知识培养

    □ 强化教学实习及社会实践

    □ 加强应用能力培养

    □ 加强人文社会科学素养训练

    □ 加强沟通能力及协调能力培养

    □ 加强竞争意识和创新能力培养

7. 贵公司在招聘中往往更愿意聘用男性吗?

    A．非常不符合　B．比较不符合　C．一般　D．比较符合　E．非常符合

8. 如果毕业生在贵单位取得了一定的成绩，您认为起主要作用的因素有哪些?（选五项）

    □业务能力

    □创造能力

    □沟通协调能力

    □敬业精神

    □合作精神

    □社交能力

    □职业道德

    □创新能力

9. 贵单位挑选毕业生主要看什么?(多项选择:请依次排出前五)

　　□学习成绩

　　□思想品德

　　□实践能力

　　□专业知识

　　□心理素质

　　□文字水平

　　□社交能力

　　□合作精神

　　□科研能力

　　□其他

10. 您认为毕业生在贵单位工作中有待改进的问题有哪些?(最多选五项)

　　□业务能力

　　□思想品德

　　□创新能力

　　□敬业精神

　　□合作精神

　　□社交能力

　　□文字水平

　　□其他

11. 您认为当前毕业生就业中的主要问题是什么?

　　□就业定位不合理

　　□缺乏企业要求的职业能力、工作经验与竞争力

　　□就业信息机制不健全,信息渠道不畅通

　　□政府、学校、用人单位及学生之间沟通不够

　　□传统教育模式的弊端,忽视学生的综合能力

　　□用人单位对应届毕业生的需求总量减少

　　□其他

附录2

思政育人贯穿专业教学
调查问卷（教师）

尊敬的老师，您好！

　　本问卷只做调研所用，并无对错之分，请您如实地在相应答案前打"√"，感谢您的配合！祝您工作顺心，生活愉快！

您的教龄：□1～3年　□4～6年　□7～10年　□10年以上

您的性别：□男　　□女

您主要任教年级：□大一　□大二　　□大三

您兼职辅导员：□无　□1～3年　□4～6年　□7～10年　□10年以上

1. 您对当代大学生的思想观念了解情况是：

　　□比较了解　　□完全不了解　　□了解一点

2. 您认为专业课程教学与思政育人的联系：

　　□非常紧密　　□一般　　□不紧密

3. 您认为专业课教师对学生的思想观念的影响：

　　□非常大　　□一般　　□不大

4. 您对学生的思想政治教育主要是在：

　　□课堂教学上　　□课间　　□晚自习辅导

5. 您认为您所教专业课程中与学生的思想政治教育联系最为紧密的是：

　　□教材内容　　□实践操作环节　　□拓展知识

6. 学生是否主动与您沟通学习、思想等方面的问题？

　　□经常　　□很少　　□几乎没有

7. 您是如何开发专业课程的育人功能的？

　　□工程案例　　□知识拓展　　□讨论交流　　□个别谈话

8. 您觉得思政育人在高职教学中的位置：

　　□非常重要　　□重要　　□一般　　□不重要

9. 您觉得思政育人在高职教学中的效果：

　　□非常显著　　□显著　　□一般　　□不明显

10. 您认为平时成绩中最重要的两项是：

　　□课堂表现　　□出勤情况　　□作业完成情况

　　□学习态度　　□学习能力　　□思政修养

11. 您认为影响学生接受思想政治教育中最重要的两项因素是：

　　□学生个人认同　　□教师教学水平　　□学校风气　　□学生所在班级班风

附录3

思政育人贯穿专业教学
调查问卷（学生）

亲爱的同学，您好！本问卷只做调研所用，并无对错之分，请您如实地在相应答案前打"√"，感谢您的配合！祝您学习顺心，生活愉快！

您所在年级：□大一   □大二   □大三

您的专业：＿＿＿＿＿＿＿＿＿＿＿＿＿＿

您的性别：□男   □女

1. 您认为您的专业课教师是否了解班上同学的思想政治情况？

    □比较了解   □完全不了解   □了解一点

2. 您认为专业课教师对学生的思想观念的影响：

    □非常大   □一般   □不大

3. 您认为专业课程教学与思政育人的联系是否紧密？

    □非常紧密   □一般   □不紧密

4. 您是否主动与专业课教师沟通学习、思想等方面的问题？

    □经常   □很少   □几乎没有

5. 您认为专业课教师在教学中进行思政育人工作是否有必要？

    □非常必要   □必要   □一般   □不必要

6. 您认为专业课程中与学生的思想政治教育联系最为紧密的是：

    □教材内容   □实践操作环节   □拓展知识

7. 您希望专业课教师对学生的思想政治教育主要是在：

    □课堂教学上   □课间   □晚自习辅导

8. 您最希望专业课教师如何开发专业课程的育人功能？

    □工程案例   □知识拓展   □讨论交流   □个别谈话

9. 您认为平时成绩中最重要的两项是：

    □课堂表现　　　□出勤情况　　　□ 作业完成情况

    □学习态度　　　□学习能力　　　□ 思政修养

10. 您认为影响学生接受思想政治教育中最重要的两项因素是：

    □学生个人认同　　□教师教学水平

    □学校风气　　　　□ 学生所在班级班风

参考文献

［1］ 马克思恩格斯选集（第4卷）［M］. 北京：人民出版社，1985.

［2］ 马克思恩格斯文集（第1卷）［M］. 北京：人民出版社，2009.

［3］ 邓小平文选（第1卷）［M］. 北京：人民出版社，1994.

［4］ 习近平谈治国理政［M］. 北京：外文出版社，2014.

［5］ 中共中央 国务院. 新时代爱国主义教育实施纲要［M］. 北京：人民出版社，2019.

［6］ 中共中央 国务院. 新时代公民道德建设实施纲要［M］. 北京：人民出版社，2019.

［7］ 中国大百科全书·教育［M］. 北京：中国大百科全书出版社，1985.

［8］ ［德］赫尔巴特. 普通教育学·教育学讲授纲要［M］. 李其龙 译. 北京：人民教育出版社，1989.

［9］ ［德］马克斯·韦伯. 经济与社会（上卷）［M］. 林荣远 译. 北京：商务印书馆，1997.

［10］ ［美］安迪. 哈格里夫斯. 知识社会中的教育［M］. 熊建辉，等 译. 上海：华东师范大学出版社，2007.

［11］ ［美］艾尔·巴比. 社会研究方法［M］. 邱泽奇 译. 北京：华夏出版社，2005.

［12］ ［捷克］夸美纽斯. 大教学论［M］. 傅任敢 译. 北京：人民教育出版社，1984.

［13］ 爱因斯坦文集［M］. 上海：商务印书馆，1979.

［14］ 张耀灿，郑永廷等. 现代思想政治教育学［M］. 北京：人民出版社，2006.

［15］ 张耀灿. 现代思想政治教育学科论［M］. 武汉：湖北人民出版社，2003.

［16］ 扈中平. 教育学原理［M］. 北京：人民教育出版社，2008.

［17］ 李秉德. 教学论［M］. 北京：人民教育出版社，2001.

［18］ 夏松基. 现代西方哲学［M］. 上海：上海人民出版社，2009.

［19］ 肖峰. 论科学与人文的当代融通［M］. 南京：江苏人民出版社，2001.

［20］ 郭海萍，等. 中国建筑概论［M］. 北京：中国水利水电出版社，2014.

［21］ 白思俊. 现代项目管理［M］. 北京：机械工业出版社，2015.

［22］ 全国干部培训教材编审指导委员会. 全面践行总体国家安全观［M］. 北京：人民出版社、党建读物出版社，2019.

［23］ 习近平在全国高校思想政治工作会议上强调把思想政治工作贯穿教育教学全过程 开创我国高等教育事业发展新局面［N］. 人民日报，2016-12-09.

［24］ 习近平. 在北京大学师生座谈会上的讲话［N］. 人民日报，2018-5-3.

［25］ 习近平在全国教育大会上强调：坚持中国特色社会主义教育发展道路 培养德智体美劳全面发展的社会主义建设者和接班人［N］. 人民日报，2018-09-11.

［26］ 习近平主持召开学校思想政治理论课教师座谈会强调用新时代中国特色社会主义思想铸魂育人 贯彻党的教育方针落实立德树人根本任务［N］. 人民日报，2019-03-19.

［27］ 中共中央 国务院. 关于加强和改进新形势下高校思想政治工作的意见［N］. 人民日报, 2017-2-28.

［28］ 教育部发布《高校思想政治工作质量提升工程实施纲要》［N］. 光明日报, 2017-12-7.

［29］ 中华人民共和国教育部. 教育部关于印发《高等学校课程思政建设指导纲要》的通知［EB/OL］.
http://www.moe.gov.cn/srcsite/A08/s7056/202006/t20200603_462437.html.

［30］ 国务院. 关于加快发展现代职业教育的决定［Z］. 国发［2014］119号.

［31］ 建设部监理司. 建筑业从业人员职业道德规范［Z］. 建综字［1997］第33号.

［32］ 王俊静. 高校专业课教学中渗透思想政治教育的研究［D］. 湖南大学, 2011.

［33］ 张文学. 高校大学生思想政治教育制度化研究［D］. 中国地质大学, 2012.

［34］ 林泉伶. "课程思政": 新时代高校思想政治教育新途径研究［D］. 南京邮电大学, 2019.

［35］ 李德才. 充分认识"两课"在素质教育中的地位与作用［J］. 思想理论教育导刊, 2000,（8）.

［36］ 高德毅, 宗爱东. 课程思政: 有效发挥课堂育人主渠道作用的必然选择［J］. 思想理论教育导刊,
2017.

［37］ 曹春梅, 郑永廷. 论思想政治教育的实践性及当代价值——大学生思想政治教育实践性发展探索
［J］. 思想理论教育导刊, 2009,（1）.

［38］ 郑永廷. 把高校思想政治工作贯穿教育教学全国程的若干思考［J］. 思想理论教育, 2017,（1）.

［39］ 邱伟光. 课程思政的价值意蕴与生成路径［J］. 思想理论教育, 2017,（7）.

［40］ 陆道坤. 课程思政推行中若干核心问题及解决思路——基于专业课程思政的探讨［J］. 思想理论教
育, 2018,（3）.

［41］ 阮博. 现代思想政治教育思维方式构建［J］. 思想教育研究, 2013,（2）.

［42］ 张毅翔. 新时代思想政治教育的新使命和新要求［J］. 思想教育研究, 2017,（11）.

［43］ 谭晓爽. 课程思政的价值内涵与实践路径探析［J］. 思想政治工作研究, 2018,（4）.

［44］ 胡飒, 刘波. 论学科建设与思想政治教育的科学性［J］. 学校党建与思想教育, 2010,（3）.

［45］ 申雪寒, 李忠军. 论新时期大学生思想政治教育目标的内涵发展与体系构建［J］. 湖北社会科学,
2014,（5）.

［46］ 徐耀强. 论"工匠精神"［J］. 红旗文稿, 2017,（10）.

［47］ 黄莺, 等. 知识分类在教学设计中的作用——论对布卢姆教育目标分类学的修订［J］. 教育评论,
2008,（5）.

［48］ 曹新高. 论部队思想政治教育的系统性原则［J］. 军队政工理论研究, 2001,（1）.

［49］ 陈谷平. 高职院校实习指导教师角色定位与职能分析［J］. 科技信息, 2007,（19）.

［50］ 何衡. 高职院校从"思政课程"走向"课程思政"的困境及突破［J］. 教育科学论坛, 2017,
（30）.

［51］ 贺金浦, 刘姗姗. 论高校思想政治理论课的评价体系与实施主体［J］. 三峡大学学报（人文社会科
学版）, 2008,（2）.

［52］ 贺晴. 简论思想政治教育的实践性［J］. 陕西理工学院学报（社会科学版）, 2011,（5）.

［53］ 舒志定. 马克思对传统教育思想的批判［J］. 山西大学学报（哲学社会科学版）, 2016,（5）.

［54］ 李国娟. 课程思政建设必须牢牢把握五个关键环节［J］. 中国高等教育, 2017,（15）.

［55］ 李珂, 胡兴福. 思政教育融入高职土建类专业课中的研究与分析［J］. 青年时代, 2019,（11）.

［56］ 刘强，于蕊. 高职院校在生产实训中开展职业素质思想政治教育的探索［J］. 科技信息，2012，（34）.

［57］ 罗晓春. 高职思政课与专业人才培养对接的改革思路［J］. 陕西教育（高教），2013，（7）.

［58］ 裴孝钟. 高职"工程测量"课程思政的探索与实践［J］. 中小企业管理与科技，2018（19）.

［59］ 彭亚萍等. 土木工程概论课程思政教育改革与实践［J］. 高教学刊，2019，（2）.

［60］ 饶春晓，史旦旦. 我国职业教育人才培养目标：历史嬗变与现实思考［J］，职教通讯，2016，（4）.

［61］ 万力. 高校"课程思政"研究与实践的四维综述［J］. 西昌学院学报（社会科学版），2019，（4）.

［62］ 王猜猜. 关于高职学生思想政治教育的探究［J］. 都市家教，2016，（12）.

［63］ 王汉松. 布卢姆认知领域教育目标分类理论评析［J］. 南京师范大学学报（社会科学版），2000，（3）.

［64］ 魏晓兰. 论价值理性与工具理性［J］. 江西行政学院学报，2004，（4）.

［65］ 熊建生. 论思想政治教育内容建构的时代性［J］. 中南民族大学学报（人文社会科学版），2012，（11）.

［66］ 徐志远，李德春. 思想政治教育目标：思想政治教育学的重要范畴［J］. 军队政工理论研究. 2003，（4）.

［67］ 张想明，杨红梅. 论思想政治教育的政治性、科学性、文化性及其关系［J］. 前沿，2003，（1）.

［68］ 赵鸣歧. 高校专业类课程推进课程思政建设的基本原则、任务与标准［J］. 思想政治课研究，2018，（10）.